Moderne Wissensgesellschaften

Nico Stehr

Moderne Wissensgesellschaften

Springer VS

Nico Stehr
Wangen, Deutschland

ISBN 978-3-658-40380-5   ISBN 978-3-658-40381-2 (eBook)
https://doi.org/10.1007/978-3-658-40381-2

Die Deutsche Nationalbibliothek verzeichnet diese Publikation in der Deutschen Nationalbibliografie; detaillierte bibliografische Daten sind im Internet über http://dnb.d-nb.de abrufbar.

© Der/die Herausgeber bzw. der/die Autor(en), exklusiv lizenziert an Springer Fachmedien Wiesbaden GmbH, ein Teil von Springer Nature 2023
Das Werk einschließlich aller seiner Teile ist urheberrechtlich geschützt. Jede Verwertung, die nicht ausdrücklich vom Urheberrechtsgesetz zugelassen ist, bedarf der vorherigen Zustimmung des Verlags. Das gilt insbesondere für Vervielfältigungen, Bearbeitungen, Mikroverfilmungen und die Einspeicherung und Verarbeitung in elektronischen Systemen.
Die Wiedergabe von allgemein beschreibenden Bezeichnungen, Marken, Unternehmensnamen etc. in diesem Werk bedeutet nicht, dass diese frei durch jedermann benutzt werden dürfen. Die Berechtigung zur Benutzung unterliegt, auch ohne gesonderten Hinweis hierzu, den Regeln des Markenrechts. Die Rechte des jeweiligen Zeicheninhabers sind zu beachten.
Der Verlag, die Autoren und die Herausgeber gehen davon aus, dass die Angaben und Informationen in diesem Werk zum Zeitpunkt der Veröffentlichung vollständig und korrekt sind. Weder der Verlag, noch die Autoren oder die Herausgeber übernehmen, ausdrücklich oder implizit, Gewähr für den Inhalt des Werkes, etwaige Fehler oder Äußerungen. Der Verlag bleibt im Hinblick auf geografische Zuordnungen und Gebietsbezeichnungen in veröffentlichten Karten und Institutionsadressen neutral.

Planung/Lektorat: Cori A. Mackrodt
Springer VS ist ein Imprint der eingetragenen Gesellschaft Springer Fachmedien Wiesbaden GmbH und ist ein Teil von Springer Nature.
Die Anschrift der Gesellschaft ist: Abraham-Lincoln-Str. 46, 65189 Wiesbaden, Germany

Einführung

Der Titel dieser Arbeit, *Moderne Wissensgesellschaften,* spiegelt die Tatsache wider, dass es in der Menschheitsgeschichte schon immer Wissensgesellschaften gegeben hat (Stehr 1994). In anderen Worten, Wissen hat seit je eine Rolle für das menschliche Zusammenleben gespielt; man kann geradezu von einer anthropologischen Konstante sprechen: soziales Handeln *(die soziale Rolle)*[1] ist wissensgeleitet; soziale Gruppierungen sind nicht bloß Herdenbildung, sondern symbolisch vermittelt, das heißt, sie basieren auf Wissen. Alle Beziehungen zwischen Individuen beruhen grundsätzlich darauf, dass Menschen etwas voneinander wissen. Aber auch Herrschaft hat sich stets nicht nur auf physische Gewalt gestützt, sondern sehr häufig auch auf einen Wissensvorsprung. Und schließlich ist die gesellschaftliche Reproduktion nicht nur eine physische, sondern beim Menschen auch immer eine kulturelle Reproduktion, das heißt, nicht zuletzt Reproduktion von Wissen.

Rückblickend kann man deshalb auch vergangene Gesellschaftsformationen als frühe Formen von „Wissensgesellschaften" erkennen, wie zum Beispiel die altisraelitische Gesellschaft, die durch das religiös-gesetzliche Torawissen strukturiert wurde, oder die altägyptische, für die das religiös-astronomische und das agrarische Wissen Herrschaftsbasis und Organisationsprinzip war. Dass ich von modernen Wissensgesellschaften sprechen kann, liegt am unmissverständlichen Vordringen der Wissenschaft in alle gesellschaftlichen Lebensbereiche der gegenwärtigen Gesellschaft.

---

[1] Man muss in diesem Zusammenhang besonders an Florian Znanieckis Definition der sozialen Rolle erinnern. Znaniecki (1940: 23) unterstreicht, „jeder Mensch, der eine soziale Rolle ausübt, wird von seinem sozialen Umfeld dazu angehalten, die für die normale Ausübung dieser Rolle unerlässlichen Kenntnisse zu besitzen und zu glauben, dass er sie besitzt."

Meine zentrale These lautet deshalb, dass nicht Natur, Unfälle, Gewalt, Katastrophen, Macht usw., sondern Wissen mehr denn je die Grundlage und Richtschnur menschlichen Handelns in allen Bereichen unserer Gesellschaft ist. Diese Untersuchung über *Wissensgesellschaften* ist daher als Antwort auf die grundlegende Beobachtung geschrieben, dass die moderne Wissenschaft keineswegs nur, wie heute noch oft angenommen wird, der Schlüssel und Zugang zu den Geheimnissen der Natur und des menschlichen Verhaltens ist, sondern vor allem das Werden einer Welt: Wissen als Motor und nicht nur als Kamera (vgl. MacKenzie 2006). Diese beispiellose Bedeutung des wissenschaftlichen Wissens bedeutet jedoch nicht, dass es ihm gelingen wird, traditionelle Lebensweisen und Einstellungen einfach zu überrollen, wie immer wieder erhofft oder ernsthaft befürchtet.

Gleichzeitig sind Wissensgesellschaften, wie ich betonen werde, keine soziale Formation im Stillstand. Die Dynamik des Wirtschaftssystems von Wissensgesellschaften, die Hand in Hand mit der Verrechtlichung von Wissen als der wichtigsten Ressource von Wissensgesellschaften geht, führt unmittelbar zur Transformation der Wissensgesellschaft in einen *Wissenskapitalismus.* Der Wissenskapitalismus ist eine sozio-ökonomische Formation der Wissensgesellschaft.

Die rechtliche Einhegung der Wissensverbreitung durch nationale und internationale Gesetzgebung ist der Hebel, der den Wandel der Wissensgesellschaft zum Wissenskapitalismus ermöglicht. Die Einhegung von Wissen hat nicht nur Auswirkungen auf die Verbreitung von Wissen, sondern auch auf dessen Produktion. Beobachter hegen den berechtigten Verdacht, dass die Einhegung von Wissen die Arbeit an zusätzlichem Wissen beeinträchtigt oder wirtschaftlich unattraktiv macht. Der Wissenskapitalismus hat auch deutliche Auswirkungen auf die inner- und zwischengesellschaftliche Ungleichheit. Eines der Hauptmerkmale der Ungleichheitsbildung von Wissensgesellschaften ist, dass wachsende Teile der Bevölkerung ausgesperrt werden und praktisch einem Liquiditätsengpass ausgesetzt sind. Darüber hinaus „funktioniert der Aufbau von Wohlstand immer weniger durch Arbeit und erfordert zunehmend die Teilnahme an der Logik der Vermögensinflation" (Konings und Adkins 2022: 53; Adkins et al. 2020).[2] Bedeutende soziale Schichten sind nicht in der Lage, an der Wertsteigerung von Aktien oder Immobilien zu partizipieren, während die Verschuldung in einer Zeit hoher Inflation und hoher Zinssätze ansteigt. Obwohl es sich beim Wissenskapitalismus

---

[2] In anderen Worten, „die Tatsache, dass im Laufe des 20. Jahrhunderts große Teile der Bevölkerung an der Dynamik von Vermögens- und Wohneigentum teilhatten, bedeutet, dass das Modell der halbautomatischen Anhäufung von Rentiervermögen in den Händen einer kleinen Gruppe von Eliten nur von begrenztem Nutzen ist, wenn es darum geht, die breitere Rekonfiguration von Klasse und Ungleichheit zu verstehen" (Adkins et al. 2020: 25).

in erster Linie um eine wirtschaftliche Entwicklung handelt, besteht das legitime Bedenken, dass die Macht der digitalen Giganten der modernen Wirtschaft, die auf dem Fahrersitz sitzen, erhebliche Auswirkungen auf die soziale Struktur und Kultur der modernen Gesellschaft haben.

Die wesentliche Bedeutung des neuen Wissens für die Gesellschaft wird nach wie vor undifferenziert oder gar nicht behandelt. Die Reflexion über die gesellschaftliche und insbesondere die ökonomische Rolle des Wissens stellt eines der größten theoretischen Defizite der bestehenden Theorien der modernen Gesellschaft dar. Eine rein ökonomische Analyse der produktiven Funktion des Wissens ist allerdings unzureichend.[3] Eine adäquate Analyse der modernen Wissensgesellschaft und des in ihr sich entwickelnden Wissenskapitalismus erfordert eine *transdisziplinäre* Herangehensweise an dem Untersuchungsgegenstand (vgl Weingart und Stehr 2000). Dies gilt auch für eine Soziologie der modernen Wirtschaft:

In der zweiten Auflage des von Neil Smelser und Richard Swedberg (2005: ix) herausgegebenen *The Handbook of Economic Sociology,* das erstmals 1994 erschien und von einem breiten Spektrum sozialwissenschaftlicher Autoren verfasst wurde, findet sich im Vorwort folgende programmatische Aussage: „Wir sind davon überzeugt, dass die Wirtschaftssoziologie gegenwärtig eine der führenden Seiten der Soziologie und eines ihrer wichtigsten interdisziplinären Abenteuer darstellt." *Wissen* (Produktion, Einsatz, Verteilung), geschweige denn „neues" Wissen, als zentraler Produktionsfaktor der modernen Wirtschaft, spielt in der Darstellung des Verhältnisses von Gesellschaft und Wirtschaft im *Handbuch* jedoch eine unbedeutende Rolle. Wissen existiert nicht. Das Gleiche gilt für eine ambitionierte Abhandlung über die Ökonomie der modernen Gesellschaft von Niklas Luhmann (1988). Luhmann vernachlässigt jeglichen Hinweis auf Wissen, geschweige denn auf die Einkreisung (Governance) von Wissen durch rechtliche Statuten wie Patente. Die Gewährung von *Eigentumsrechten* sichert ihren Inhabern nicht nur ein Monopol und Monopolrenten, sondern soll auch „Investitionen fördern, weil die Rechtsinhaber erwarten können, den langfristigen Nutzen der

---

[3] Thomas Piketty ([2013] 2020: 39) ist gleichfalls von der theoretischen Zentralität und Fruchtbarkeit einer transdisziplinären Vorgehensweisefest überzeugt und ruft seine Kolleginnen aus der Ökonomie auf, „ihre Verachtung für die anderen Disziplinen und ihren absurden Anspruch auf wissenschaftliche Überlegenheit aufzugeben, den sie vor sich hertragen, obgleich sie doch im Grunde so gut wie gar nichts wissen. Das macht übrigens den Charme der Disziplin und der Sozialwissenschaften generell aus: Man beginnt bei einem niedrigen, mitunter sogar einem sehr niedrigen Niveau und kann folglich hoffen, große Fortschritte zu machen."

im Voraus getätigten Ausgaben zu ernten" (Tooze 2020; vgl. auch Schumpeter [1992] 1950) und, so wird behauptet, auch den Fortschritt fördern, wie eine Klausel in der US-Verfassung (Art I, Sect. 8., Clause 8) bekräftigt.[4]

Selbst einer der wichtigsten Autoren der Theorie der Wissensgesellschaft in der Moderne, der etwa zur gleichen Zeit schrieb, Peter Drucker (z. B. 1993 [1989], 2003), bezog die zentrale Bedeutung des modernen *Patentrechts*, d. h. des Patentrechts als besonderes privates Eigentumsrecht, nicht in seine Diskussion über die sich abzeichnende Umgestaltung der Wirtschaft ein. Seit den 1980er Jahren sind Patente, insbesondere die *Rechte des geistigen Eigentums* dagegen „von der Peripherie ins Zentrum der Konflikte um die Gestaltung und Zukunft der Weltwirtschaft gerückt" (Slobodian 2020: 71).

Patente sind ein hybrides Gebilde, das Wissenschaft und Technik, Wirtschaft, Finanzen, Politik und Recht umfasst. Tatsächlich ist die sozialwissenschaftliche Diskussion über Patente und die gesetzgeberische fundierte Absicht von Wirtschaftsmonopolen, die zum Nutzen einiger geschaffen werden, in weiten Teilen des sozialwissenschaftlichen Diskurses eher eine Randerscheinung und nicht in eine Theorie der Gesellschaft der entwickelten Länder eingebunden.[5] Im Bereich der Wirtschaftswissenschaften hat sich eine lebhafte Diskussion über die Rolle der immateriellen Güter als Humankapital in der Produktion entwickelt (z. B. Corrado et al. 2022). Die steigenden Investitionen in immaterielle Güter können die zyklischen Muster der Wirtschaft verändern, da Investitionen in immaterielle Güter weniger empfindlich auf Zinsänderungen reagieren (Döttling und Ratnovski 2020). Die Diskussion der Wirtschaftswissenschaftler über immaterielle Güter ist jedoch fast völlig losgelöst von der Frage der rechtlichen Gestaltung von Wissen und dem Grad der Abhängigkeit des wirtschaftlichen Austauschs von staatlich gelenkten Rechtsinstituten.

Die drei paradigmatischen Quellen, die ich angeführt habe, bieten eine wertvolle Grundlage nicht nur für ein Urteil über den tatsächlichen Stand der Soziologie des modernen wirtschaftlichen Verhaltens, sondern insbesondere über den Stand der Theorie der modernen Gesellschaft als Wissensgesellschaft und die mögliche nächste Stufe des Kapitalismus als Wissenskapitalismus und ihre

---

[4] Da ich später Grund habe auf die Bedeutung von Patenten für die Klimapolitik, sowohl auf dem Gebiet der Mitigation als auch der Adaption zu verweisen ist ein Blick in ein etwa zehn Jahre altes, umfangreiches Handbuch zur *Umweltsoziologie* (Groß 2011) lehrreich. In diesem fast tausend Seiten umfassenden Band zum Stand der Forschung der Umweltsoziologie kommt der Verweis auf „Patente" ein einziges Mal vor. Und zudem in einem eher deskriptiven Zusammenhang (Groß 2011: 295).

[5] Die Liste könnte leicht erweitert werden, zum Beispiel durch: Pierre Bourdieu (2005), *The Social Structure of the Economy*.

grundlegenden Herausforderungen. Meine Schlussfolgerung ist daher, dass die Wirtschaftssoziologie in den letzten Jahrzehnten weder an der Spitze der soziologischen Vorstellungskraft gestanden hat noch besonders interdisziplinär gewesen ist.

Ein bemerkenswertes und oft zitiertes Merkmal der gegenwärtigen Diskussion über die moderne kapitalistische Wirtschaft in den entwickelten Gesellschaften ist einerseits die Betonung der wirtschaftlichen und gesellschaftlichen Transformationskraft der modernen Informations- und Kommunikationstechnologien (IKT) sowie der technologischen Produkte und Dienstleistungen, die sich aus den IKT ergeben. Andererseits manifestiert sich der technologische Wandel besonders stark in den *Nachfragemustern*[6] der sich entwickelnden modernen Wirtschaft, z. B. in den erforderlichen Qualifikationen der Arbeitskräfte. Paradebeispiele sind die „Netzwerktheorie" von Manuel Castells ([1996] 2000), der „technowissenschaftliche Kapitalismus" (Birch und Muniesa 2020) oder die Wachstumstheorie von David Soskice (2022) im IKT-Zeitalter.

Die Soziologie und die mit ihr verbundenen Sozialwissenschaften haben es versäumt, der materiellen (vermögenswerten) Rolle des Wissens bei der Entstehung der modernen Gesellschaft und der geopolitischen Entwicklung der Politik der modernen Welt irgendeine Bedeutung beizumessen. Insbesondere die allgemeine Soziologie und die Wirtschaftssoziologie haben es versäumt, die Bedeutung des TRIPS-Abkommens (Trade-Related Aspects of Intellectual Property Rights) – als politisch-rechtliche Grundlage der Verwertung von Wissen – zu berücksichtigen, als Anhang 1C des am 15. April 1994 in Marrakesch (Marokko) unterzeichneten Abkommens zur Gründung der *Welthandelsorganisation* darstellt.

Die wirtschaftliche und soziologische Bedeutung des TRIPS-Abkommens ist vielschichtig. In keiner bestimmten Reihenfolge trägt das Abkommen zur Destabilisierung des Nationalstaates bei, reduziert eine autonome kommerzielle Wirtschaft, trägt zur Entstehung neuer Grundlagen der Globalisierung bei, bietet eine realistische Perspektive auf die Rolle der Quellen und der Befestigung des Reichtums, wirkt sich auf grundlegende wirtschaftliche Prozesse aus, insbesondere auf Wettbewerb, Innovation, und dezentralisierte Anreize, ermöglicht die Herausbildung moderner sozialer Ungleichheitsmuster, gewährleistet die Gleichzeitigkeit ungleichzeitiger historischer Phänomene *(Mittellage)*[7], signalisiert aber

---

[6] Nicht zu verwechseln mit dem Konzept der „angebotsorientierten Wirtschaft", bei dem der Schwerpunkt auf ungehinderten Marktbeziehungen liegt.
[7] Norbert Elias (2006: 235) betont die empirische und theoretische Bedeutung solcher gesellschaftlichen Phänomene: „Es reicht nicht aus, die Aufmerksamkeit gleichsam nur auf das Neue, das im Werden ist, zu richten und das Alte, die älteren Positionen und Formationen, die im Verfall oder Untergang begriffen sind, außer Acht zu lassen; (vgl. auch Stehr 2022)".

nicht den Anbruch und das Fortbestehen einer gewaltfreien, gleichberechtigteren und nachhaltigeren Welt oder eines bevorstehenden Zustands, wie ihn sich George Washington in seiner ersten Jahresansprache im Januar 1790 vorgestellt hat: „Wissen ist in jedem Land die sicherste Grundlage des öffentlichen Glücks".

Eine der größten Gemeinsamkeiten der vielen Entwürfe für eine Theorie der modernen Gesellschaft, die im letzten und in diesem Jahrhundert entstanden sind, ist die Betonung des gesellschaftlichen Stellenwerts der Wissenschaft und oft mit besonderem Nachdruck der Technologie als Akteur des sozialen und wirtschaftlichen Wandels der modernen Gesellschaft. Und gerade die Technologie neigt oft dazu, eine obskure Kategorie zu sein, die mehr verbirgt, als sie offenbart. Tatsächlich wird die Entstehung und das Wesen der modernen Gesellschaft selbst fast immer mit den zahlreichen intellektuellen und sozialen Folgen von Wissenschaft und/oder Technologie in Verbindung gebracht (Mokyr 2002: 284–297). Die sozialen Phänomene der Wissensgesellschaft sollten jedoch nicht mit der Idee einer Informations- oder Netzwerkgesellschaft verwechselt werden. Die Informationsgesellschaft wird häufig als eine Funktion der herrschenden Technologien betrachtet: die moderne Welt als Ergebnis der technologischen Revolution des Computers, der Kommunikationstechnologien und der Multimediatechnologien. Die Theorie der Wissensgesellschaft entspricht einer viel umfassenderen, weniger deterministischen, flexibleren, aber auch fragileren Perspektive auf die moderne Welt. Schließlich haben sich viele Dinge verändert, und viele bleiben gleich (Stehr 2022).

Obwohl diese Gesellschaftstheorien sozial konstruiertes wissenschaftliches Wissen als Motor des sozialen Wandels betrachten, wird Wissen in vielerlei Hinsicht als eine Art Naturgewalt behandelt, die sich der Kontrolle des Einzelnen entzieht. Letztlich haben diese Vorstellungen zu Konzepten von Entscheidungsprozessen in der modernen Gesellschaft geführt, in denen menschliches Handeln fast vollständig den unabhängigen Notwendigkeiten wissenschaftlicher und technologischer Zwänge unterworfen wurde, als ob Wissenschaft und Technologie nicht von Menschen gemacht wären. In jüngerer Zeit sind technokratische Konzepte in Verruf geraten. Aber die sozialwissenschaftliche Analyse des Wissens und der Auswirkungen des Wissens auf die sozialen Beziehungen bleibt ein Schwachpunkt in unserem Verständnis moderner Gesellschaften. Dieses Rätsel erstreckt sich mit besonderer Wucht auf einen Begriff, der in der Hundehütte der Ökonomie sitzt oder auf den Dachboden des Wirtschaftsdiskurses verbannt wurde: Wissen. Die Betonung des Wissens läuft jedoch nicht auf die Behauptung eines „Kapitalismus ohne Kapital" hinaus (Haskel und Westlake 2018). In der Theorie der Wissensgesellschaft geht es in erster Linie um Wissen als Kapital und weniger um die Erfindung von Ideen (z. B. Khan 2020), die zu den herrschenden Ideen in einer Wissensgesellschaft erhoben werden.

In einer Monographie über *Wissensgesellschaften* ist es nicht nur ratsam, sondern unabdingbar, einen erheblichen Aufwand zu betreiben, um aufzuzeigen, was eine „Theorie der Gesellschaft" und der Begriff „Wissen" bedeuten. Schließlich sind die Begriffe miteinander verbunden, „weil die soziale Welt in jeder ‚ökonomischen' Handlung in ihrer Gesamtheit präsent ist" (Bourdieu 2005: 3). In diesem Buch geht es nicht nur um moderne Gesellschaften als Wissensgesellschaften, sondern auch um die viel ältere, hartnäckige und grundlegende Verknüpfung, dass Wissen nur in der Gesellschaft vorkommt. Wissen entsteht und zeigt sich in bestimmten sozialen Kontexten, wird in bestimmten sozialen Beziehungen validiert und wird in bestimmten sozialen Situationen eingesetzt (oder ruht). Die zu beobachtenden Trends zeigen, dass die wissensbasierte Wirtschaft immer mehr an Bedeutung gewinnt. Ein nachhaltiges Produktivitätswachstum und eine wirksame öffentliche Politik müssen sich daher mehr und mehr auf zusätzliches Wissen stützen.

Nicht zuletzt sind die politischen Implikationen der Theorie der Wissensgesellschaft wichtig, ebenso wie das sozioökonomische und soziopolitische Umfeld, in dem sich diese Herausforderungen abspielen. Die Bewältigung der düsteren existenziellen Herausforderungen der modernen Welt, insbesondere der Auswirkungen des sich beschleunigenden Klimawandels auf die Lebensbedingungen und der rasanten technologischen und wissenschaftlichen Entwicklung auf die Arbeitswelt, wird nur durch eine umfassende Konzeption und Verwirklichung von Wissensgesellschaften möglich sein. Die vielleicht größte aller Herausforderungen der nächsten Jahrzehnte sind die weitreichenden Folgen des Klimawandels und die gesellschaftspolitischen Veränderungen, die der Klimawandel erfordert.[8] Jeder Anstieg der Durchschnittstemperatur über die auf dem Pariser Gipfel im Dezember 2015 vereinbarte Leitplanke von 1,5 °C wird zu einer Welt führen, die von großer Sommerhitze, gefährlichen Dürren, schwindendem Permafrost, verheerenden Überschwemmungen, schmelzenden Gletschern, dem Aussterben

---

[8] Zu den vehementeren politischen Forderungen als Reaktion auf die zu erwartenden Risiken und Gefahren des Klimawandels gehört die Forderung (Erwartung) zu einer Abschaffung der kapitalistischen Wirtschaftsform (z. B. Crary 2022: 36, 100): „Die moderne industrielle Zivilisation steht kurz davor, die Welt in Brand zu setzen. Die Auslöschung sozialer Formationen und Gemeinschaften ist mit der Auslöschung des lebendigen Erdsystems verflochten, von dem ein menschliches Gemeingut abhängt. Wir erleben den Kapitalismus jetzt in seiner Endphase, der Phase der verbrannten Erde […]Die Schwelle zu einer postkapitalistischen Welt ist nicht mehr weit entfernt, höchstens noch ein paar Jahrzehnte."

der Artenvielfalt, der Versauerung der Ozeane, massenhafter Migration und dem Anstieg des Meeresspiegels geplagt wird.[9] Angesichts dieser und anderer, noch nicht absehbarer Prüfungen, Risiken und Gefahren wird eine Theorie der modernen Gesellschaft als Wissensgesellschaft mit Sicherheit zu weiteren anspruchsvollen Untersuchungen führen.

Ich beginne meine Diskussion über Wissensgesellschaften mit einem Überblick über die modernen Gesellschaftstheorien. Die *sozialwissenschaftliche* Diskussion von Gesellschaftstheorien beginnt mit der Vorstellung von der Gesellschaft als Industriegesellschaft.

Nico Stehr

---

[9] Eine zusammenfassende Auflistung der wahrscheinlichen weltweiten materiellen und immateriellen Folgen des Klimawandels findet sich in dem informativen Artikel von David Wallace-Wells, „The new world. Envisioning life after climate change," *New York Times*, 28. Oktober 2022. https://www.nytimes.com/interactive/2022/10/26/magazine/visualization-climate-change-future.html.

Danksagung

Bei der Auseinandersetzung mit der Theorie der modernen Gesellschaften als Wissensgesellschaften habe ich von meinen eigenen Versuchen profitiert, die Entwicklung der modernen Gesellschaft zu verstehen und zu theoretisieren (Stehr 1994, 2022a). Mein Verständnis wurde zunächst durch die Beschäftigung mit der klassischen Wissenssoziologie und dem Werk von Karl Mannheim angeregt. Seine Vision und sein Verständnis der Auswirkungen des Wissens auf die Gesellschaft, ganz zu schweigen von der Prägung des Wissens durch die Gesellschaft, sowie die Diskussionen einer internationalen Konferenz im Jahr 1984 an der Technischen Universität Darmstadt, nicht zuletzt unter der Leitung und intellektuellen Inspiration von Gernot Böhme, tragen dazu bei, die Idee der Wissensgesellschaft zu kristallisieren. Die Konferenz führte zu einer der ersten Publikationen über Wissensgesellschaften (Böhme und Stehr 1986).

Der vorliegende Band hat durch die effiziente Unterstützung durch Dustin Voss gewonnen. Ich bin Hermann Strasser für kritische Rückmeldungen zu Teilen des Manuskripts dankbar. Der Text dieses Bandes geht in wesentlichen Teilen auf eine im Edward Elgar Verlag publizierte Studie, *Understanding Society and Knowledge* (Stehr 2023) zurück. Diese Studie ist in der vorliegenden Arbeit um eine Reihe von Abschnitten und Überlegungen ergänzt worden. Bei der Übersetzung meiner Arbeit zur Theorie moderner Wissensgesellschaft (2023) habe ich insbesondere von der formidablen Software *Deepl* profitiert. Alle fremdsprachigen Zitate sind übersetzt worden.

Inhaltsverzeichnis

1	**Einleitung: Theorien moderner Gesellschaften**	1
	Die Theorie der Theorien der modernen Gesellschaft	3
	Die Logik der Mainstream-Perspektive	4
	Der Hauptmechanismus: Funktionale Differenzierung	7
	Verdrängung von Gott und Natur	8
	Rückwärts- und Vorwärtsschritte in die Zukunft	9
2	**Der Ursprung der Theorie der Wissensgesellschaft**	13
	Frühe Verwendung des Begriffs „Wissensgesellschaft"	13
	Peter Druckers und Daniel Bells Theorie der Wissensgesellschaft ...	15
	Genealogie der Wissensgesellschaften	19
	Entwicklung von Theorien über die moderne Wissensgesellschaft ...	21
	Informationsgesellschaft	23
	Postindustrielle Gesellschaft	27
3	**Die Wissenschaft des Wissens**	29
	Auf dem Weg zu einem soziologischen Konzept des Wissens	30
	Das seltsame Wesen des Wissens	31
	Wissen als intersubjektive Handlungsfähigkeit	33
	Vielfältige Handlungsmöglichkeiten	34
	Wissen ist Macht	37
	Wissen, das zählt	38
	Die Bestandteile des praktischen Wissens	39
	Wissen im Zeitalter des Algorithmus	41

4	**Wissenskompetenzen**	49
	Wissen als ein Bündel von Kompetenzen oder Fähigkeiten	49
	Grundkompetenzen	52
	Wissen als individuelle und kollektive Handlungsfähigkeit	54
	Aneignung von Wissen	55
	Globale Welten des Wissens	58
	Wie global ist das Wissen?	60
	Das Wissensproblem	62
	Wissen und Information	66
	Die Trennung von Information und Wissen	67
5	**Die Wissenskriege**	71
	Wissen als Eigentum	71
	Der Preis des Wissens	74
	Humankapital	75
	Investitionen in menschliche Fähigkeiten	79
6	**Die politische Ökonomie der Wissensgesellschaften**	83
	Investitionen in *Sach- und Humankapital*	84
	Eigentum, Knappheit und Monopole	90
	Immaterielles Kapital oder was genau ist wissensbasiertes Kapital?	92
	Ein Wendepunkt	97
	Die wissensbasierte Wirtschaft als eine der Grundlagen der Wissensgesellschaft	100
7	**Moderne Gesellschaften als Wissensgesellschaften**	103
8	**Die politische Ökonomie des wissensbasierten Monopolkapitalismus**	109
	Das sich wandelnde Verhältnis materieller und immaterieller Güter	111
	Anteil von Arbeit und Kapital am Einkommen	114
	Patente als Bündel gesetzlicher Privilegien	117
	Vorteile eines Wissensmonopols	122
	Patente als Schwerter	127
	Patente und Wissenskapitalismus	129
	Volumen der Patente	130
	Leben eines Patents	131
	Die Auswirkungen von Patenten	133
	Die materiellen Folgen der immateriellen Rechte	136

	Vermögenseinkommen	139
	TRIPS: Allmende des Geistes	142
	Ein blinder Fleck	147
9	**Politische Herausforderungen der Wissensgesellschaften**	149
	Die Zerbrechlichkeit von Wissensgesellschaften	150
	Die Regierbarkeit von Wissensgesellschaften	153
	Emanzipation durch Wissen	157
	Die ungleiche Ausweitung der Handlungsfähigkeit	160
	Akteure mit erweiterter Handlungsfähigkeit; Der Fall der GameStop-Rebellion	163
	Wissenspolitik: Ein neues Politikfeld	168
	Politik für das menschliche Genom	170
	Patentpolitik: Erkenntnisse für eine neue Welt	175
10	**Schlussfolgerungen**	181
Literatur		183

Einleitung: Theorien moderner Gesellschaften

> *Ernsthafte Probleme entstehen, wenn man es versäumt, [...] die Konstruiertheit des eigenen Ausgangspunktes zu untersuchen.*
>
> Mao (2013:42–43)

Mein erstes Kapitel befasst sich in einem umfassenden Überblick mit den sozialwissenschaftlichen Theorien der *modernen* Gesellschaft. Unserem Verständnis der modernen Gesellschaft, deren Entstehung mit dem Aufkommen der Sozialwissenschaften im Zeitalter der Aufklärung zusammenfällt, ist am besten gedient, wenn wir ihre Grundannahmen beleuchten. Die Idee der Gesellschaft selbst (vgl. Grundmann und Stehr 2009), die heute ein wesentliches Erkenntnisinstrument der Sozialwissenschaften ist, lässt sich größtenteils auf die Philosophen der schottischen und französischen Aufklärung zurückführen.

Im Gegensatz zum gesunden Menschenverstand wurden im aufkommenden sozialwissenschaftlichen Diskurs scharfe Unterscheidungen getroffen, z. B. zwischen Gesellschaft und Kirche, Gesellschaft und Staat, Gesellschaft und Wirtschaft, Gesellschaft und Gemeinschaft. Einmal getrennt, nahm die Sozialwissenschaft die ausgeschlossenen Elemente jedoch als Subsysteme wieder auf oder wies ihnen einen Platz in der institutionellen Struktur der Gesellschaft zu. Die Wahl der Begriffe *System* und *Institution* ist von Bedeutung: Die Erben des Strukturfunktionalismus bevorzugen in der Regel eine Systemterminologie; Institution ist das Schlagwort der institutionalistischen Theorien.

Meine Beschreibung der Architektur der Theorien der modernen Gesellschaft beginnt mit einer Darstellung dessen, was ich die *Logik der Mainstream-Perspektive* nenne. Die Ära der intellektuellen Dominanz der klassischen Perspektive der modernen Gesellschaft fällt zusammen mit einer dramatischen und beispiellosen Steigerung des Lebensstandards und der Lebenserwartung der Menschheit, praktisch über Nacht, in weiten Teilen der industriellen Welt. Zuvor, während der sogenannten Malthusianischen Periode, war ein Großteil des menschlichen Lebens, wie Thomas Hobbes (1651) feststellte, hässlich, brutal und kurz.

Insgesamt werden vier wesentliche Prinzipien der Mainstream-Logik identifiziert und kritisch beleuchtet, die weiterhin ihre Schatten auf die zeitgenössische Theoriebildung werfen. Eine weitere gemeinsame Sichtweise des Mainstreams besteht darin, dass die verschiedenen kolonialen Verbindungen der sich modernisierenden europäischen Gesellschaften als unbedeutend für ihre Entwicklung angesehen werden. Diese Diskussion über die Entwicklung moderner Gesellschaften impliziert, dass real existierende Gesellschaften immer in Bewegung sind. Das Wesen und der Motor des andauernden Wandels moderner Gesellschaften wird als die *Ausdehnung und Erweiterung* sozialer Beziehungen konzeptualisiert. Die Erweiterung oder die Entwicklung der sozialen Beziehungen weist sowohl nach vorne in die Zukunft als auch zurück in die Vergangenheit – und bestätigt damit das Gesetz der Gleichzeitigkeit des Ungleichzeitigen von sozialen Phänomenen.[1] Mit jeder aufeinanderfolgenden Stufe des Kapitalismus in den letzten Jahrhunderten – als historisch einzigartige Form sozioökonomischer Beziehungen – erreichte die Anhäufung von Reichtum ein noch nie dagewesenes Niveau, während die Armut nie verschwand.

Die letzten Teile des Kapitels befassen sich mit modernen Gesellschaftstheorien, wobei der Schwerpunkt auf den Gesellschaftstheorien liegt, die die Diskussion in der letzten Hälfte des 20.th Jahrhunderts beherrschen, nämlich der Industriegesellschaft und der sogenannten postindustriellen Gesellschaft.[2] Erste Überlegungen zum Übergang zur Wissensgesellschaft schließen die Diskussion des ersten Kapitels ab.

---

[1] Die methodologische und theoretische Bedeutung des Gesetzes der Gleichzeitigkeit des Ungleichzeitigen sozialer Phänomene wird in Stehr (2022) ausführlicher diskutiert.

[2] Der Begriff *„Industriegesellschaft"* stammt aus dem frühen 19. Jahrhundert und wurde in den 1950er Jahren von dem französischen Soziologen Raymond Aron systematisch weiterentwickelt. Soweit ich sehe, wurde der Begriff *„postindustriell"*, der ein halbes Jahrhundert später von Daniel Bell (1973) bekannt gemacht wurde, erstmals von Arthur Penty als Teil des Titels eines 1917 in London veröffentlichten Buches verwendet.

Die Theorie der Theorien der modernen Gesellschaft

Zu den relevanten Fragen und Rätseln einer Theorie der modernen Gesellschaft gehören: Schafft die Gesellschaftstheorie neue Wirklichkeiten oder systematisiert die Theorie neue Wirklichkeiten? Haben sich unsere Gesellschaftstheorien im Laufe ihrer Entwicklung wesentlich verändert? Und wenn ja, warum hat sich unser Verständnis von Gesellschaft verändert? Welche Merkmale haben die Gesellschaftstheorien seit der Französischen Revolution geprägt? Welche innergesellschaftlichen Prozesse, deren Zusammenhänge und Entwicklung gehören zu den zentralen Merkmalen von Gesellschaften, z. B. soziale Institutionen, soziale Ungleichheit, Arbeitsteilung? Sind moderne Gesellschaften immer demokratische Gesellschaften oder können es immer sein? Warum scheitern Gesellschaftstheorien? Ist die gesellschaftliche Realität oder die Kritik ihrer Kritiker dafür verantwortlich?[3] Wenn Gesellschaftstheorien ersetzt werden, verschwinden sie dann vollständig und für immer oder nur teilweise, jederzeit bereit, wieder zum Leben erweckt zu werden? Sind es die Anhänger einer Gesellschaftstheorie, die ihre Lebenserwartung bestimmen?

Allgemein ist festzustellen, dass Gesellschaftstheorien im Laufe ihrer Entwicklung zunehmend den Charakter utopischer Entwürfe verloren haben. Allmählich und zögerlich spiegeln moderne Gesellschaftstheorien unsere brüchige gesellschaftliche Realität wider, oder besser gesagt, sie verzichten zunehmend darauf, Gesellschaftsbilder zu entwerfen, deren Wünschbarkeit zur Beurteilung der gesellschaftlichen Realität herangezogen wird.

Meine kurze Erörterung der Genealogie der Theorien über moderne Gesellschaften beginnt mit einigen Bemerkungen zur Entstehung moderner Gesellschaften, insbesondere zur Logik der Mainstream-Perspektive moderner Gemeinschaften. Zu den traditionellen Annahmen gehören vier Merkmale, die sich auf den Raum der modernen Gesellschaft, die funktionale Differenzierung des sozialen Gefüges, die vorherrschende Kultur und die Überzeugung beziehen, dass sich Gesellschaften nach einer bestimmten evolutionären Logik verändern. Nach einer kurzen Bemerkung über die Permanenz, mit der sich Gesellschaften im Übergang befinden, analysiere ich die Modernisierung als eine Frage der Erweiterung und Ausdehnung des sozialen, wirtschaftlichen und intellektuellen Handelns.

Die Modernisierung stellt, wie man auch sagen kann, eine Zunahme der Komplexität dar. Die Soziologie ist Teil dieser Komplexitätssteigerung und neigt

---

[3] Theodor Adorno (1958:17) hatte in dieser Hinsicht einen konkreten Verdacht: „Die Irrationalität der gegenwärtigen gesellschaftlichen Struktur verhindert ihre rationale Entwicklung in der Theorie."

dazu, sich selbst zu exemplifizieren. Anschließend beschreibe ich ausführlicher die moderne Gesellschaft als Industriegesellschaft und die Perspektive der sogenannten postindustriellen Gesellschaft. Die Theorie der Wissensgesellschaft und des Wissenskapitalismus als aktuelle Entwicklungsstufe des Kapitalismus muss daher komplexer sein als klassische Theorien der Industriegesellschaft und vielschichtiger als die Theorie der postindustriellen Gesellschaft. Neuartige Konzepte und Beziehungen sind wesentliche Instrumente für eine komplexere Analyse der Ausweitung des sozialen Verhaltens.

Die Logik der Mainstream-Perspektive

Unser theoretisches Verständnis der modernen Gesellschaft in Bezug auf ihre *Hintergrundannahmen,* aber auch ihre *blinden Flecken* sind allesamt intellektuelle Nachfahren des Denkens des neunzehnten Jahrhunderts. Trotz der kognitiven Vielfalt des zeitgenössischen sozialwissenschaftlichen Diskurses ist es überraschend, dass es wesentliche gemeinsame intellektuelle Grundannahmen und gegenseitige blinde Flecken gibt. Die Theorien über die moderne Gesellschaft eint zum Beispiel das allgemeine Versäumnis, sich mit Umweltfragen und insbesondere mit der *Karbonisierung* der Atmosphäre als Folge der Industrialisierung zu befassen.

Zu den wichtigen Gemeinsamkeiten zeitgenössischer sozialwissenschaftlicher Gesellschaftstheorien gehören 1) die Tendenz, die Grenzen gesellschaftlicher Systeme als identisch mit denen von Nationalstaaten festzulegen; infolgedessen ist die „Kausalität" in den meisten Sichtweisen innergesellschaftlich; 2) die Überzeugung, dass der Schlüssel zur Besonderheit der modernen Gesellschaft in erster Linie mit der funktionalen Differenzierung gesellschaftlicher Teilsysteme zusammenhängt; 3) die weit verbreitete Zuversicht, dass traditionelle oder irrationale Überzeugungen durch viel rationaleres Wissen überwunden werden. Die Gesamtfunktion der Hintergrundannahmen ist eine liberale Gesellschaft. Zygmunt Bauman (2000:3) erklärt: „Die ersten Heiligtümer, die entweiht wurden, waren traditionelle Loyalitäten, gewohnheitsmäßige Rechte und Pflichten, die Hände und Füße banden, Bewegungen behinderten und das Unternehmen einengten." Diese Erwartungen werden immer wieder enttäuscht, wenn man bedenkt, dass beträchtliche Teile der Bevölkerung in modernen Gesellschaften beispielsweise „Verschwörungstheorien" anhängen oder wissenschaftliche Erkenntnisse infrage stellen, die von einem großen Teil der Wissenschaftler geteilt werden oder noch elementarer, dass Menschen ihren alltäglichen (aber auch außergewöhnlichen)

Alltag auf der Grundlage traditioneller Überzeugungen ordnen/erklären. Schließlich 4) die nahezu sichere Tatsache, dass gesellschaftliche Formationen eines historischen Stadiums oder Typs schließlich durch andere soziale Arrangements abgelöst werden – was einen in eine Richtung verlaufenden Marsch namens „Fortschritt" darstellt.

Die Mainstream-Logik der Gesellschaftstheorien bringt eine ausgeprägte *Politik mit sich,* die den Anspruch erhebt, das Wissen um die Zukunft erfasst zu haben. Es ist daher kein Zufall, dass der Untertitel von Daniel Bells (1973) Werk *The Coming of Post-Industrial Society* „A Venture in Social Forecasting" lautet. Obwohl Francis Fukuyama (1999/2000:130) Daniel Bell für die Genauigkeit seiner Prognosen lobt, können Gesellschaftstheorien genauso gut als selbsterfüllende Prophezeiungen funktionieren. Es ist nicht ungewöhnlich, dass politische Parteien, Unternehmen, Städte oder internationale Organisationen eine bestimmte Gesellschaftstheorie als Leitfaden für die Gestaltung ihrer Zukunft nehmen. Die Theorie der modernen Gesellschaft als Wissensgesellschaft ist keine Ausnahme von dieser Regel.

Ich werde jede der Hintergrundannahmen der Mainstream-Logik der klassischen Gesellschaftstheorien kritisch untersuchen. 1) Die Einheit der (makro)-sozialwissenschaftlichen Analyse ist tendenziell die Gesellschaft im Sinne des *Nationalstaates.* Soziale Transformationen sind in erster Linie das Ergebnis von Mechanismen, die Teil der Struktur einer bestimmten Gesellschaft sind und in diese eingebaut sind. Es ist heute eigentlich nicht besonders schwierig zu erkennen, dass es unangemessen ist, den restriktiven Rahmen des Territorialstaates beizubehalten. Die wichtigsten Institutionen der modernen Gesellschaft, die Marktwirtschaft, die Großstädte, der Staat, das Hochschulwesen, der Sport, der Tourismus, die Religion, die Wissenschaft, die technischen Artefakte, die militärischen Waffen, das Alltagsleben und auch die Ökologie einer Gesellschaft sind alle zutiefst von einer fortschreitenden „Globalisierung" oder Transnationalität der menschlichen Angelegenheiten oder von Umständen betroffen, in denen symbolische Institutionen, die lokale Praktiken mit globalisierten sozialen Beziehungen verbinden und wichtige Aspekte des Alltagslebens gestalten (Giddens 1996). Obwohl Giddens die räumliche Identität wichtiger sozialer Prozesse hervorhebt, sind Technologie, Kommunikation, wirtschaftliche Aktivitäten, wissenschaftliche Prozesse, soziale Mobilität und Ungleichheit nicht mehr eng an nationale Grenzen gebunden und unterliegen den sich verändernden Triebkräften des Globalisierungswandels; staatlich basierte territoriale Macht, Gewalt und Macht sind jedoch nicht verschwunden, sondern sind weiterhin relevante Attribute der Geopolitik. Die COVID-19-Pandemie von 2020 bis 2022 und frühere Pandemien zeigen sowohl die Fragilität als auch die anhaltende Relevanz nationaler Grenzen.

Wenn man betont, wie durchlässig nationale Grenzen heute sein können, bedeutet das nicht unbedingt, dass man die Vorstellung einer „globalen Gesellschaft" oder einer globalen wirtschaftlichen und kulturellen Einheit und Einheitlichkeit der Menschheit übernimmt. Eine grenzenlose Welt ist unrealistisch. Die Behauptung einer grenzenlosen Welt verfehlt im Wesentlichen „den Zusammenhang zwischen Grenzsetzung und Identität: Wer Identität will, muss Grenzen haben" (Kocka 2010:37).

Auch die Verschiebung des primären theoretischen Bezugspunkts hin zu einem transnationalen Fokus beinhaltet nicht bereits eine endgültige Antwort auf die Frage, ob sich das Projekt der Moderne einfach weiter entfaltet, wenn auch unter neuen Umständen und auf einer neuen Ebene, oder ob es das Aufkommen einer neuen historischen Epoche signalisiert. Wer jedoch leugnet, dass der einzige und dominante Fokus die Gesellschaft sein muss, erkennt die Existenz systemischer Beziehungen und Trends an, die sowohl trennen als auch vereinen, die die Reichweite der Souveränität, der Macht und der Autonomie des Nationalstaates in wichtigen Aspekten reduzieren (vgl. Giddens 1980:265) und die dafür sorgen, dass lokale, regionale und nationale Identitäten und soziales Handeln mit verschiedenen kulturellen und wirtschaftlichen Kräften verwoben sind, die in der Ferne angesiedelt sind und über nationale Grenzen hinausgehen. Es geht nicht um absolute Ähnlichkeiten in der Entwicklung, sondern um relationale Konvergenzen und die Assimilation fremder Welten in lokale Kontexte sowie um die Ausdehnung einst insularer Phänomene in die Welt. Konkret geht es nicht um die Frage, ob die Zinssätze in allen Nationalstaaten identisch sind, sondern um die Frage, ob ihre Unterschiede und ihre Bewegung relativ zueinander zur Konvergenz tendieren und wie die Wirtschaftsakteure durch lokale Praktiken Anpassungen an anderswo verursachte Schwankungen bewältigen oder konstruieren (Stehr 1992).

Ein Teil der allgemeinen Kritik an der klassischen Annahme der machtpolitischen Dominanz des Nationalstaates zeigt auch, dass der Trend zu einer „unerbittlichen" Globalisierung keineswegs unaufhaltsam ist. Die Globalisierung schafft ihre eigenen Grenzen und Widerstände, während die Bestrebungen der Nationalstaaten die Flugbahn der Globalisierung verändern. Das bedeutet natürlich, dass der Nationalstaat nicht einfach von der Bühne der Weltgeschichte verschwunden ist und auch in Zukunft nicht verschwinden wird.

Der Hauptmechanismus: Funktionale Differenzierung

Der übergeordnete Trend des gesellschaftlichen Wandels, der sowohl als *Explanans* als auch als *Explanandum* dient, ist die funktionale Differenzierung. In einem so weiten Sinne bleibt die Frage nach den Gründen für eine scheinbar immerwährende gesellschaftliche Differenzierung ungeklärt, die Frage nach der Agentur der Differenzierung beispielsweise bleibt im Dunkeln. Der Begriff der funktionalen Differenzierung ist eng an den Nationalstaat gekoppelt. Funktionale Differenzierung läuft darauf hinaus, dass die soziale Wirklichkeit im Laufe der Geschichte einer fortschreitenden Spezialisierung unterworfen ist und dass Cluster sozialer Aktivitäten, zum Beispiel die spezifische Art der Organisation von Produktion, Bildung und Regierung, mehr und mehr zu in sich geschlossenen, selbstzentrierten und selbstangetriebenen Teilsystemen der Gesellschaft werden. Die Gesellschaft verliert ihr Zentrum, vorausgesetzt, sie hat es jemals besessen. Der Gesellschaft fehlt ein normatives Zentrum, was auch heute noch der Fall ist. Eine Folge der funktionalen Differenzierung ist daher das Fehlen eines integrierenden Systems, das dazu dient, die immerwährende oder unersättliche (wie Marx es im Fall des Kapitals beobachtet) Verwirklichung egozentrischer, d. h. spezialisierter Ziele wie den Profit zu realisieren.

Die Logik der sozialwissenschaftlichen Mainstream-Perspektive bezieht sich hauptsächlich auf den Prozess der funktionalen Differenzierung als solchen. Sie beinhaltet keine Einigung über die Auswirkungen der funktionalen Differenzierung und die Gründe für die Differenzierung (und ihre Reproduktion). Im Allgemeinen wird davon ausgegangen, dass Differenzierung die Funktionsfähigkeit (Effektivität) der entstehenden kleineren sozialen Einheiten verbessert. In der Zeit nach dem Zweiten Weltkrieg kristallisierten sich diese Kernannahmen zu Theorien der Modernisierung und Entwicklung heraus. Strukturelle Differenzierung wurde allzu leicht mit einem bestimmten westlichen Entwicklungspfad identifiziert und entsprach nicht den Erfordernissen einer Analyse der Erfahrungen des gesellschaftlichen Wandels in nicht-westlichen Gesellschaften.

Anstatt die Logik der Differenzierung als unidirektionales Konzept zu betonen, wird vor allem behauptet, dass moderne soziale Transformationen extrem variabel und kontingent sind. Diese Variabilität schließt nicht nur die Möglichkeit ein, die Geschichte zu wiederholen, sondern auch, sie umzukehren. Integration, Homogenisierung, Entdifferenzierung oder Konzentration können je nach den Umständen, z. B. der Entschlossenheit individueller und unternehmerischer Akteure, die Differenzierung verdrängen. Wenn man darüber hinaus davon ausgeht, dass die

Transformationen selbst zu weiterer Variabilität, Fragilität, Instabilität, Kontingenz und Volatilität beitragen, wird die Rechtfertigung für ein richtungsweisendes Gesamtkonzept noch fragwürdiger.

Die zunehmende soziale und kulturelle Differenzierung steht im Gegensatz zu einer Hierarchie von Zeugen und Beobachtungsergebnissen. Im Zuge der Modernisierung der sozialen Beziehungen werden die Philosophien und Erkenntnistheorien, die für eine solche Hierarchie und Gewissheit eintreten, allmählich abgebaut. Eine Vielzahl von Perspektiven und Praktiken für den Zugang zur „Wahrheit" wird zum typischen intellektuellen Muster in Gesellschaft und Wissenschaft. Es gibt keinen glaubwürdigen, privilegierten transzendentalen (perfekten) Blickwinkel mehr, von dem aus Gesellschaft und Natur beobachtet werden können (Weber 1922). Aus der zunehmenden kulturellen Ausdifferenzierung erwächst ein selbstbewusstes Bewusstsein für die Pluralität der Weltanschauungen und im Falle der Sozial- und Geisteswissenschaften die Wissenssoziologie (Stehr und Meja 2005; Meja und Stehr 2015).

Ob die funktionale Differenzierung auch in Zukunft ein Merkmal der modernen Gesellschaft als Wissensgesellschaft sein wird, ist eine spannende Frage. Die Geschichte wird es zeigen.

Verdrängung von Gott und Natur

Die sozialen, politischen und wirtschaftlichen Entwicklungen des 19. Jahrhunderts werden in der Logik der Mainstream-Perspektive mit dem Verlust *traditioneller Gewissheiten, Überzeugungen und Erwartungen in* Verbindung gebracht, aber auch mit dem „Gewinn" einer stärker *egozentrischen Gesellschaftsperspektive*, die sich in der Verdrängung der Natur aus der sozialwissenschaftlichen Erzählung manifestiert. Welche Entwicklung ist die folgenreichere?

Dem Fortschritt von Wissenschaft und Technik wird eine zentrale Rolle bei der Umwandlung in eine rationalere und bürokratisiertere Gesellschaft zugeschrieben. Für Talcott Parsons (1937:752) beispielsweise gipfelt Max Webers Arbeit gerade in seiner „Vorstellung von einem Gesetz zunehmender Rationalität als einer grundlegenden Verallgemeinerung über Handlungssysteme". Emile Durkheims Erörterung der Beziehungen zwischen Wissenschaft und Religion in *Elementare Formen des religiösen Lebens* unterstützt ebenfalls die Vorstellung, dass die Wissenschaft die Religion verdrängen wird, obwohl Durkheim (1981:576) bereit ist, dem religiösen Wissen in der modernen Gesellschaft eine begrenzte Rolle zuzugestehen.

Das „beunruhigende" Fortbestehen traditioneller Überzeugungen ist daher ein guter Grund, die allgemeine Behauptung über die universelle Wirksamkeit wissenschaftlicher Erkenntnisse und den unaufhörlichen und unwiderstehlichen Drang zu einer stärkeren Rationalisierung aller Lebensbereiche anzuzweifeln. Modernisierung und Rationalisierung müssen nicht notwendigerweise konvergieren. Daher ist es wichtig, die gegenseitige Bedeutung von Rationalisierungs- und Gegenrationalisierungsprozessen und das Fortbestehen traditioneller Überzeugungen anzuerkennen. Die beträchtliche Nachfrage nach Segnungen in der modernen Gesellschaft, Segnungen von Menschen, Tieren, Gegenständen und der Natur sind ein treffendes Beispiel für das Fortbestehen traditioneller Rituale im modernen Leben (z. B. Bocock 2020). Eine ausgewogenere Perspektive wäre sich der Grenzen der Macht wissenschaftlicher Erkenntnisse in der modernen Gesellschaft bewusst und würde nicht dem Irrtum unterliegen, sich zu sehr der Rationalisierung oder der Tradition zu verschreiben.

Rückwärts- und Vorwärtsschritte in die Zukunft

Die Sozialwissenschaften bedienen sich je nach ihren erkenntnisleitenden Interessen und den Grenzen ihres Gegenstandsbereichs einer Vielzahl von empirischen und normativen Bezugspunkten, die ich skizziert habe und die verschiedene Stadien der gesellschaftlichen Entwicklung bezeichnen. Im klassischen soziologischen Diskurs kann sich der spezifische empirische Bezugspunkt oder Prozess, der eingeführt wird, um den Motor der gesellschaftlichen Entwicklung zu erfassen, einerseits auf einen grundlegenden Mechanismus wie den Begriff des Widerspruchs beziehen oder andererseits auf grundlegende Eigenschaften des gesellschaftlichen Lebens wie die Auflösung einer bestimmten Form von gesellschaftlicher Solidarität, die das Ende der Identität eines bestimmten Gesellschaftstyps bedeuten und signalisieren und gleichzeitig in ihren Folgen jede einzelne, historisch konkrete Gesellschaft transzendieren. Im Rahmen der Marxschen Gesellschaftstheorie sind die Widersprüche zwischen den gesellschaftlichen Akteuren die treibende Kraft der Geschichte. Die Differenzierung der Gesellschaften durch Auguste Comte oder Emile Durkheim beruht auf Unterschieden in der Natur der moralischen, rechtlichen, intellektuellen und politischen Beziehungen und damit der Grundlage der sozialen Solidarität, die in verschiedenen Gesellschaften vorherrschen können. Gesellschaftstypen lassen sich aber auch anhand der Art und Weise unterscheiden, wie die menschlichen Bedürfnisse, die als anthropologische Konstanten und damit als Bedürfnisse, die über spezifische konkrete Gesellschaften hinausgehen, erfüllt werden. Im Allgemeinen ist es jedoch offensichtlich, dass Gesellschaftstypologien auf bestimmten grundlegenden anthropologischen Überlegungen über die Natur der Gesellschaft und der menschlichen Individuen beruhen.

Wenn auch nur zur Veranschaulichung eines alternativen Konzepts möchte ich versuchen, dafür zu plädieren, die Modernisierung als einen gemäßigten und offenen, sogar umkehrbaren Prozess zu betrachten, nämlich als eine Bewegung hin zu einer *Erweiterung des sozialen Handelns*. Um nur ein Beispiel zu nennen: Seit einigen Jahrzehnten kann man eine wesentlich breitere und anhaltende Zunahme der Beteiligung von Einzelanlegern am Aktienhandel beobachten. Im Gegensatz zu den gängigen Grundannahmen über die Muster des sozialen Wandels schlage ich vor, einen Großteil des gesellschaftlichen Wandels als „marginalen" oder inkrementellen Wandel zu konzipieren. Die gesellschaftliche Entwicklung besteht daher aus „Ergänzungen", sowohl vorwärts *als auch* rückwärts in der Zeit. Vorwärtsentwicklungen werden im Sinne neuartiger Muster sozialer Phänomene verwendet, während Rückwärtsschritte sich auf eine Erneuerung dessen beziehen, was einst vorwärtsgerichtete Muster waren.

Ein einfacher Fall von Ausdehnung oder Erweiterung könnte sich auf die vielfältigen Wege beziehen, die die Jäger- und Sammlergesellschaften auf ihrem Weg zur Etablierung von Ackerbau-Gesellschaften beschreiten. Hannah Arendts (1961:59) Unterscheidung zwischen dem „Eingreifen in die Natur" auf der Grundlage moderner Wissenschaft und Technik und dem „Machen" von Natur könnte als weiteres Beispiel für eine breit angelegte Erweiterung des menschlichen Handelns dienen. Während das Handeln in die Natur ein historisch neues Verhalten darstellt, bezieht sich das Machen der Natur auf Konfigurationen des sozialen Verhaltens, die nicht einfach verschwinden.

Ein weiteres Beispiel auf der Makroebene wäre das enorme Wachstum des modernen Kommunikationssystems, z. B. des in vielerlei Hinsicht unsichtbaren Internets, das in erster Linie eine Erweiterung der Kommunikationsmöglichkeiten und weniger eine funktionale Differenzierung der Kommunikation darstellt. Oder, auch wenn es stimmt, dass die Funktionen von Städten sehr unterschiedlich sind und dass Städte im Laufe der Geschichte mehr und andere Funktionen übernommen haben, ist eine der markantesten Veränderungen, die sich auf Städte und Gemeinden in der ganzen Welt auswirken, ihre anhaltende und enorme Zunahme an Größe.[4] Ein letztes Beispiel für die Ausweitung sozialen Handelns – auf der Makroebene – könnte sich auf die Fähigkeit von Akteuren

---

[4] Zu Beginn des 21st Jahrhunderts lebt die Mehrheit der Menschen in Städten. Die Verstädterung in ihrer Beziehung zur wirtschaftlichen Entwicklung und zur Schaffung von Wissen ist weltweit ein ziemlich einheitlicher Prozess (vgl. Bettencourt, Lobo, Helbin, Kühnert und West 2007).

beziehen, einst selbstverständliche Handlungsoptionen anderer Akteure *einzuschränken.* Die Globalisierung steht für einen gesellschaftspolitischen Wandel, der den Handlungsspielraum von Nationalstaaten einschränkt, während er die Macht transnationaler Unternehmen und internationaler Organisationen wie der *Welthandelsorganisation* (WTO) vergrößert (vgl. Beck 2005:118–125). Globales Recht schränkt nationales Recht ein, erhöht aber die Reichweite von Rechtsnormen über nationale Grenzen hinweg.

Ein wesentlicher Bestandteil der Modernisierung der modernen Gesellschaft ist die Ausweitung des Diskurses über die Grenzen oder das Ende der Ausweitung des sozialen Handelns: „When will it be enough?", um den Titel einer Monographie von Robert und Edward Skidelsky (2012) zu variieren. Andererseits könnte die Erweiterung von Handlungskapazitäten, wie etwa das Wachstum des ökonomischen Kuchens, – wie nicht nur in politischen Kampagnen oft behauptet wird – ein Schlüssel sein, um die Akteure mit der sozialen Ordnung in Einklang zu bringen. Auf der individuellen Ebene stößt die Ausweitung des sozialen Handelns, z. B. durch die Erweiterung der Möglichkeiten zur Informationsaufnahme, an die Grenzen der *Aufmerksamkeit, die* der Mensch zu mobilisieren vermag. Das Internet verschärft solche Konflikte.

Für Zygmunt Bauman (2000:29), der im Allgemeinen recht pessimistisch über das Wesen unseres Zeitalters war, ist charakteristisch für unsere Form der Moderne gerade der allmähliche Zusammenbruch der frühmodernen Illusion, dass es „ein Ende des Weges gibt, auf dem wir voranschreiten […] einen Zustand der Perfektion, der morgen erreicht wird […] eine Art gute Gesellschaft", kurz gesagt, eine „perfekte Ordnung". Bauman (1991:7) fügt hinzu, dass unsere Existenz insofern modern ist, „als sie durch *Design, Manipulation, Technik* bewirkt und aufrechterhalten wird." Und im Hinblick auf meine spätere Bezugnahme auf ein wesentliches Merkmal von Wissensgesellschaften, nämlich ihre *Fragilität,* betont Zygmunt Bauman (1991:7), und ich stimme ihm zu, dass „die Substanz der modernen Politik, des modernen Intellekts, des modernen Lebens das Bemühen ist, die Ambivalenz auszurotten." Die Bemühungen um die Überwindung von Ambiguität, Irrationalität, Verwirrung und Ambivalenz sind – vorläufig – nicht sehr erfolgreich und oft von großen intellektuellen und politischen Konflikten begleitet. Ambivalenz ist unvermeidlich (Bauman 1991:2).[5] Der zeitgenössische Diskurs über die Grenzen der Erweiterung unterscheidet sich deutlich von diesen

---

[5] John Keane (2022) spricht den wichtigen Gedanken an, dass die Demokratie ein Freund der „Kontingenz" ist (siehe auch Stehr, 2020 zu Klimawandel und demokratischer Governance).

Illusionen über eine grenzenlose „Verbesserung" des *Status quo*. Heute, im Zeitalter des Anthropozäns, beschäftigt sich der Diskurs über das Ende der Ausdehnung des sozialen Handelns mit dem selbst auferlegten Ende der Zivilisation.

Der sozialwissenschaftliche Diskurs hat viel von seiner Beschäftigung mit der Suche nach evolutionären Stadien im Verlauf des sozialen Wandels von Gesellschaften und der Identifizierung charakteristischer gesellschaftlicher Formationen verloren. Tatsächlich haben einige Beobachter, allen voran Norbert Elias (1987b), sogar eine radikalere Umkehr und Neuorientierung im sozialwissenschaftlichen Diskurs festgestellt, nämlich eine Abkehr von der Beschreibung der Geschichte als strukturiert hin zu einer Sichtweise des sozialen Wandels als im Wesentlichen völlig strukturlos oder, wie er es diagnostiziert, einen „Rückzug der Soziologen in die Gegenwart". Trotz Elias' Beobachtungen, dass ein Großteil der gegenwärtigen empirischen Forschung in der Soziologie ohne Bezug auf die Theorie oder auf langfristige historische Entwicklungen durchgeführt wird, und trotz seines Plädoyers, dass das Verständnis der menschlichen Gesellschaft ein Verständnis langfristiger Prozesse sowie die Beachtung bestimmter universeller Eigenschaften, die in allen menschlichen Gesellschaften zu finden sind, erfordert, beinhalten Arbeiten in der Soziologie und in den anderen Sozialwissenschaften, die eine Makro-Orientierung haben, zumindest bis zu einem gewissen Grad weiterhin die Beachtung längerfristiger sozialer Transformationen. Die Diskussion über das Ende der Industriegesellschaft ist ein herausragendes Beispiel dafür.

Die Ausweitung des sozialen Handelns kann ebenso auf einem Verständnis der Gegenwart beruhen, das durch einen Blick in die Vergangenheit gefiltert wird: Die Gegenwart im Bann der Vergangenheit.

Der Ursprung der Theorie der Wissensgesellschaft

2

Das folgende Kapitel befasst sich mit der Genealogie des Konzepts und der Theorie der Wissensgesellschaft, ihren frühen Verwendungen im sozialwissenschaftlichen Diskurs, den Gründen für die Zentralität des Wissens insbesondere innerhalb der Ökonomie der modernen Gesellschaft und den Auswirkungen der Ressource Wissen auf die soziale Ungleichheitsbildung in der modernen Gesellschaft als Folge der rechtlichen Einhegung des Wissens (vgl. Stehr 2015). Besonderes Augenmerk wird dabei auf die anspruchsvollen Vorläufer der modernen Theorie der Wissensgesellschaft gelegt: Peter Druckers und Daniel Bells Theorie der Wissensgesellschaft.

Frühe Verwendung des Begriffs „Wissensgesellschaft"

Der Begriff Wissensgesellschaft taucht, soweit ich sehen kann, zum ersten Mal als normativer Begriff auf, und zwar in der Bezeichnung „wohltätiger" Gesellschaften in England im 19. Jahrhundert.[1] Der Zweck einer dieser Gesellschaften, der *Provident Knowledge Society* „unter der Schirmherrschaft von Lord Derby, Lord Shaftesbury und anderen angesehenen Männern", besteht darin, „das regelmäßige wöchentliche Sparen zu einer nationalen Gewohnheit zu machen und die Möglichkeiten zum Sparen so zu erweitern, dass es für einen Mann so einfach sein soll, eine kleine Summe zurückzulegen, wie es für ihn jetzt ist, diese

---

[1] Eine vielleicht noch frühere Verwendung des Begriffs „Wissensgesellschaft" findet sich im Titel einer „Church Missionary Society" in den Vereinigten Staaten: „The Evangelical Meeting – The Evangelical Knowledge Society – American Church Missionary Society – The Education of Young Men for the Ministry". Der Bericht über das jährliche (neunzehnte) Treffen der „Evangelical Knowledge Society" der Church of Ascension am 8. November 1865 findet sich in der *New York Times* vom 9. November 1865.

Summe in Bier oder Spirituosen auszugeben." Die Gesellschaft veröffentlichte eine Reihe von Traktaten über *Sparbücher, Renten* und *Lebensversicherungen*, um Sparsamkeit und Voraussicht unter den Arbeiterklassen zu fördern.

Die Entwicklung und der zunehmende sozialwissenschaftliche Gebrauch der Idee, dass *die moderne Gesellschaft* eine Wissensgesellschaft ist, geht auf die frühen 1970er Jahre und in stärkerem Maße auf die 1980er Jahre und spätere Jahrzehnte zurück. Einer der ersten Sozialwissenschaftler, der eine Variante des Begriffs „Wissensgesellschaft" verwendet hat, ist der Politikwissenschaftler Robert E. Lane (1966:650). Er begründet die Verwendung des Begriffs Wissensgesellschaft mit der wachsenden gesellschaftlichen Relevanz *wissenschaftlichen* Wissens und definiert eine Wissensgesellschaft als eine Gesellschaft, in der ihre Mitglieder

> (a) die Grundlagen ihrer Überzeugungen über Mensch, Natur und Gesellschaft erforschen; (b) sich (vielleicht unbewusst) von objektiven Wahrheitsmaßstäben leiten lassen und auf den höheren Bildungsebenen den wissenschaftlichen Regeln der Beweisführung und der Schlussfolgerungen bei der Untersuchung folgen; (d) ihr Wissen sammeln, ordnen und interpretieren in dem ständigen Bemühen, ihm weitere Bedeutung für die jeweiligen Zwecke zu entlocken; (e) dieses Wissen einsetzen, um ihre Werte und Ziele zu erhellen (und vielleicht zu ändern) und sie voranzubringen. So wie die „demokratische" Gesellschaft ihr Fundament in den staatlichen und zwischenmenschlichen Beziehungen und die „Wohlstandsgesellschaft" ihr Fundament in der Wirtschaft hat, so hat auch die wissende Gesellschaft ihre Wurzeln in der Erkenntnistheorie und der Logik der Forschung.

Robert Lanes Konzept einer wissenden Gesellschaft ist eng an das Versprechen einer bestimmten Wissenschaftstheorie gekoppelt und spiegelt auch den großen Optimismus bzw. die große Angst wider, die in den frühen 60er Jahren herrschte, als man annahm, dass die Wissenschaft in irgendeiner Weise die Möglichkeit einer Gesellschaft eröffnen würde, in der der gesunde Menschenverstand radikal durch wissenschaftliche Argumentation ersetzt würde. Wie Lane in seiner Definition betont, lassen sich die Mitglieder der Wissensgesellschaft in ihren „Überzeugungen" und ihrem Verhalten, wenn auch nur unbewusst, strikt von den Standards der „wahrheitsgemäßen Wahrheit", der Logik der Untersuchung und allgemein von der Standard-Epistemologie der Wissenschaft leiten.

Gerade das Versprechen, das Lane der wissenschaftlichen Erkenntnis als Motor für die Umwandlung der modernen Gesellschaft in eine Wissensgesellschaft gab, war für andere Sozialwissenschaftler der Grund, etwa zur gleichen Zeit über die Risiken eines entstehenden *„technischen Staates"* nachzudenken. Ein prominenter Sozialwissenschaftler in Deutschland, der vor den Gefahren des technischen Staates warnte, ist Helmut Schelsky. Lane und Schelsky teilen die zweifelhafte Zuversicht, dass wissenschaftliche Erkenntnisse die gesamte Gesellschaft beherrschen und das „Ende der Geschichte" vorhersagen werden. Im Falle des politischen Systems reduziert der Einsatz wissenschaftlicher Erkenntnisse die politischen Entscheidungen auf rein technische Fragen: „Der ‚technische Staat' entzieht der Demokratie ihre Substanz. Technisch-wissenschaftliche Entscheidungen können keiner demokratischen Willensbildung unterliegen, sie werden auf diese Weise nur uneffektiv" (Schelsky 1965:459). Generell signalisiert die Entstehung moderner Wissensgesellschaften aber vor allem einen drastischen *Strukturwandel der Wirtschaft*. Diese Annahme wird in Peter Druckers und Daniel Bells Theorie der Wissensgesellschaft, auf die ich im Folgenden eingehen möchte, deutlich.

Peter Druckers und Daniel Bells Theorie der Wissensgesellschaft

Vor mehr als einem halben Jahrhundert hat Peter Drucker in seiner Monographie *The Age of Discontinuity* ausdrücklich und konsequent den Begriff der *Wissensgesellschaft* verwendet. Die weit gefasste These von der Wissensgesellschaft stellt Wissen und Wissensarbeit „in den Mittelpunkt unserer Gesellschaft als Grundlage der Wirtschaft und des sozialen Handelns" (Drucker 1972:349; Drucker 1969), was auch bedeutet, dass die Arbeit nicht verschwinden wird.[2]

Obwohl Druckers Betonung von Wissensbeständen in vielerlei Hinsicht bahnbrechend ist, ist jedoch nicht ersichtlich, ob er dem *Wissensprinzip* zumindest in den späten 1960er Jahren die gleiche zentrale Bedeutung für die moderne Gesellschaft beimisst wie beispielsweise etwa zur gleichen Zeit Daniel Bell mit seinem Begriff des *theoretischen Wissens*.

---

[2] Fritzt Machlups (1962) veröffentlichtes Buch *The Production and Distribution of Knowledge in the United States* darf in diesem historischen Abriss der Begriffe der Wissensgesellschaft nicht unerwähnt bleiben. Machlups heroischer Versuch, den Beitrag des Wissens zum Bruttosozialprodukt zu quantifizieren, umfasste die innovativen Begriffe „production of knowledge", die „knowledge industry", die „knowledge economy" und die „division of knowledge". Machlups Perspektive „stellte die Wirtschaft als Ganzes neu vor und versuchte, die in den 1930er Jahren entwickelte Vorstellung einer Wirtschaft mit drei Sektoren – Rohstoffe, verarbeitendes Gewerbe und Dienstleistungen – durch eine Wirtschaft mit nur zwei Sektoren zu ersetzen: einem wissensproduzierenden und einem nicht wissensproduzierenden" (Slobodian, 2020:81).

Tatsächlich sträubt sich Peter Drucker (1993:18) dagegen, unsere Gesellschaft als Wissensgesellschaft zu bezeichnen: „Wissen wird jetzt schnell zum *einzigen* Produktionsfaktor und verdrängt sowohl Kapital als auch Arbeit. Es mag verfrüht sein (und wäre sicherlich anmaßend), unsere Gesellschaft als ‚Wissensgesellschaft' zu bezeichnen – bisher haben wir nur eine Wissensökonomie." Die „‚Wissensindustrien' […] produzieren und verbreiten *Ideen* und *Informationen*" (Drucker 1969:343; Hervorhebung hinzugefügt). Peter Druckers Definition dessen, was in einer Wissensgesellschaft als Wissen gilt, beschränkt sich also nicht auf wissenschaftlich-technisches Wissen, wie es bei Robert Lanes Wissensgesellschaft und bis zu einem gewissen Grad auch bei Daniel Bells Idee einer postindustriellen Gesellschaft der Fall ist.

Die frühen 1990er Jahre sind auch die Zeit der Revolution in der Informationstechnologie (IT) und des überragenden Erfolgs der ersten Entwicklung des Internets sowie der Beginn des Booms der Technologiebörsen in den Vereinigten Staaten. Im Jahr 1993 lag der NASDAQ bei 670 Punkten, zu Beginn des Jahres 2000 hatte der Index 4100 Punkte erreicht. Mitte der 2022er Jahre lag er bei 11.500 Punkten. In den utopischen Entwürfen, z. B. im Werk von Alvin und Heidi Toffler (1980), die die IT-Revolution begleiteten, war Wissen die zentrale Ressource der „Third Wave Economy". Die von Peter Drucker und Daniel Bell entwickelten Ideen nährten den Optimismus der Cyberspace-Enthusiasten (Dyson et al. 1994).

Die gängige Antwort auf die Frage nach den Ursprüngen der Wissensgesellschaft und insbesondere der wissensbasierten Wirtschaft, z. B. von Politikern oder Managern, verweist in der Regel auf die Zunahme technisch komplexer und anspruchsvoller Aufgaben, die für die Arbeitsplätze in der Wissenswirtschaft immer typischer werden. Aber wie Thomas Piketty (2006:68; Hervorhebung hinzugefügt) die Dynamik des modernen Arbeitsmarktes beschreibt, kann es sich durchaus um einen „Wettlauf zwischen der *Nachfrage* nach Fähigkeiten und dem *Angebot* an Fähigkeiten" handeln. Es ist also durchaus möglich, dass das Angebot an Qualifikationen schneller steigt und daher der aufsteigende Stern in der Arbeitswelt ist, während die Anforderungen an die Berufe seitens der Arbeitgeber stagnieren: Die Arbeitgeber sind gezwungen, Arbeitsplätze zu schaffen, die Wissen anwenden und die Realisierung verbesserte Fähigkeiten möglich machen.

In der Tat ist es eines der zentralen Merkmale von Druckers Wissensgesellschaftsthese, dass er die „nachfragebedingte" Transzendenz der Industriegesellschaft ablehnt, d. h., wie Gary Becker[3] argumentiert, „die Volkswirtschaften […] haben ihre Nachfrage nach Wissensarbeitern auf Kosten der gering qualifizierten Arbeitnehmer erhöht. Die Zukunft wird wahrscheinlich nicht freundlicher für Arbeitnehmer mit geringer Bildung und geringen Arbeitsfähigkeiten sein". Peter Drucker verweist im Gegenteil auf das, was ich als *„Druckers Gesetz"* bezeichnen möchte, nämlich dass „die unmittelbare Ursache für die Aufwertung der Arbeitsplätze […] die Aufwertung des Bildungsniveaus des Berufsanfängers ist" (Drucker 1969:343)[4] und nicht, wie die Mehrheit der Sozialwissenschaftler wie z. B. Martin Carnoy und Manuel Castells (2001:7) betonen, „die Globalisierung und die Informationstechnologie die Arbeit verändern". Druckers Gesetz unterstreicht, dass die Transformation der Arbeitswelt in die Gesellschaft eingebettet ist. Die Angebotsseite, angetrieben durch eine drastische Zunahme der Lebensarbeitszeit, die weiter steigt, sowie das Streben nach guten und lohnenden Arbeitsplätzen, ist abhängig von gesellschaftlichen und politischen Entwicklungen, z. B. der ideologischen Rahmung des Glaubens an Bildung und der Fähigkeit, den Verdienst um einige Jahre aufzuschieben.[5] Talente in der Gesellschaft sind rar.

---

[3] Gary Becker, „The dismal future for workers with few skills", *The Becker-Posner Blog,* University of Chicago Law School, März 17, 2020. Beckers Position impliziert, dass Schulbehörden und Hochschulmanager die Fähigkeiten und Konzepte lehren sollten, die Arbeitgeber brauchen und wollen. Die Mainstream-Ökonomie-These wird auch von David Autor und seinen Kollegen (2022:3) in ihrer empirischen Studie über „neue Arbeit" hervorgehoben. Die Autoren weisen darauf hin, dass es sich bei den sogenannten „Erweiterungsinnovationen um Technologien handelt, die Fähigkeiten, die Qualität, die Vielfalt oder den Nutzen des *Outputs* von Berufen erhöhen und damit potenziell neue Anforderungen an das Fachwissen und die Spezialisierung der Arbeitnehmer schaffen."

[4] Der OECD-Bericht (2013:25) *Supporting Investment in Knowledge Capital, Growth and Innovation* unterstützt Druckers Gesetz. In dem Bemühen, die steigenden Investitionen in wissensbasiertes Kapital in den OECD-Ländern im neuen Jahrhundert zu erklären, stellt der Bericht fest: „Mit steigendem Bildungsniveau haben die OECD-Volkswirtschaften einen größeren Bestand an Humankapital aufgebaut. Der Bestand an Humankapital wiederum ermöglicht und ergänzt die Produktion und Nutzung von KBC (Patente sind beispielsweise ein Mittel zur Sicherung des geistigen Eigentums, das mit Innovationen verbunden ist, die aus dem Humankapital hervorgehen)."

[5] Die überwiegende Mehrheit der Studien, in denen untersucht wird, ob die Technologie mehr Arbeitsplätze ersetzt als schafft, behandelt „Technologie" als unabhängige Variable; haben z. B. Roboter oder IKT eine arbeitssparende Wirkung? Eine Metastudie (Hötte et al. 2022) über solche Ansätze kommt zu dem Schluss, dass „Ängste vor einer weit verbreiteten technologiebedingten Arbeitslosigkeit keine empirische Grundlage haben".

Peter Drucker bezweifelt, dass das moderne Bildungswesen auf mögliche nachfragebedingte Veränderungen in der modernen Arbeitswelt reagiert, vielleicht sogar *ex-post-facto* oder sogar „kurzfristig" reagieren kann. Ein Beleg für Druckers Gesetz sind die zunehmenden Investitionen der Unternehmen in wissensbasiertes Kapital, die den großen Anschaffungen der Informations- und Kommunikationstechnologie vorausgehen. Wissensarbeit muss als *Kapitalwert* betrachtet werden. Manuelle Arbeit als *Kosten*. In diesem Rahmen müssen die Kosten kontrolliert und reduziert werden. Vermögenswerte müssen zum Wachsen gebracht werden (Drucker 1999:87).[6]

Auch Daniel Bell (1968:198) verwendet den Begriff „Wissensgesellschaft" im Zusammenhang mit seiner Diskussion über die Entstehung der *postindustriellen Gesellschaft*, eine Bezeichnung, die er letztlich vorzieht.[7] Bell verwendet den Begriff der Wissensgesellschaft bisweilen gleichbedeutend mit dem Begriff der „postindustriellen Gesellschaft". So betont er beispielsweise, dass „die postindustrielle Gesellschaft eindeutig eine Wissensgesellschaft ist" (Bell 1973:212). Die grundlegende Rechtfertigung für eine solche Gleichsetzung ist natürlich, dass „Wissen eine grundlegende Ressource" der postindustriellen Gesellschaft ist.

Peter Druckers und Daniel Bells gemeinsame Annahme, dass es sich bei den bedeutenden Transformationen in erster Linie um Veränderungen innerhalb des Wirtschaftssystems handelt, die dann auf die gesamte Gesellschaft ausstrahlen und die Dominanz der Wirtschaft bestätigen. Die Entstehung von Wissens- oder postindustriellen Gesellschaften aus den Industriegesellschaften hat demnach die gesellschaftliche Vormachtstellung der Wirtschaft nicht untergraben. Im Zuge weiterer Überlegungen zu Wissensgesellschaften werden jedoch Hypothesen über eine Umkehrung der Gleichung von Unterbau (d. h. den materiellen Grundlagen) zu Überbau (den kulturellen oder kognitiven Grundlagen) zu meinem primären Forschungsgegenstand.

Daniel Bells Theorie der postindustriellen Gesellschaft, Radovan Richtas Theorie der wissenschaftlich-technischen Revolution, Helmut Schelskys (1965) *Theorie der wissenschaftlichen Zivilisation* oder John K. Galbraiths (1967) *Theorie des neuen Industriestaats* übernehmen recht bereitwillig die für klassische

---

[6] Für einen zeitgenössischen Kontrast und Vergleich zwischen Peter Druckers Konzept der Wissensgesellschaft und der sich selbst organisierenden Wissensarbeit als *kognitiver Kapitalismus* (vgl. Moulier-Boutang 2011) und der neueren, vom italienischen Marxismus inspirierten Analyse der kognitiven Phase des Kapitalismus siehe Hardt und Negri (2000) und Peters und Reveley (2014).

[7] Die Theorie der *wissenschaftlich-technischen Revolution* von Radovan Richta (1969) ist das staatssozialistische Gegenstück zu Bells Gesellschaftstheorie.

(soziologische) Gesellschaftstheorien charakteristischen Prinzipien der Theoriebildung. Zu diesen Prinzipien gehören nicht nur ein erheblicher Zukunftsoptimismus und die Überzeugung von einem radikalen, ja revolutionären Bruch in den gesellschaftlichen Verhältnissen, sondern oft auch eher deterministische, gesetzesähnliche Annahmen über Tempo, Verlauf und Richtung gesellschaftlicher Transformationen.

Genealogie der Wissensgesellschaften

Die Gesellschaftstheorien entscheiden sich zu Recht dafür, die Merkmale der sozialen Beziehungen, die für den spezifischen Charakter dieser Gesellschaft konstitutiv sind, als identifizierende Bezeichnungen zu verwenden. So wurden Namen wie „kapitalistische" Gesellschaft oder „Industriegesellschaft" geschaffen. Aus denselben Gründen habe ich mich dafür entschieden, die zunehmend dominante Form der Gesellschaft als „Wissensgesellschaft" zu bezeichnen, weil der konstitutive Mechanismus oder die Identität der modernen Gesellschaft zunehmend durch „Wissen" bestimmt wird. In der Wirtschaft der Wissensgesellschaft beispielsweise basiert die Wertschöpfung zunehmend auf dem Einsatz von Humankapital und weniger auf physischem oder natürlichem Kapital. Mit anderen Worten: Wissen ist nicht nur die wichtigste wirtschaftliche Ressource in der modernen Gesellschaft, sondern auch der wichtigste Input für die Produktion von Wissen; dieser Zusammenhang impliziert, dass „durch die Einschränkung der Verfügbarkeit von Wissen IPR [geistige Eigentumsrechte] die Produktion von weiterem Wissen (Lernen) hemmen" (Stiglitz und Greenwald 2014:456). Die Verteidiger der Einkreisung von Wissen halten natürlich vehement dagegen, dass Regime des geistigen Eigentums den Umfang des Wissens in der Gesellschaft vergrößern.

Die historische Entstehung von „Wissensgesellschaften" erfolgt nicht plötzlich; sie stellt keine revolutionäre Entwicklung dar, sondern einen allmählichen, sich entfaltenden Prozess, in dessen Verlauf sich das bestimmende Merkmal der Gesellschaft ändert und ein neues entsteht. Auch heute noch ist der Niedergang von Gesellschaften oft ebenso langsam wie ihr Beginn. Gesellschaftliche Veränderungen vollziehen sich selten in spektakulären Sprüngen, auch wenn sie sich auf die gesamte Gesellschaft auswirken, was wiederum ihre Sichtbarkeit mindert. Dennoch scheint die – durch das Internet außerordentlich verstärkte – Nähe zu bedeutenden sozialen, wirtschaftlichen und kulturellen Veränderungen dafür zu sorgen, dass das, was in den Blick gerät, als besonders bedeutsam und außergewöhnlich erscheint. Die Unterbrechung von Routinen führt zu einer Verschiebung von Orientierungen, aber es bleibt „schwierig, die tatsächliche Kristallisierung eines neuen Zustands zu bestimmen, um die Entstehung einer neuen Gesellschaft und ihrer neuen Verhaltensweisen klar und eindeutig zu identifizieren" (Narr 1985:32; auch Stehr 2022).

Wissensgesellschaften entstehen nicht als Ergebnis einer einfachen unimodalen Entfaltung und in einer eindeutigen Weise. Wissensgesellschaften werden nicht zu irgendwelchen eindimensionalen sozialen Gebilden. Wissensgesellschaften werden ähnlich, indem sie unähnlich bleiben oder sogar unähnlich werden. Neue technologische Kommunikations- und Transportmittel überwinden die Distanz zwischen Gruppen und Individuen, aber die Isolation zwischen Regionen, Städten und Dörfern bleibt bestehen. Die Welt öffnet sich, und Glaubensbekenntnisse, Stile und Waren vermischen sich, doch die Mauern zwischen den Überzeugungen über das, was heilig ist, stürzen nicht in sich zusammen. Die Bedeutung von Zeit und Ort erodiert, während die Grenzen gefeiert werden.

Die moderne Gesellschaft wurde bis vor kurzem in erster Linie in Form von Eigentum und Arbeit konzipiert. Arbeit und Eigentum (Kapital) haben in der sozialen, wirtschaftlichen und politischen Theorie eine lange Tradition. Arbeit wird als Eigentum und als Quelle des entstehenden Eigentums betrachtet (vgl. Stehr und Voss 2020). In der marxistischen Tradition ist das Kapital objektivierte, verkapselte Arbeit. Auf der Grundlage dieser Eigenschaften konnten oder mussten Individuen und Gruppen ihre Zugehörigkeit zur Gesellschaft definieren. Im Zuge ihrer abnehmenden Bedeutung im Produktionsprozess, insbesondere im Sinne ihrer herkömmlichen ökonomischen Eigenschaften und Erscheinungsformen, zum Beispiel als „körperliches" Eigentum wie Boden, Naturkapital und Handarbeit, verändern sich die sozialen Konstruktionen von Arbeit und Eigentum selbst. Arbeit und Eigentum sind zwar nicht gänzlich verschwunden, aber es ist ein neues Prinzip, das „Wissen", hinzugekommen, das Eigentum und Arbeit als konstitutive Mechanismen der Gesellschaft sowohl infrage stellt als auch transformiert.

Das Wissen, auf das in den verschiedenen Theorien der modernen Gesellschaft Bezug genommen wird, und die Gruppen von Individuen, die damit Einfluss und Kontrolle erlangen, neigen dazu, oft recht eng begriffen zu werden. Die enge Betrachtung dessen, was Wissen ausmacht, führt zu der These, dass die moderne Gesellschaft „wissenschaftsbestimmt" und nicht „wissensbestimmt" ist. Paradoxerweise besteht dann vielleicht die Tendenz, die Wirksamkeit „objektiven" technisch-wissenschaftlichen oder formalen Wissens zu überschätzen. Die Theorien über die moderne Gesellschaft sind nicht detailliert und umfassend genug, wenn es darum geht, das gelieferte „Wissen", die Gründe für die Nachfrage nach immer mehr Wissen, die Art und Weise, wie Wissen verbreitet wird, die rasch wachsenden Gruppen von Individuen in der Gesellschaft, die auf eine von vielen

Arten von Wissen leben, die vielen Formen von Wissen, die als pragmatisch nützlich angesehen werden, und die verschiedenen Auswirkungen, die Wissen auf die sozialen Beziehungen haben kann, zu konzeptualisieren. Auch der nicht unerhebliche Widerstand in der Gesellschaft gegen wissenschaftliche Erkenntnisse, wie die Skepsis gegenüber Ergebnissen der Klimaforschung (siehe Stehr und Machin 2020) oder Zweifel an Impfkampagnen, muss rätselhaft bleiben.

Entwicklung von Theorien über die moderne Wissensgesellschaft

Ab den späten 1970er Jahren wurde die Analyse der modernen Gesellschaft als Wissensgesellschaft immer ausgefeilter, wobei sowohl rückwärts auf die Existenz vergangener Wissensgesellschaften als auch vorwärts auf die großen sozialen Veränderungen der heutigen Gesellschaft geblickt wurde (Böhme und Stehr 1986). Die Theorie der Wissensgesellschaft wurde parallel und in Konkurrenz zu Theorien der modernen Gesellschaft wie der *Informationsgesellschaft*, der *Risikogesellschaft*, den *Globalisierungstheorien* oder der *Netzwerkgesellschaft* entwickelt.

Natürlich hat das Wissen schon immer eine Funktion im gesellschaftlichen Leben gehabt; man könnte sogar mit Fug und Recht von einer anthropologischen Konstante sprechen: Das menschliche Handeln ist wissensbasiert. Menschsein ist Wissen. Soziale *Gruppen* und soziale Rollen aller Art sind auf Wissen angewiesen und werden durch Wissen vermittelt. Beziehungen und Kommunikation zwischen *Individuen beruhen* auf dem Wissen über einander. In ähnlicher Weise beruhen Macht und Autorität häufig auf Wissensvorteilen, nicht nur auf körperlicher Stärke. Und nicht zuletzt ist die gesellschaftliche Reproduktion nicht nur eine physische, sondern im Falle des Menschen auch immer eine kulturelle, d. h. eine Wissensreproduktion. Kurzum, Wissen ist nicht auf ein bestimmtes soziales System beschränkt.[8] Rückblickend kann man eine Vielzahl von antiken Gesellschaften als Wissensgesellschaften bezeichnen, zum Beispiel das alte Israel, das eine Gesellschaft war, die durch ihr religiös-gesetzliches Tora-Wissen strukturiert war. Das alte Ägypten war eine Gesellschaft, in der religiöses, astronomisches

---

[8] „Es ist davon auszugehen", so fasst Luhmann (1990:147; meine Betonung) diesen Gedanken zusammen, „daß Wissen heute wie früher eine frei flottierende Erwartungsqualität ist, *die sich weder ausdifferenzieren noch einem besonderen System zur ausschließlichen Herstellung und Nutzung zuweisen läßt.* Wissen gibt es überall – und mehr, als man wissen kann. Jede einzelne Aktivität setzt Wissen voraus. Für alles Handeln und erst recht für alle Kommunikation ist Wissen unentbehrlich."

und agrarisches Wissen als Organisationsprinzip und Grundlage der Autorität diente. In der Tat kann jede Epoche als eine Epoche des Wissens angesehen werden (vgl. Dupré und Somsen 2019).

Die gegenwärtige Gesellschaft kann als Wissensgesellschaft bezeichnet werden, die auf der Durchdringung aller Bereiche des gesellschaftlichen Lebens mit wissenschaftlich-technischem Wissen sowie anderen Formen anspruchsvollen Wissens, wie z. B. juristischem Wissen, beruht. Die marxistischen Gesellschaftstheorien haben den Kräften bzw. Produktionsmitteln stets eine entscheidende Bedeutung für die gesellschaftliche Entwicklung beigemessen: Der Naturprozess „tritt neben den Produktionsprozeß, statt sein Hauptagent zu sein. In dieser Umwandlung ist es weder die unmittelbare Arbeit, die der Mensch selbst verrichtet, noch die Zeit, die er arbeitet, sondern die Aneignung seiner eignen allgemeinen Produktivkraft, sein Verständnis der Natur und die Beherrschung derselben durch sein Dasein als Gesellschaftskörper – in einem Wort die Entwicklung des gesellschaftlichen Individuums, die als der große *Grundpfeiler* der Produktion und des Reichtums erscheint" (Marx 1953:602).

Neuere marxistische Theorien, die z. B. von Radovan Richta und Kollegen entwickelt wurden, analysierten wissenschaftliches und technisches Wissen als Hauptmotor des Wandels. Max Webers bahnbrechende Untersuchung über die einzigartigen Merkmale der modernen westlichen Zivilisation betont den allgegenwärtigen Einsatz der Vernunft, um die methodische Effizienz des sozialen Handelns zu sichern. Die Quelle des rationalen Handelns und damit der Rationalisierung liegt in bestimmten intellektuellen Mitteln. Die von Raymond Aron entwickelte Theorie der Industriegesellschaft, die sowohl sozialistische als auch kapitalistische Formen der wirtschaftlichen Organisation umfasst, betont in erster Linie das Ausmaß, in dem Wissenschaft und Technologie die soziale Organisation der produktiven Tätigkeiten und damit auch andere Formen des gesellschaftlichen Lebens prägen. Neuere Theorien der postindustriellen Gesellschaft und ähnliche Versuche, den Verlauf der sozialen Entwicklung der Industriegesellschaft zu prognostizieren, insbesondere die von Daniel Bell, haben das theoretische Wissen zum axialen Prinzip (zum Organisationsprinzip) der Gesellschaft erhoben.

Was rechtfertigt die Bezeichnung der im Entstehen begriffenen Gesellschaft als *Wissensgesellschaft* und nicht, wie häufig üblich, als Dienstleistungsgesellschaft (Fuchs 1968), Wissenschaftsgesellschaft (Kreibich 1986) oder Informationsgesellschaft (Nora und Minc 1980; Duff et al. 1996; May 2000; Web)? Dienstleistungsgesellschaft (Fuchs 1968), Wissenschaftsgesellschaft (Kreibich 1986), Informationsgesellschaft (Nora und Minc 1980; Duff et al. 1996; May

2000; Webster 2002),[9] Netzwerkgesellschaft (Castells 1996; Schiller 1999), postindustrielle Gesellschaft (Bell 1964), technologische Zivilisation (Richta 1969), Risikogesellschaft (Beck 1992), postkapitalistische Gesellschaft (Drucker 1993), Audit-Gesellschaft (Power 1997), kognitiver Kapitalismus (Vercellone (2007), Lerngesellschaft (Stiglitz und Greenwald 2014), digitaler Kapitalismus (Nachtwey und Staab 2015), Finanzkapitalismus (Fraser 2017) und schließlich eine Gesellschaft der „digitalen Zivilisation" oder „Gesellschaft der künstlichen Intelligenz" (Inglehart 2018)?

Für die Wahl des Begriffs Wissensgesellschaft gibt es eine Reihe von Gründen, auf die noch näher einzugehen ist, nicht zuletzt aber der offensichtliche Hinweis auf die wachsende gesellschaftliche Bedeutung des *wissensbasierten Kapitals* (gleichsam eingebettet in riesige Finanzmärkte) – im Gegensatz zum Sachkapital –, das für eine nachhaltige wissensbasierte Wirtschaft und ein dauerhaftes Wirtschaftswachstum unerlässlich ist. Die Rolle des materiellen Kapitals verschwindet in Wissensgesellschaften jedoch nicht. Doch „Reichtum und Macht, die von der Größe und der Qualität der Hardware abhängen, sind in der Regel träge, schwerfällig und umständlich zu bewegen. Beide sind ‚verkörpert' und fixiert, in Stahl und Beton verankert und an ihrem Volumen und Gewicht zu messen" (Bauman 2000:115).

Informationsgesellschaft

Doch zunächst noch ein paar Überlegungen zu dem oft konkurrierenden Begriff der modernen Gesellschaft als Informationsgesellschaft (vgl. Crawford 1981). Ein Großteil der Diskussion um die Informationsgesellschaft, die von der UNESCO prominent aufgegriffen wurde, beruht einerseits auf der Vorstellung – neben der ambivalenten Feststellung, dass die Gegenwart durch einen Überfluss an Informationen gekennzeichnet ist -, dass technologische Veränderungen (neue Medien, Medienprodukte, Internet) die Art ihrer Wirtschaft, ihrer organisatorischen und kulturellen Institutionen bestimmen; und andererseits durch eine politische und moralische Besorgnis über die gesellschaftlichen und persönlichen Konsequenzen einer (kontroll-affinen) Technologie, die sich mit der „Produktion, Verarbeitung und Übertragung einer sehr großen Menge von Daten über alle möglichen Dinge

---

[9] Robert Darnton (2000:1) vertritt die allgemeingültige These, dass jedes Zeitalter der Menschheit ein Informationszeitalter war, „jedes auf seine eigene Weise, und dass Kommunikationssysteme immer die Ereignisse geprägt haben".

beschäftigt – individuelle und nationale, soziale und kommerzielle, wirtschaftliche und militärische" (Schiller 1981:25). Eine Befürchtung, die in jüngster Zeit noch häufiger und prägnanter wiederholt und betont wurde.[10]

Moderne Technologien (z. B. in Form von Internet, Smartphones und künstlicher Intelligenz, Algorithmen, Plattformen, Streaming-Diensten) werden zu Handlangern von Diktatoren und anderen autokratischen Herrschern (Kendall-Taylor et al. 2020) oder werden von den Superstars der modernen Technologiekonzerne (den größten Konzernen der Welt) kontrolliert und ausgenutzt:[11] Apple, Google/Alphabet, Amazon, Microsoft, Facebook[12] und Alibaba und Tencent mit einer *globalen* Reichweite, die potenziell die politische Freiheit untergräbt und den Einzelnen seines freien Willens, seiner Autonomie, seiner Individualität und seiner wirtschaftlichen Freiheit im Namen der ungehinderten Marktkräfte beraubt.

Die Marktkapitalisierung der Superstar-Unternehmen im Jahr 2021 im Vergleich zum Jahr 2006 kann als Illustration für die wirtschaftliche Macht und die Geschwindigkeit, mit der diese Unternehmen zu ihrer dominanten Position aufgestiegen sind, herangezogen werden.[13] Der Google-Konzern beispielsweise

---

[10] Wenn die Konzeption oder Entwicklung eines technologischen Apparats, der Daten verarbeitet, darüber entscheidet, ob eine Gesellschaft eine Informationsgesellschaft ist, dann lassen sich die Ursprünge vielleicht bis zu Gottfried Wilhelm Leibnitz (1646–1716) zurückverfolgen, der eine Maschine postulierte, die in der Lage sein könnte, mathematische Darstellungen des menschlichen Denkens zu manipulieren.

[11] Kean Birch und D.T. Cochrane (2021) bezeichnen die Big-Tech-Unternehmen als „Ökosysteme" und nicht als „Plattformen". Ökosysteme „sind heterogene Ansammlungen von technischen Geräten, Plattformen, Nutzern, Entwicklern, Zahlungssystemen usw. sowie von rechtlichen Verträgen, Rechten, Ansprüchen, Standards usw. […] sie haben einen technoökonomischen Charakter, der mit sozio-rechtlichen Ordnungen ko-konstruiert ist."

[12] Die globale Reichweite von Facebook wird in seinen Geschäftsberichten dokumentiert, z. B. Facebook, „Facebook Q3 2019 Results", Facebook, https://s21.q4cdn.com/399680738/files/doc_financials/2019/q3/Q3-2019-Earnings-Presentation.pdf.

[13] Anton Korinek und Ding Xuan Ng (2017:1) definieren Superstar-Unternehmen als „aus digitalen Innovationen hervorgegangen, die einen Teil der Aufgaben in der Produktion durch Informationstechnologie ersetzen, die Fixkosten erfordert, aber zu Grenzkosten von Null reproduziert werden kann. Dies führt zu einer Form von steigenden Skalenerträgen. In dem Maße, in dem die digitalen Innovationen ausschließbar sind, verschafft dies dem Innovator auch Marktmacht." Anton Korinek und Ding Xuan Ngs Definition eines Superstar-Unternehmens sollte um mindestens zwei Kriterien erweitert werden: es handelt sich um global operierende Unternehmen und die damit verbundene außergewöhnlich niedrige Steuerlast – also die Ausnutzung internationaler Steuergesetze. Amazon erwirtschaftete im Jahr 2020 weltweit zum Beispiel einen Gewinn von 24 Mrd. US-Dollar. Diesem Gewinn stand eine Steuerlast von 2,9 Mrd. US-Dollar gegenüber. Das entspricht einer Belastung von 11,8 %, relativ weniger als die Steuerbelastung des Durchschnittslohns eines Arbeiters.

ist für über neunzig Prozent aller Internetsuchen verantwortlich. "Superstar-Konzerne" sind für eine wachsende Konzentration des wirtschaftlichen Erfolgs verantwortlich,[14] die auf digitaler Innovation, einer Produktionstechnologie mit konstanten Erträgen, festen Kosten und einem zumindest teilweise automatisierten Produktionsprozess (siehe Korinek und Ng 2019) beruht und ihr sogenanntes (ummauertes) „Ökosystem" ständig erweitert. (Abb. 2.1).

In vielen Regionen der Welt klafft eine wachsende Lücke zwischen der wirtschaftlichen Macht der profitabelsten Unternehmen und den Firmen, die nicht so produktiv sind wie sie. Die mächtige wirtschaftliche und gesellschaftliche Stellung der Superstar-Firmen führt dazu, dass Beobachter von einem „Plattform-Kapitalismus" (Srnicek 2017), einer „Überwachungsgesellschaft" (Zuboff 2019) oder einem „digitalen Kolonialismus" (Kwet 2021) sprechen und dass z. B. die Europäische Union versucht, ihren nationalen und internationalen Einfluss zu beschränken. Die Coronavirus-Krise hat den wirtschaftlichen Status der „Big Tech"-Unternehmen nur gestärkt und die Digitalisierung der Gesellschaft vorangetrieben. Die Informationsgesellschaft Metrologie I steckt noch in den Kinderschuhen. Es ist jedoch schon jetzt offensichtlich, dass die Digitalisierung eine oft unbemerkte drastische Senkung der Transaktionskosten sowie eine Umstrukturierung der Zuteilung von digitalen Dienstleistungen und Gütern (Facebook, Wikipedia und Suchmaschinen) bedeutet. Daraus resultieren erhebliche Wohlfahrtsgewinne für die Bevölkerung (Brynjolfsson et al. 2019). Im Gegensatz dazu ist es nicht offensichtlich, dass die Macht der Superstar-Konzerne, soweit ihr Einfluss auf das Verhalten der Internetnutzer vom Einfluss der Werbung abhängt, wirklich so umfangreich ist, wie ihre Kritiker und die Theoretiker des Überwachungskapitalismus annehmen.

---

[14] Ein im April 2019 von McKinsey herausgegebener Bericht, der sich auf Gewinne als einziges Kriterium konzentriert, kommt zu dem Schluss, dass „unter den größten Unternehmen der Welt [...] der wirtschaftliche Gewinn entlang einer Leistungskurve ungleich verteilt ist, wobei die obersten 10 % der Unternehmen 80 % des positiven wirtschaftlichen Gewinns für sich beanspruchen [...] Mit den wachsenden wirtschaftlichen Gewinnen steigen auch die wirtschaftlichen Verluste am anderen Ende der Verteilung. Die unteren 10 % der Unternehmen vernichten so viel Wert, wie die oberen 10 % schaffen [...] Eine wachsende Zahl von Unternehmen wird zu „Zombie-Unternehmen", die nicht in der Lage sind, einen ausreichenden Cashflow zu erwirtschaften, um die Zinszahlungen für ihre Schulden zu leisten. Die Auswirkungen dieser wirtschaftlichen Verluste gehen über die Investoren, Manager und Arbeitnehmer dieser Unternehmen hinaus: Sie drücken die Renditen gesunder Unternehmen, die um dieselben Ressourcen oder Gewinne konkurrieren." Siehe: https://www.mckinsey.com/featured-insights/innovation-and-growth/what-every-ceo-needs-to-know-about-superstar-companies.

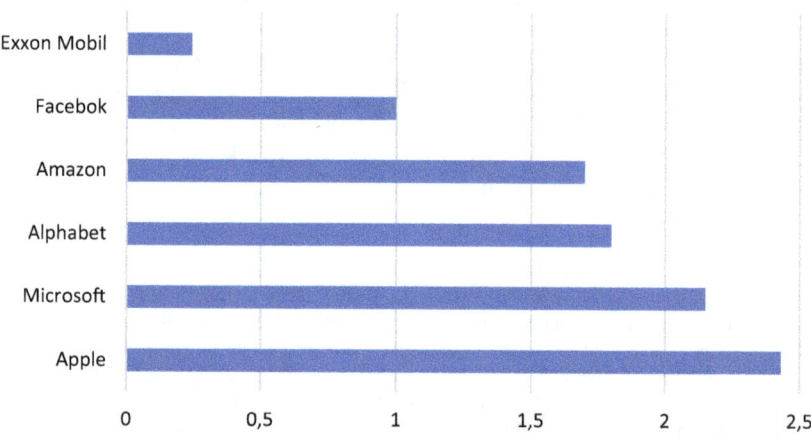

Abb. 2.1 Marktkapitalisierung der größten Unternehmen im Jahr 2006 (in Milliarden US $) und 2021 (in Billionen US $). (Quelle: Yahoo Finance)

Jede Gesellschaft muss Informationen übermitteln. Über die Genese der Substanz von Information, die Medien der Kommunikation, vor allem der menschlichen, die Möglichkeiten der Monopolisierung von Information oder die Gründe für die Nachfrage nach und die Veränderungen durch die Inhalte der vermittelten Information wird in Theorien der Informationsgesellschaft wenig bis gar nicht gesprochen. Ebenso wenig geht es in der Diskussion um die Informationsgesellschaft typischerweise um Fragen der Solidarität, Gleichheit oder Herrschaft in der modernen Gesellschaft und darum, ob etwaige ökonomische Auswirkungen der Verbreitung von Informations- und Kommunikationstechnologien nicht ebenso gut, wie Herbert Schiller (1981:xii) feststellt, im Rahmen des konventionellen ökonomischen Diskurses untergebracht werden können, nämlich „als Phänomene, die am besten mit den seit langem etablierten und vertrauten marktwirtschaftlichen Kriterien verstanden werden".

Postindustrielle Gesellschaft

Der Begriff „postindustrielle Gesellschaft", der von Daniel Bell (1973) geprägt wurde und oft als Konzept genannt wird, das mit dem Begriff der Informationsgesellschaft in Verbindung gebracht werden kann, ist irreführend, da der „industrielle Sektor" oder die verarbeitende Industrie in modernen Gesellschaften nicht einfach verschwindet. Es stimmt zwar, dass sich die Industrie wandelt und viele Arbeitsplätze abgebaut werden, aber es ist falsch, daraus zu schließen, dass der industrielle Sektor verschwinden wird. Die Wertschöpfung des verarbeitenden Gewerbes, d. h. sein Beitrag zum Bruttosozialprodukt, bleibt praktisch unverändert. Außerdem kann man ohne „Industrie" nicht wirklich leben, genauso wenig wie man nur durch Freizeit (*société des loisirs*) existieren kann (vgl. König 1979). Die Art der Veränderungen, die ich hier zu analysieren versuche, sind die Entwicklungen, die in Bezug auf die Formen und die Dominanz des Wissens selbst stattfinden. Ich konzentriere mich dabei nicht nur auf die Wissenschaft, sondern auf die Beziehungen zwischen wissenschaftlichem Wissen und Alltagswissen, deklarativem und prozeduralem Wissen, Wissen und „Nicht-Wissen" oder besser asymmetrischem Wissen und ganz allgemein auf das Wissen als soziale Handlungsfähigkeit, die im Mittelpunkt der Diskussion der folgenden Abschnitte steht.

Das folgende Kapitel über Wissen in Wissensgesellschaften ist stark auf eine soziologische Sicht des Wissens ausgerichtet: Wissen ist eine soziale Beziehung. Wir sind auf andere Menschen angewiesen, um Wissen zu erlangen und einzusetzen. Die Frage, was menschliches Wissen ausmacht und was Wissen zu leisten imstande ist, rückt in den Mittelpunkt meiner Untersuchung. Meine Antwort wird sein, dass Wissen im weitesten Sinne des Wortes eine *Handlungsfähigkeit* (die Fähigkeit zum Gebrauch) ist und nicht etwa ein Objekt (oder eine subjektive Einsicht unseres Geistes) oder die wahrheitsgetreue Wiedergabe von Aspekten der Realität.

Die Wissenschaft des Wissens 3

> *Wenn man über Wissen spricht muss man über Menschen sprechen.*
>
> Barry Barnes (1988:179)

Wissen ist eine Handlungsfähigkeit oder eine intersubjektive Ressource.[1] Dies gilt unabhängig davon, ob es sich bei dem fraglichen Wissen um ein ausgeklügeltes mathematisches Theorem oder um die Kompetenz handelt, eine schmackhafte Mahlzeit zuzubereiten. Wissen in den Mittelpunkt meiner Untersuchung zu stellen, bedeutet nicht, die typische und in einer Ära der Postwahrheit unbestreitbar zentrale philosophische Frage „Ist Wissen wahr?" in den Vordergrund zu stellen und dringend zu stellen, oder was im Allgemeinen die Bedingungen für die Möglichkeit von Wissen sind, und, genauer gesagt, für Wissen als gerechtfertigte wahre Überzeugung. Der gleiche Vorbehalt gilt in diesem Zusammenhang für die sogenannte „Produktionsperspektive" des Wissens, eine Perspektive, die in den Sozialstudien der Wissenschaften sowie in den vielfältigen Modalitäten von Konflikten, in denen das Wissen Gegenstand der Auseinandersetzung ist, nach wie vor eine führende Rolle spielt. Außerdem erstrecken sich meine Überlegungen zum Wissen nicht auf das vieldeutige und anspruchsvolle Thema der *Grenzen*,

---

[1] Die Fülle der Definitionen von Information, Wissen und Daten ist beeindruckend. Die beste Interpretation, die man angesichts einer solchen Vielzahl von Definitionen vielleicht anbieten kann, ist die, dass die Fülle der Begriffe die Bedeutung von Daten, Informationen und Wissen widerspiegelt. Chaim Zins (2007), der 2003–2005 eine kritische Delphi-Studie mit führenden Wissenschaftlern aus 16 Ländern durchführte, dokumentiert 130 Definitionen von Wissen, Daten und Informationen.

des Scheiterns und der Zusammenbrüche des Wissens. Ein Thema, das sich am besten in Form von Fallstudien beleuchten lässt.

Auf dem Weg zu einem soziologischen Konzept des Wissens

> Im allgemeinen liegt dem Menschen mehr daran, etwas zu machen, als zu wissen, wie er es macht, und die Thatsache des ersteren ist auch stets der Klarheit über das Letztere vorausgegangen.
>
> Georg Simmel (1989:115)

Welche Funktion hat Wissen? Welche Rolle spielt welches Wissen im üblichen alltäglichen gesellschaftlichen Geschehen? Simmel ist skeptisch. Wissen existiert nicht als ein isoliertes „Stück" von Wissen. Wissen tritt in einem aggregierten kollektiven Zustand auf. Es ist nicht eine Blume in einem Blumenstrauß, es ist der Blumenstrauß und damit ein *Wissensbündel* oder ein Teil eines Systems von Aussagen, wie klein dieses Bündel oder System von Aussagen in bestimmten Fällen auch sein mag. Dies bedeutet auch, dass Wissen kein individuelles Phänomen im Sinne einer Entität ist, die nur diskrete Attribute trägt. Wissen als aggregiertes Phänomen hat viele Urheber, z. B. Erfinder, Experten, die zwischen Erfindung und Anwendung vermitteln, Peer-Review-Filter, Gremien und so weiter.

Um den Begriff des Wissens näher zu erläutern, muss man zwischen dem, was gewusst wird, dem Inhalt des Wissens und dem Wissen unterscheiden. Wissen ist eine Beziehung zu Dingen und Fakten, aber auch zu Regeln, Gesetzen und Programmen. Eine Art von Partizipation ist daher konstitutiv für das Wissen: Dinge, Regeln, Programme, Fakten zu kennen bedeutet, sie sich in gewisser Weise „anzuzeigen", sie in unser Orientierungs- und Kompetenzfeld aufzunehmen. Die intellektuelle Aneignung von Dingen kann unabhängig oder objektiv erfolgen. Das heißt, die symbolische Repräsentation des Wissensinhalts macht es überflüssig, mit den Dingen selbst in direkten Kontakt zu treten. Die gesellschaftliche Bedeutung von Sprache, Schrift, Druck, Datenspeicherung etc. besteht darin, dass sie Wissen symbolisch repräsentieren bzw. die Möglichkeit der Objektivierung von Wissen bieten. Das meiste, was wir heute als Wissen und Lernen bezeichnen, ist also kein direktes Wissen über Fakten, Regeln und Dinge, sondern objektiviertes Wissen. Objektiviertes Wissen ist der hochdifferenzierte Bestand an intellektuell angeeigneter Natur und Gesellschaft, der auch als die kulturelle Ressource einer Gesellschaft angesehen werden kann. Wissen ist also *grosso modo* Teilhabe an den kulturellen Ressourcen der Gesellschaft. Eine solche Teilhabe unterliegt aber natürlich der Schichtung; Lebenschancen, Lebensstil und sozialer Einfluss des Einzelnen hängen von seinem Zugang zu den vorhandenen Wissensbeständen ab.

Das seltsame Wesen des Wissens

Wissen, Ideen und Informationen – um ganz bewusst sehr weit gefasste und ambivalente Kategorien zu verwenden – sind höchst eigentümliche Gebilde mit Eigenschaften, die sich von denen etwa von Waren oder Geheimnissen unterscheiden. Im Gegensatz zu materiellem Eigentum, bei dem die Grenzen oft recht präzise und vereinbart sind, sind die Grenzen des Wissens in der Regel unscharf und unbestimmt. Im Gegensatz zu anderen Ressourcen (oder Produktionsfaktoren) wächst (akkumuliert) der Einsatz von Wissen (Humankapital) eher, als dass er abnimmt. Wissen ist jedoch nicht immun gegen Alterung oder Wertminderung. Wenn es verkauft wird, geht das Wissen in andere Bereiche über, bleibt aber dennoch im Bereich seines Produzenten/Eigentümers. Aus wirtschaftlicher Sicht ist Wissen ein *nicht rivalisierendes* Gut (d. h. es lässt sich leicht mit anderen teilen und wird nicht verbraucht, wenn es genutzt wird – und es kann kostenintensiv oder sogar unmöglich sein, andere von der Nutzung auszuschließen, wie im Falle wissenschaftlicher Erkenntnisse, veröffentlichter Nachrichten oder digitalisierter Musik); Wissen als nicht rivalisierendes Gut wirft natürlich die Frage auf, wie man den Nutzen aus der eigenen Entdeckung ziehen kann. Außerdem sind die Grenzkosten für die Produktion von Wissen im Vergleich zur Produktion von Sachkapital gering und beruhen in der Regel auf niedrigeren Fixkosten. Andererseits kann Wissen nicht einfach wie Kapital oder Land von Generation zu Generation übertragen werden. Wissen hat keine Nullsummeneigenschaften. Wissen hat die Eigenschaften eines öffentlichen Gutes. Wenn es „verbraucht" wird, wird seine „Nutzung" durch andere nicht aufgehoben. Wenn es offengelegt wird, verliert das Wissen nicht seinen Einfluss. Wissen als nicht-konkurrierendes Gut kann jedoch in eine konkurrierende Ware verwandelt werden. Die Entwicklung von Patenten für Wissen (als Ausdruck von Handlungsfähigkeit) und andere immaterielle Güter sorgt dafür, dass Wissen eingekreist (privatisiert) werden kann. Eine Tragödie der Wissensallmende wird dadurch begrenzt, wenn nicht gar ausgeschlossen. Die Patentierung von materiellen Gütern, eine Erfindung des modernen Nationalstaates, führt zwar zu Einschränkungen ihrer Nutzung, aber im Vergleich dazu sind solche Einschränkungen weit weniger angreifbar als die Patentierung von Wissen.

Während man seit langem weiß, dass die „Schaffung" von Wissen mit Unsicherheiten behaftet ist, wurde die Überzeugung, dass die Anwendung von Wissen risikolos ist und der Erwerb von Wissen die Unsicherheit verringert, erst kürzlich widerlegt. Es ist absurd zu behaupten, dass es dem Wissen immer gelingt, die Welt neu zu gestalten. Unbeabsichtigte Folgen, das, was man Glück, zufällige Umstände oder einfach Zufall nennt, lassen sich auch beim besten Willen nicht ausschließen. Während es sehr vernünftig und in gewissem Sinne dringend ist, von den Grenzen des Wachstums in vielen Bereichen und Ressourcen des Lebens zu sprechen, scheint dies für die Ressource Wissen nicht zu gelten. Wissen hat praktisch keine Grenzen des Wachstums.

Georg Simmel (1919) machte kurz nach dem Ende des Ersten Weltkriegs dieselbe Beobachtung, obwohl für ihn das Fehlen wirklicher Grenzen für das Wachstum des Wissens (der kulturellen Produkte) vor allem eine ernste intellektuelle Gefahr für den Einzelnen und die Gesellschaft bedeutet. Sie signalisiert die Gefahr einer „Tragödie der Kultur", in der die wachsenden kulturellen Objektivationen die Fähigkeit des Einzelnen übersteigen, die Fülle des Wissens sinnvoll aufzunehmen. Die menschlichen Produkte entwickeln ein Eigenleben und schränken das menschliche Verhalten ein. Aber, wie er betont, „jeder [kann] ohne irgendwelche Rücksicht auf die anderen Kontribuenten beisteuern; dieser Vorrat hat in den einzelnen Kulturepochen wohl eine bestimmte Färbung, also von innen her eine Qualitätsgrenze, er hat gar keinen Grund, sich nicht ins Unendliche zu vermehren, nicht Buch an Buch, Kunstwerk an Kunstwerk, Erfindung an Erfindung zu reihen: die Form der Objektivität als solche besitzt eine schrankenlose Erfüllungskapazität." Für Simmel ist das wichtige und gefährliche Ergebnis eine große Diskrepanz zwischen der Menge der kulturellen Produkte und der Fähigkeit des Einzelnen, ihnen Bedeutung zu verleihen.

Wissen wird oft als ein kollektives Gut par excellence angesehen; so verlangt beispielsweise das Ethos der Wissenschaft, dass es zumindest im Prinzip allen zur Verfügung gestellt werden soll (vgl. Merton 1983). Aber ist das „gleiche" Wissen für alle verfügbar? Unterliegt wissenschaftliches Wissen, wenn es in Technologie umgewandelt wird, immer noch denselben normativen Konventionen? Wie hoch sind die Kosten für die Weitergabe von Wissen? Wissen ist trotz seines Rufs praktisch nie unumstritten. In der Wissenschaft wird seine Anfechtbarkeit als eine seiner wichtigsten Tugenden angesehen. In der Praxis wird der umstrittene Charakter des Wissens oft verdrängt und/oder steht in Konflikt mit den Erfordernissen des sozialen Handelns.[2] Das scheinbar unbeschränkte Potenzial seiner

---

[2] Wie Georg Simmel (1989:603) andeutet, steht der Intellekt (oder das Wissen) in einer ziemlich engen Beziehung und Nähe zum Individualismus, ebenso wie das Geld. Die Vernunft hat eine individualisierende Eigenschaft, weil es zum Wesen ihres Inhalts gehört, dass die Inhalte

Verfügbarkeit, das seine Bedeutung nicht berührt, macht es auf eigentümliche und ungewöhnliche Weise resistent gegen Privateigentum (Simmel 1978:438). Die modernen Kommunikationstechnologien sorgen dafür, dass der Zugang einfacher wird, und können sogar verbleibende Eigentumsbeschränkungen untergraben, obwohl auch eine Konzentration (dokumentiert von Bajgar, Criscuolo und Timmis 2021) anstelle einer Verbreitung möglich ist und von einigen befürchtet wird. Man könnte aber genauso gut vermuten, dass die zunehmende gesellschaftliche Bedeutung des Wissens und nicht so sehr seine Besonderheit die Exklusivität des Wissens untergraben könnte. Doch das Gegenteil scheint der Fall zu sein und wirft daher erneut die Frage nach der fortbestehenden Grundlage für die Macht des Wissens auf.

Wissen als intersubjektive Handlungsfähigkeit

Ich möchte Wissen als intersubjektive *Fähigkeit zu sozialem Handeln und als Modell für die Wirklichkeit* definieren, als die Möglichkeit, „etwas in Gang zu setzen", z. B. eine Aufgabe zu lösen oder kompetent zu sein, etwas zu verhindern, z. B. den Ausbruch einer Krankheit. In diesem Sinne ist das Wissen ein universelles menschliches Phänomen oder eine anthropologische Konstante. Der Mensch braucht Wissen. Wissen bildet einen zentralen „Querschnittsbereich" der gesellschaftlichen Entwicklung. Wissen schafft, erhält und verändert existenzielle Bedingungen. Gerade die Eigenschaft des Wissens als Handlungsfähigkeit sorgt dafür, dass Wissen eine wichtige Ressource für die Wirtschaft ist. Seine Bedeutung nimmt in dem Maße zu, in dem sein gesellschaftliches Volumen steigt und damit in der Lage ist, die herkömmlichen, aber erschöpften Produktionsfaktoren Arbeit, Boden und Kapital allmählich zu verdrängen.

Typische Versuche, das Wissen einer Bevölkerung zu messen, insbesondere von Wirtschaftswissenschaftlern, verwenden Daten über die formale Bildung und Schulbildung der Menschen als empirischen Bezugspunkt für den Umfang des Wissens oder des fehlenden Wissens einer Bevölkerung. Dies ist jedoch kein hilfreicher empirischer Bezugspunkt, wenn es darum geht, die Handlungsfähigkeit einer Bevölkerung zu ermitteln. Die nachfolgende Erörterung des Konzepts des Humankapitals und des Begriffs des Wissens als *Bündel* von Kompetenzen

---

der Intelligenz „allgemein mittelbar sind, und daß, ihre Richtigkeit vorausgesetzt, jeder hinreichend vorgebildete Geist sich von ihnen muß überzeugen lassen können – wozu es auf dem Gebieten des Willens und des Gefühles gar kein Analogon gibt." Außerdem besitzen "Inhalte des (objektiven) Verstandes „nicht die eifersüchtige Ausschließlichkeit, die bei den praktischen Inhalten des Lebens üblich ist.".

und Fertigkeiten, d. h. von miteinander verknüpften Fähigkeiten, wird dies noch genauer zeigen. Es genügt zu sagen, dass sich Handlungskapazitäten auf ein breites Spektrum an sozialen und intellektuellen Fähigkeiten beziehen.

Meine Definition von Wissen als Handlungsfähigkeit impliziert oder strebt danach, eine klare Unterscheidung zwischen Wissensformen zu bieten, insbesondere zwischen wissenschaftlichem Wissen und traditionellem Wissen, präskriptivem und propositionalem Wissen, moderner Wissenschaft und alltäglichen Wissensformen, organisiertem und unorganisiertem Wissen sowie Theorie und Praxis. In der Tat ist es notorisch problematisch, Wissenschaft von anderen Wissensformen zu unterscheiden. Wissenschaftliches Wissen als eine besondere, ja sogar als eine privilegierte Form des Wissens anzuerkennen, bereitet Schwierigkeiten. Professionelles, populäres oder handwerkliches Wissen lässt sich nicht wirklich eindeutig von wissenschaftlichem Wissen abgrenzen, vor allem wenn es um die Funktion geht, die solche Wissensformen zu erfüllen vermögen. Die Definition von Wissen als Handlungsfähigkeit ermöglicht es dem Betrachter, auf ausgeprägte Handlungsfähigkeiten zu verweisen, insbesondere im Kontext der modernen Gesellschaft als Wissensgesellschaft. Die im Folgenden aufgezählten Fähigkeiten haben, wie es in Wissensgesellschaften der Fall sein sollte, eine starke Affinität zu symbolischen Fähigkeiten.

Vielfältige Handlungsmöglichkeiten

Wissen bezieht sich auf produktive Fähigkeiten (Kompetenzen). Wissen schafft, erhält und verändert existenzielle Bedingungen. Wissen ermöglicht es den Menschen, materielle und symbolische Ressourcen zu mobilisieren. Die zeitliche Dimension des Wissens mit dem Schwerpunkt auf der Schaffung von Wissen in Wissensgesellschaften ist zukunftsorientiert.[3]

Die Fähigkeit, etwas in Gang zu setzen oder etwas zu erreichen, kann sich sehr wohl auf die Fähigkeit beziehen, etwas zu erreichen, das auf symbolischem Wissen beruht und nicht hauptsächlich auf der technischen „Ausrüstung, die wir in unserem Spiel gegen die Natur verwenden", wie Joel Mokyr (2002:284) feststellt.[4] Zum Beispiel, um eine Hypothese zu formulieren, eine neue Metapher für

---

[3] Die Geschichte des Wissens als neues Forschungsgebiet (z. B. Verburgt 2020).
   steht nicht im Mittelpunkt einer Theorie der modernen Gesellschaft als Wissensgesellschaft.

[4] Aus seiner Definition von nützlichem Wissen als technischem Wissen folgt nicht, wie Joel Mokyr (2002:285) im gleichen Zusammenhang betont, dass „*alles* moderne Wirtschaftswachstum auf technologischen Wandel zurückzuführen ist […] [aber] nur eine Zunahme des

einen etablierten Begriff zu finden, „Fakten" zu bewerten, die Literatur zu einem Thema zu klassifizieren oder eine These gegen „neue Fakten" zu verteidigen. Wissen ermöglicht es uns, etwas zu sagen oder nicht zu sagen. Sozialstatistiken zum Beispiel sind nicht nur Spiegel der sozialen Wirklichkeit, sie problematisieren die soziale Wirklichkeit, indem sie zeigen, dass sie auch anders sein könnte.[5] Mit anderen Worten: Handlungsfähigkeit bezieht sich nicht nur auf die Möglichkeit, etwas im Sinne einer materiell-physischen Leistung zu vollbringen, Handlungsfähigkeit bezieht sich auch auf geistige Fähigkeiten.

Kurz nach dem Ende des Zweiten Weltkriegs veröffentlichten Claude Shannon und Warren Weaver (1949) einen kleinen Band mit dem Titel *The Mathematical Theory of Communication*. Darin erklärten sie, wie Worte, Töne und Bilder in Bits umgewandelt und elektronisch verschickt werden können. Shannons mathematisches und probabilistisches Kommunikationsmodell, das *Bit* als Basiseinheit der Information, wurde von immer komplexeren Modellen in der Kommunikationstheorie übertroffen, und man könnte sagen, dass er die digitale Revolution in der Kommunikation voraussah. Wissen als symbolisches „System" ermöglicht es, in der Welt zu handeln. Ausgehend von der gleichen allgemeinen Definition von Wissen stellt ein *Softwareprogramm* als Protokoll zur Organisation von „Informationen" eine Form von Wissen dar. Die Gewinnung von Wasserkraft, die Verhüttung von Eisen und die Herstellung von Werkzeugen, die Steigerung der Ausbeute schwerer Böden, die Strukturierung von Staat und Märkten – all dies ist Wissen, das den Kern der sich modernisierenden Gesellschaften bildete.

Wissen als Handlungsfähigkeit kann auch als *Gedankenexperiment* verstanden werden, ähnlich wie Karl Marx (1968:127) im *Kapital* die Arbeit als intellektuelles Experiment beschreibt, das auf seine Realisierung wartet:

> Wir unterstellen die Arbeit in einer Form, worin sie dem Menschen aus- schließlich angehört. Eine Spinne verrichtet Operationen, die denen des Webers ähneln, und eine Biene beschämt durch den Bau ihrer Wachszellen manchen menschlichen Baumeister.

---

nützlichen Wissens kann die Obergrenze des Wohlstandswachstums dauerhaft beseitigen." Wie einige Wissenschaftler behauptet haben, ist zum Beispiel die *Kultur die* Hauptursache für den Aufstieg der westlichen Volkswirtschaften.

[5] Peter Drucker (1993:52–53) argumentiert, dass sich die Bedeutung des Begriffs Wissen weltweit radikal verändert hat: „Sowohl im Westen als auch in Asien wurde Wissen immer als etwas angesehen, das sich auf das *Sein* bezieht. Fast über Nacht wurde es auf das *Tun* angwandt. Es wurde zu einer Ressource und einem Nutzen." Ich kann Druckers Differenzierung der historischen Perioden nicht folgen. Wissen hatte immer die Funktion des Handelns. Was sich ereignet hat und umwälzend war, ist, dass der Umfang des Wissens als Handlungsfähigkeit in den letzten Jahrzehnten ins Unermessliche gestiegen ist.

Was aber von vornherein den schlechtesten Baumeister vor der besten Biene auszeichnet, ist, daß er die Zelle in seinem Kopf gebaut hat, bevor er sie in Wachs baut. Am Ende des Arbeitsprozesses kommt ein Resultat heraus, das beim Beginn desselben schon in der Vorstellung des Arbeiters, also schon ideell vorhanden war.

Wissen ist jedoch nicht die einzige Handlungsfähigkeit, die der Mensch entwickelt und eingesetzt hat. Soweit ich sehen kann, ist *Energie* eine weitere wesentliche Fähigkeit für soziales Handeln. Im 19. und einem Großteil des 20. Jahrhunderts gehörten fossile Brennstoffe zu den wichtigsten Ressourcen, die neue Formen des Wirtschaftens im Besonderen und des sozialen Handelns im Allgemeinen ermöglichten. Infolgedessen gehörten die sozialen Institutionen und Organisationen, die die Produktion, Verteilung und Nutzung fossiler Brennstoffe kontrollierten (zu denen nicht zuletzt die Arbeiterbewegung dieser historischen Periode gehörte), zu den wichtigsten Machtzentren der Industriegesellschaft. Gegenwärtig gehört das, was Timothy Mitchell (2009) als „Kohlenstoffdemokratie" bezeichnet, zunehmend der Vergangenheit an. Die Kohlenstoffdemokratie wird durch eine wissensbasierte Demokratie ersetzt.

Rechte, Pflichten und Obliegenheiten sind weitere Fähigkeiten und Handlungsmöglichkeiten, die sich Menschen gegenseitig zuschreiben und die in sozialen Beziehungen realisiert werden, um soziale Verhältnisse zu stabilisieren, die z. B. auf Freiheit und Verantwortung beruhen (vgl. Rosanvallon 2013:273–274). Zu den Bedingungen für die Fähigkeit, einen Unterschied zu machen, gehört sicherlich auch die *Sprache* und, allgemeiner, die Gesamtheit der (objektiven) materiellen und immateriellen Handlungsbedingungen der Menschen.

Macht ist eine Fähigkeit zum Handeln. In vielen Definitionen von Macht, z. B. in der bahnbrechenden Definition von Max Weber als die Chance, dass ein Individuum in einer sozialen Beziehung seinen eigenen Willen auch gegen den Widerstand anderer durchsetzen kann, wird Macht jedoch als die *Fähigkeit* gesehen, *Zustimmung zu erlangen* (siehe Barnes 1988:180), wobei eines von vielen möglichen Mitteln eingesetzt wird, um Duldung zu erzwingen. Und nicht zuletzt Michel Foucaults langjährige Beschäftigung mit dem gesellschaftlichen Phänomen Macht legt nahe, dass Macht eine produktive Fähigkeit darstellt, zu handeln.[6]

---

[6] Michel Foucault (1984:61) macht darauf aufmerksam: „Was die Macht produktiv macht, was sie akzeptabel macht, ist einfach die Tatsache, dass sie nicht nur als eine Kraft, die als Neinsagende, auf uns lastet, sondern dass sie Dinge durchdringt und hervorbringt, dass sie Vergnügen hervorruft, Wissen bildet, Diskurse produziert. Sie muss als ein produktives Netzwerk betrachtet werden, das den ganzen sozialen Körper durchzieht, viel mehr als nur eine negative Instanz, deren Funktion die Unterdrückung ist."

Und was ist schließlich der Status der *göttlichen Offenbarungen?* Viele würden darauf bestehen, dass göttliche Offenbarungen Wissen und damit eine Handlungsfähigkeit darstellen, wenn auch nur in Form eines *Gedankenexperiments*.

Wissen ist Macht

Meine Definition des Begriffs „Wissen" geht auf Francis Bacons berühmte Feststellung zurück, dass *Wissen Macht ist,* eine etwas irreführende Übersetzung von Bacons lateinischem Satz: *scientia potentia est*. Bacon geht davon aus, dass Wissen seinen Nutzen aus seiner Fähigkeit bezieht, etwas in Bewegung zu setzen. Genauer gesagt, behauptet Bacon zu Beginn seines *Novum Organum* (I, Aph. 3), dass „menschliches Wissen und menschliche Macht in einem zusammenkommen; denn wo die Ursache nicht bekannt ist, kann die Wirkung nicht erzeugt werden. Die Natur, die befohlen werden soll, muss befolgt werden; und das, was in der Betrachtung die Ursache ist, ist in der Anwendung die Regel."

Der Erfolg menschlichen Handelns lässt sich an den Veränderungen messen, die in der sozialen und natürlichen Wirklichkeit stattgefunden haben, und so gewinnt das Wissen nicht zuletzt durch seine Fähigkeit, die Wirklichkeit zu verändern, an *Bedeutung*. Wissen ist Entdeckung. Der Mehrwert des Wissens ist in der Fähigkeit zu sehen, die Wirklichkeit zu erhellen und zu verändern. Wissen als wirksames oder produktives Modell *für die* Wirklichkeit setzt natürlich die Kenntnis *der* Wirklichkeit voraus.

Die theoretische Konzeption von Wissen als Handlungsfähigkeit eröffnet den Blick für die Idee der (kollektiven) *Handlungsfähigkeit,* d. h. der Selbstbestimmung der Akteure in wissensbestimmten sozialen Kontexten. Das „Eigentum" an Wissen und damit die Verfügungsgewalt über Wissen ist in der Regel nicht exklusiv. Die herrschende Rechtslehre fordert aber gerade diese Exklusivität der Verfügungsgewalt als primäres Merkmal der Institution des Eigentums. Das formale Recht kennt Eigentümer und Besitzer, insbesondere kennt es Personen, die haben sollten, aber nicht haben. Aus der Perspektive der Rechtsordnung ist das Eigentum unteilbar. Dabei spielt es auch keine Rolle, um welche konkreten materiellen oder immateriellen „Dinge" es sich handelt.

Die Wissenschaft ist nicht nur, wie einst weithin angenommen, die Lösung für die Rätsel und das Elend der Welt; sie ist vielmehr das Werden einer Welt. Der Gedanke, dass Wissen eine Handlungsfähigkeit ist, die die Realität verändert oder sogar schafft, ist im Falle des sozialwissenschaftlichen Wissens vielleicht fast selbstverständlich, im Falle der Naturwissenschaften jedoch weniger überzeugend. Im Falle der modernen Biologie ist man jedoch bereit anzuerkennen, dass biologisches Wissen sich auf die Herstellung neuer lebender Systeme erstreckt. Die Biologie studiert nicht einfach die Natur. Die Biologie transformiert und produziert neue natürliche Realitäten. Biologie und Biotechnologie sind eng miteinander verbunden. Die Realität, mit der wir in den modernen Gesellschaften konfrontiert sind, ist folglich (größtenteils) aus Wissen entstanden und verkörpert dieses Wissen in zunehmendem Maße. Wissen ist also keine Macht (im üblichen Sinne des Wortes), sondern stellt bestenfalls ein *Machtpotenzial* dar. Wissen spendet Energie. Es ist daher notwendig, zwischen dem Besitz von Wissen als Handlungsfähigkeit und der Fähigkeit, Wissen auszuüben oder umzusetzen, zu unterscheiden.

Nicht jeder weiß alles; daher sind die Handlungskapazitäten geschichtet.

Die sozialen Verteilungsmechanismen des Wissens sind ein zentraler Gegenstand jeder wissenssoziologischen Analyse. Ob Wissen immer zu den Mächtigen fließt, die die soziale Kontrolle, die Wissen ermöglicht, ausnutzen, sollte nicht *a priori* festgelegt, sondern kritisch untersucht werden (siehe Stehr 2016).

Der Ausdruck Wissen als Handlungsfähigkeit signalisiert, dass Wissen ungenutzt bleiben oder für irrationale Zwecke eingesetzt werden kann. Die Definition von Wissen als Handlungsfähigkeit deutet auch darauf hin, dass die Realisierung und Umsetzung von Wissen von bestimmten sozialen und intellektuellen Bedingungen abhängt bzw. in diese eingebettet ist. Die Beherrschung der entsprechenden Bedingungen kann sowohl soziale Macht als auch spezifische Ressourcen erfordern.

Wissen, das zählt

Wissenschaftliches und technisches Wissen stellt natürlich eine „Handlungsfähigkeit" dar und mag in der modernen Gesellschaft eine ganz besondere Handlungsfähigkeit sein. Wissenschaftliches Wissen sollte jedoch nicht als eine Ressource betrachtet werden, die nicht anfechtbar ist, keiner Interpretation unterliegt und beliebig reproduziert werden kann.

Die besondere Bedeutung des wissenschaftlich-technischen Wissens in der modernen Gesellschaft ergibt sich daher nicht so sehr aus der Tatsache, dass es zuweilen so behandelt wird, als sei es im Wesentlichen unbestritten (oder objektiv), sondern dass es mehr als jede andere Form des modernen Wissens eine *inkrementelle* Kapazität für soziales Handeln oder einen *Zuwachs an* Fähigkeit des „Wie-zu-tun" darstellt, die zudem, wenn auch nur vorübergehend, „privat angeeignet" werden kann. In wirtschaftlichen Zusammenhängen ist inkrementelles

Wissen als Quelle der Wertschöpfung besonders wichtig. Was also in Gesellschaften, die nach der Logik des Wirtschaftswachstums funktionieren, für die Erlangung von Vorteilen zählt, ist der Zugang zu und die Beherrschung von *marginalen Wissenszuwächsen*. Wissenschaft und Technik *erweitern* kontinuierlich (in einem nicht abwertenden Sinne) den vorhandenen Wissensbestand und damit die Möglichkeiten der individuellen und unternehmerischen Akteure, ihre Handlungsbedingungen zu beeinflussen. In dieser Hinsicht, d. h. in ihrer Fähigkeit und Legitimität, neue Handlungsmöglichkeiten zu schaffen, ist die Wissenschaft in der modernen Gesellschaft praktisch konkurrenzlos. Gleichwohl lässt sich Wissen als Handlungsfähigkeit nicht auf wissenschaftliche Erkenntnisse reduzieren.[7]

Im gegenwärtigen umstrittenen Klima von „post-truth politics", „alternativen Fakten", einer „Krise der Wissenschaft" (z. B. Fuller 2019; Renn 2019) sowie der breiten medialen Aufmerksamkeit und ihrer Bestätigung in Teilen der Lebenswelt für „Verschwörungstheorien" ist die Frage, was sozialwissenschaftliches Wissen – außerhalb der sozialwissenschaftlichen Community – vertrauenswürdig und legitim machen könnte, wieder zu einem relevanten und drängenden Thema in Gesellschaft und Wissenschaft geworden. Über Jahrhunderte hinweg und bis in die Gegenwart hinein wurde die Nutzung von Wissen aus allen Wissenschaften als Goldstandard für die Bewertung seiner Bedeutung herangezogen. Die Behauptung, dass eine Disziplin für die Gesellschaft von Nutzen ist, sichert die öffentliche Aufmerksamkeit und Unterstützung. Der Weg zur Legitimität und zum Vertrauen in sozialwissenschaftliches Wissen führt hauptsächlich über den Weg des „praktischen oder nützlichen Wissens". Doch was genau ist praktisches Wissen? Praktisches Wissen ist wissenschaftliches Wissen, das „funktioniert", etwas bewirkt, einen Unterschied in den Angelegenheiten der Gesellschaft macht, indem es ein soziales Problem erfolgreich angeht (vgl. Drucker 2003:242).

Die Bestandteile des praktischen Wissens

Eine Grundannahme sollte sein, dass Wissen nicht *a priori* praktisch ist. Die Umwandlung von Wissen als Handlungsfähigkeit in praktisches Wissen erfordert

---

[7] Eine solche Schlussfolgerung ergibt sich bereits aus dem Theorem, dass Wissen eine Art anthropologische Konstante ist. Sie ergibt sich aber auch aus der Auffassung von Wissen als Handlungsfähigkeit, denn Wissen wird dann, wie Lyotard (1984:18) betont, „zu einer Frage der Kompetenz, die über die einfache Bestimmung und Anwendung der Wahrheit hinausgeht und sich auf die Bestimmung und Anwendung von Kriterien der Effizienz (technische Qualifikation), der Gerechtigkeit und/oder des Glücks (ethische Weisheit), der Schönheit eines Klangs oder einer Farbe (auditive und visuelle Sensibilität) usw. erstreckt".

kongeniale Umstände, zum Beispiel Macht oder Autorität, die Handlungsbedingungen vorgibt. Darüber hinaus beginnt die Suche nach praktischem Wissen mit einem Problem, das ein Problem ist. Ein Problem im sozialen Verhalten entsteht durch eine Unterbrechung des üblichen „kausalen" Flusses der Umstände. Die Unterbrechung des routinemäßigen Ablaufs des Verhaltens ist selbst ein soziales Konstrukt. Wissen, das einen Unterschied macht, ist Wissen, das nicht spontan oder automatisch Anwendung findet oder eine eigene Nutzungsdynamik erzeugt.

Die Angemessenheit (Nützlichkeit) von Wissen, das in einem anderen Kontext als dem der Wissensproduktion eingesetzt wird, lässt sich anhand der *Beziehung* zwischen dem Wissen und den *lokalen* Handlungsbedingungen formulieren. Im Anwendungskontext werden Handlungszwänge und -bedingungen entweder als offen oder als außerhalb der Kontrolle der jeweiligen Akteure liegend aufgefasst. Aufgrund dieser Unterscheidung der Handlungsbedingungen bezieht sich das potenziell nützliche praktische Wissen auf offene Handlungsbedingungen.[8] Aber selbst wenn man sich auf die prinzipielle Dienlichkeit von Wissen einigen kann, bleiben ethische, politische oder ökonomische Erwägungen zu dem denkbaren Schaden, Risiken oder Nutzen einer Entscheidung, die sich auf ein bestimmtes Wissen stützt. Einige Handlungsmöglichkeiten werden abgewählt, weil die Vorteile zu gering und die Kosten zu hoch sind.[9]

---

[8] Eine andere Herangehensweise an die Idee des praktischen Wissens sind „Realexperimente", d. h. um ein bestimmtes Ergebnis im Labor zu erzielen, muss man z. B. die komplexen Auswirkungen der natürlichen Umwelt auf einen Prozess ausblenden, vereinfachen oder reduzieren. Denn, wie Karl Popper (1972:139) bemerkt, „im Allgemeinen kann man physikalische Ereignisse nur durch künstliche experimentelle Isolierung vorhersagen". Nur dann ist man in der Lage, eine bestimmte Beziehung, die für den beobachteten oder gewünschten Effekt verantwortlich ist, eindeutig zu bestimmen oder zu identifizieren. Um die im Labor gemachten Beobachtungen außerhalb des Labors erfolgreich zu wiederholen bzw. in die Praxis zu übertragen, muss die künstliche experimentelle Isolation nachgebildet werden. Die Übertragung und Umsetzung eines solchen Laborergebnisses bzw. in den Sozialwissenschaften eines *Gedankenexperiments* in die Praxis ist natürlich mit erheblichen Schwierigkeiten behaftet, ganz zu schweigen von den verschiedenen Risiken, die sich aus der Verwandlung der Gesellschaft in ein Labor ergeben (vgl. Krohn und Weyer 1989) und die den Effekt kontaminieren oder eine Wiederholung außerhalb des Labors unmöglich machen könnten. Es ist sehr wahrscheinlich, dass unvorhergesehene Störfaktoren auftreten können, sogar mit einer gewissen Verzögerung, die jeden Versuch, den im Labor beobachteten Effekt zu wiederholen, gefährden könnten.

[9] Cass Sunstein (2022) beschreibt einen Weg, um zu einem ausgewogenen Urteil in einem solchen Fall zu gelangen. Er vertraut auf ein ökonomisches Kalkül: „Eine sorgfältige wirtschaftliche Analyse, die sich auf die besten verfügbaren Erkenntnisse über die wahrscheinlichen Folgen für den Menschen konzentriert, kann als Korrektiv zu Interessengruppen-Lobbyismus, Ideologie und so genanntem motiviertem Denken dienen, bei dem die Menschen am Ende glauben, dass etwas gut (oder schlecht) sein wird, weil sie das glauben

Die sozialwissenschaftliche Literatur im Allgemeinen und die Schriften im Bereich der Methodologie der Sozialwissenschaften enthalten kaum nützliche Informationen über die systematische Identifizierung und Verwendung von Attributen sozialen Handelns, die in bestimmten Situationen offen sind oder von der betreffenden Gruppe von Handlungen als offen für ihre Kontrolle wahrgenommen werden. In weiten Teilen des sozialwissenschaftlichen Diskurses ist die Entscheidung darüber, welche Faktoren oder Attribute als Objekte der theoretischen Reflexion und empirischen Untersuchung ausgewählt werden, in der Regel von disziplinären Traditionen abhängig. Die Auswahl bzw. Selektion von Faktoren für die Datenerhebung und -analyse, die in der Praxis der Kontrolle unterliegen, wird zu einer Frage profaner Theorien, aber im Gegensatz zum wissenschaftlichen Diskurs vor allem zu einer Frage der relativen Macht der Akteure, ihrer Ressourcen und ihrer Entschlossenheit innerhalb ihres Umfelds und in Bezug auf die Umwelt, die auch ihren Handlungskontext beeinflusst.

Tatsache ist, dass sich viele Wirtschaftstheorien nicht mit der Frage der Macht, der Ressourcen und der Merkmale wirtschaftlichen Handelns jenseits der Kontrolle z. B. durch die spezifischen Unternehmensakteure befassen. In der Tat hat der ökonomische Diskurs solche Überlegungen als *disziplinäres* Argument eliminiert, was zumindest für einige Ökonomen eine Erklärung für die relative praktische Ohnmacht der ökonomischen Theoriebildung darstellt (z. B. Rothschild 1971). Mit anderen Worten: Ökonomen scheinen oft fälschlicherweise davon auszugehen, dass praktisch alle Faktoren, die Teil ihrer theoretischen Modelle sind, in irgendeiner Weise handlungsoffen sind oder dass die Fähigkeit der Akteure, wirtschaftlich zu handeln, unabhängig von den besonderen Umständen des Handelns ist.

Wissen im Zeitalter des Algorithmus

Im Anschluss an die Diskussion über das Wesen des praktischen Wissens ist es hilfreich, die Frage nach der immer wichtiger werdenden Rolle von Algorithmen (intellektuelle Technologie) in Bezug auf Wissen zu stellen. Schließlich sind Algorithmen nichts anderes als *(eingebettetes)* praktisches Wissen. Die Vorstellung, dass Algorithmen eingebettetes Wissen sind, stimmt mit der Vorstellung

---

wollen [... aber] politische Maßnahmen, die viel Gutes bewirken, können auch echten Schaden anrichten. In diesem Sinne konzentrieren sich die Skeptiker der wirtschaftlichen Standardanalyse oft auf Verteilungsfragen: Wem genau wird geholfen, und wem genau wird geschadet?" (siehe auch DeMartino 2022).

überein, dass Wissen in soziale Beziehungen oder Objekte eingebettet ist. Algorithmen sind in Rechnersysteme, Plattformen und Infrastrukturen eingebettet. Genauer gesagt erleichtern Algorithmen die Sharing Economy, helfen bei der Erkennung von Krankheiten, werden von Regierungsbehörden zur Aufdeckung und Kontrolle von Verbrechen eingesetzt und helfen uns bei der Auswahl eines Fernsehprogramms oder der Lektüre. Allein die sozialwissenschaftliche Literatur zu Algorithmen ist enorm und deckt die gesamte Bandbreite möglicher Themen ab, von der Behauptung, dass Algorithmen unsere romantischen Bemühungen kontrollieren, bis hin zur Entscheidungsfindung über Krieg und Frieden (siehe Lee und Larson, 2019 für einen Überblick). Die extreme Position argumentiert/erwartet, dass es sich um ein Spiel Mensch und Algorithmus handelt und nicht um Mensch und Mensch: Es läuft auf eine Welt hinaus, die von Algorithmen gesteuert wird.

Sobald Algorithmen eingesetzt werden, ist die Suche nach Entscheidungen beendet. Aber die Entscheidungsregeln, die für die Entscheidungsfindung erforderlich sind, werden überlagert. Die Entscheidung wird formalisiert, daher die frühere Terminologie für „künstliche Intelligenz" – die „Mechanisierung des Denkens". In anderen Worten: Algorithmen können als mächtige Werkzeuge im Alltag und als maßgebliche Entscheidungshilfen in sozialen Institutionen beschrieben werden – zum Beispiel im Recht, wenn ein Richter über die Dauer der Haftstrafe eines Angeklagten entscheidet,[10] im Gesundheitswesen, auf dem Arbeitsmarkt, in der Wirtschaft, in der Politik und im Krieg[11]. Gleichzeitig arbeiten Algorithmen weitgehend unerkannt, undurchsichtig und unzugänglich für

---

[10] Der Algorithmus soll die Wahrscheinlichkeit vorhersagen, dass ein Angeklagter in Zukunft Straftaten begehen wird (zu einer Kritik am Einsatz von KI in Rechtsangelegenheiten siehe Forrest 2021).

[11] Das israelische Militär bezeichnet den militärischen Konflikt mit der Hamas im Mai 2021 als den „ersten Krieg mit künstlichen Geheimdiensten". Die *Jerusalem Post* zitiert einen Sprecher der israelischen Verteidigungskräfte (IDF) Ende Mai 2021: „Zum ersten Mal war der künstliche Geheimdienst eine Schlüsselkomponente und ein Machtmultiplikator im Kampf gegen den Feind. Dies ist die erste Kampagne dieser Art für die IDF. Wir setzten neue Operationsmethoden ein und nutzten technologische Entwicklungen, die für die gesamte IDF einen Kraftmultiplikator darstellten." Mit anderen Worten, militärische Ziele wurden mithilfe von Algorithmen bestimmt: Eines dieser Programme mit dem Namen „Gospel" nutzte KI, um Empfehlungen für Truppen in der Forschungsabteilung des Militärischen Nachrichtendienstes zu generieren, die diese zur Erstellung von Qualitätszielen nutzten und sie dann an die IAF zum Angriff weitergaben (siehe Anna Ahronheim, „Israel's operation against Hamas was the world's first AI war", Jerusalem Post, 27. Mai 2021; www.jpost.com/arab-israeli-confict/gaza-news/guardian-of-the-walls-the-frst-ai-war-669371.

externe Kritik. Algorithmen sind ein nicht rivalisierendes Gut. Wie ein digitaler Artikel kann ein Algorithmus immer wieder verwendet werden, ohne dass jemand anderes den Artikel studieren kann, der uns zum Beispiel ein bestimmtes Restaurant empfiehlt.[12]

Nach den Patentgesetzen vieler Länder sind Algorithmen jedoch aus dem Bereich der patentierbaren Erfindungen ausgeschlossen (Abiteboul und Dowek 2020:72). Im Allgemeinen stärken die Fortschritte bei der Entwicklung der KI-Technologie diejenigen, die über die Daten und Rechenkapazitäten verfügen, um diese Ressourcen zu verarbeiten und zu verwalten, insbesondere in Unternehmen wie Google, Amazon und Facebook – Unternehmen, die aufgrund der riesigen Mengen an erzeugten Geschäftsdaten derzeit größtenteils außerhalb der externen Kontrolle liegen. In diesen großen Konzernen schreitet die KI offenbar eher schrittweise als sprunghaft voran. Innovationen in der KI-Technologie übertreffen in ihrer Geschwindigkeit Veränderungen in *sozialen* Organisationen (vgl. Davenport und Miller 2022:260–262).

Welche sozialen Bedingungen erhöhen die Wahrscheinlichkeit, dass Wissen abgerufen oder aktiviert wird? Wissen wird als Reaktion auf den *sozialen Handlungsdruck* nachgefragt, der durch ein bestimmtes Problem, einen Befehl oder eine Frage entsteht, die eine Reaktion erfordert. Helmut Willke (2001:4, 10) nennt die unter diesen Umständen mobilisierte Ressource „Intelligenz". Intelligenz beschreibt „Problemlösungen und Problemlösungsfähigkeiten, die sich bei Organismen im Genom, bei Technologien in Instrumenten und bei sozialen Praktiken in Regelsystemen speichern lassen […] die in breit genutzte Technologien eingearbeitet ist, sagen wir in Werkzeuge, Autos oder Telefone, bedeutet, dass ich als Benutzer dieser Technologien normalerweise nicht mehr wissen muss und nicht mehr weiß, *wie* diese Technologien funktionieren, welche spezifische Intelligenz also in sie eingebaut ist. Es genügt, dass ich weiß, wie ich diese Apparate benutze. Nutzung setzt kein Verstehen der eingebauten Intelligenz voraus."

Intelligenz könnte natürlich auch in ein Rezept für die Zubereitung von Brokkoli zum Abendessen eingebaut sein. Joel Mokyr (2002:14–15) bezeichnet die Fähigkeit, eingebettetes Wissen zu nutzen, als *Kompetenz*. Um zu unterscheiden zwischen dem Wissen, „das zum Erfinden und Entwerfen einer neuen Technik

---

[12] Eine Beschreibung der Art von Dienstleistungen, die KI-Systeme den Menschen anbieten, ist die Beobachtung von Sue Halpern (2021), dass „die meisten von uns schon mit geskripteten, künstlich intelligenten Kundendienst-Bots in Berührung gekommen sind, deren Hauptzweck darin zu bestehen scheint, Gespräche mit echten Menschen zu verhindern". Der Grund für das Fehlen einer weiteren Kommunikation ist natürlich, dass die Entscheidung bereits getroffen wurde. Es besteht keine Notwendigkeit, mit irgendjemandem weiter zu sprechen.

erforderlich ist, und dem Wissen, das zur Ausführung dieser Technik benötigt wird, bezeichne ich letzteres als *Kompetenz* [...] Urteilsvermögen, Geschicklichkeit, Erfahrung und andere Formen von stillschweigendem Wissen kommen unweigerlich ins Spiel, wenn eine Technik [eingebettetes Wissen] ausgeführt wird. Ein weiteres Element der Kompetenz ist die Lösung unvorhergesehener Probleme, die über die Fähigkeiten des Agenten hinausgehen: Zu wissen, wen (oder was) man konsultieren und welche Fragen man stellen muss, ist für alle Produktionsprozesse außer den rudimentärsten unerlässlich."

Was Helmut Willke als Intelligenz und Joel Mokyr als Kompetenz bezeichnet, könnte ebenso gut als *Algorithmus* bezeichnet werden. Ein Rezept ist ein Algorithmus. Algorithmen lassen Dinge geschehen. Die Kette des Nachdenkens, die zum Handeln führt, ist in Algorithmen eingebettet. Wie Robert Sedgewick, einer der führenden Forscher auf dem Gebiet der Computeralgorithmen, betont, ist ein Algorithmus daher eine „Methode zur Lösung eines Problems" (zitiert nach Finn 2019:561).[122]

Ein Algorithmus ist eine Brücke zwischen Wissen als Handlungsfähigkeit und der Lösung eines Problems, oder ein Algorithmus stellt die Schließung des Kreises zwischen Wissen und einem Ziel dar. Finn (2019:561) zitiert aus einem Google-Dokument, das eine ähnliche Definition bietet: „Algorithmen sind die Computerprozesse und Formeln, die Ihre Fragen in Antworten umwandeln." Die Fähigkeit, etwas zu erledigen, wird in der Tat durch Algorithmen erreicht; und zwar unerbittlich, schneller und ohne vom kodierten Pfad abzuweichen. Algorithmen lassen sich auf praktisch alle Phänomene anwenden. Die Grundlagen, auf denen Algorithmen arbeiten, sind keine objektiven oder rohen Informationen. Wie in ähnlichen Fällen der Entscheidungsfindung verwenden Algorithmen sozial konstruierte Informationen. Ob Algorithmen lernfähig sind, ist eine strittige Frage.

Einige Beobachter sind jedoch der Meinung, dass „Algorithmen lernen können, indem sie dieselbe Aufgabe wiederholen und sich verbessern" (Abiteboul und Dowek 2020:16).

Die Lösung des Problems, auf das die Algorithmen geschlossen reagieren, erfordert natürlich Beurteilungen, möglicherweise eine Reihe von Kompromissen und Vermutungen über mögliche Lösungsansätze und deren Wirksamkeit bei der Beantwortung der anstehenden Frage. Ist die Lösung jedoch erst einmal in einen Algorithmus eingebettet, kann die Brücke zwischen Wissen und Handeln ohne weitere Anstrengung unseres Gehirns überbrückt werden, und zwar viele Male, wenn nicht sogar auf unbestimmte Zeit. Es ist nicht zu kühn, den Schluss zu ziehen, dass die Funktion, die Algorithmen erfüllen, der umstrittenen Feststellung von Alfred Whitehead (1911) in seiner *Einführung in die Mathematik entspricht*:

Die Zivilisation schreitet voran, „indem sie die Zahl der wichtigen Operationen erweitert, die wir ausführen können, ohne darüber nachzudenken".

Die Risiken und Gefahren, die mit Wissen im Zeitalter der Algorithmen verbunden sind, sind beträchtlich und verdienen sicherlich große Aufmerksamkeit, da die ersten staatlichen Bemühungen darauf hindeuten, Standards für die Verwendung von Algorithmen durch Regierungen und öffentliche Stellen festzulegen. Die Behauptungen über den wachsenden und nachteiligen, aber verborgenen Einfluss von eingebettetem Wissen in Form von Algorithmen sind umfangreich, wie Diakopoulos (zitiert von Ziewitz 2016:5) feststellt: „Wir leben heute in einer Welt, in der Algorithmen und die Daten, mit denen sie gefüttert werden, über eine Vielzahl von Entscheidungen in unserem Leben entscheiden: nicht nur über Suchmaschinen und personalisierte Online-Nachrichtensysteme, sondern auch über Bildungsbewertungen, das Funktionieren von Märkten und politischen Kampagnen, die Gestaltung des öffentlichen Raums in Städten und sogar darüber, wie soziale Dienste wie Wohlfahrt und öffentliche Sicherheit verwaltet werden. Algorithmen können zweifellos Fehler machen und mit Vorurteilen arbeiten."[13] Die Undurchsichtigkeit technisch komplexer Algorithmen, die in großem Maßstab arbeiten, macht es schwierig, sie zu überprüfen, was dazu führt, dass die Öffentlichkeit keine Klarheit darüber hat, wie sie ihre Macht und ihren Einfluss ausüben.

Die Behauptungen über die enormen sozialen, kulturellen und wirtschaftlichen Auswirkungen der künstlichen Intelligenz sind außergewöhnlich,[14] und werden durch die Behauptung unterstrichen, dass die so genannte „Singularität" eines Tages in nicht allzu ferner Zukunft eintreten könnte, wenn die künstliche Intelligenz alles tun kann, was der Mensch kann, nur besser. Stuart Russell, der Initiator des Zentrums für humanverträgliche künstliche Intelligenz, erwartet, dass „noch in diesem Jahrhundert Maschinen entwickelt werden, die intelligenter sind als Menschen". Russell stellt nicht nur eine solch kühne Vorhersage auf, sondern fordert auch „internationale Verträge zur Regulierung der Entwicklung dieser Technologie". Auch der Historiker Yuval Noah Harari geht davon aus, dass „die

---

[13] Siehe auch den Artikel von Jyoto Madhusoodanan, „Is a biased algorithm delaying health care for black people?" (*Nature* 588, December 24–31, 2020, S. 564–547), in dem berichtet wird, dass „eine Million schwarzer Erwachsener in den Vereinigten Staaten früher wegen einer Nierenerkrankung behandelt werden könnten, wenn Ärzte einen umstrittenen 'rassenbasierten Korrekturfaktor' aus einem Algorithmus entfernen würden, den sie zur Diagnose von Menschen verwenden, wie eine umfassende Analyse zeigt."

[14] Eine Zusammenfassung dessen, was wir bisher über die an den häufigsten diskutierten Auswirkungen von KI, Robotern und fortgeschrittener Automatisierung auf das Beschäftigungsniveau wissen, findet sich in Lukas Walters (2020).

Menschen Gefahr laufen, ‚gehackt' zu werden, wenn die künstliche Intelligenz nicht besser reguliert wird". Menschen zu hacken bedeutet, „diese Person besser zu kennen, als sie sich selbst kennt. Und darauf basierend, sie zunehmend zu manipulieren".[15] Noch radikaler sind Behauptungen, die besagen, dass die KI uns *bereits* manipuliert.[16]

Es ist nicht zu übersehen, dass Erzählungen, die sich mit den Eigenschaften und Folgen neuer technischer Entwicklungen befassen, häufig eine technokratische Tendenz aufweisen. Von der technischen Entdeckung wird erwartet, dass sie sich nicht nur von ihren Entdeckern emanzipiert, sondern auch als eigenständiges Phänomen die Herrschaft über ihre Entdecker und Entwickler übernimmt. Die Menschen sind daher angehalten, die Kontrolle über die Automatisierung der Arbeitswelt oder auch der KI nicht zu verspielen.

Bislang hat die künstliche Intelligenz (KI) jedoch weder die Hoffnungen ihrer Befürworter noch die Ängste ihrer Gegner erfüllt (vgl. Larson 2021). KI weckt überzogene Versprechungen und existenzielle Zweifel. Die Roboter haben nicht die Macht über die Menschheit übernommen. Dennoch sind einige Beobachter sehr besorgt über die Auswirkungen der KI und darüber, inwieweit sie sich von der menschlichen Kontrolle emanzipieren könnte. Algorithmen werden als soziale Macht betrachtet, die durch Algorithmen und das kulturelle Image, das solche Codes in der Gesellschaft haben, funktioniert. Algorithmen nehmen eine zentrale Stellung im Alltag, in der Arbeitswelt und in der Wissenschaft ein. Algorithmen werden als Bedrohung für Arbeitsplätze gesehen; sie können die bürgerlichen Freiheiten einschränken und/oder uns im Auftrag von Regierungen und großen Unternehmen ausspionieren.

Aber dann gibt es auch bessere Ergebnisse oder wird es sie geben. Zum Beispiel werden „algorithmische Entscheidungen als neutrale Entscheidungen

---

[15] In einem Interview mit der Fernsehsendung *CBS 60 min* im Jahr 2021: www.cbsnews.com/news/yuval-harari-sapiens-60-min-2021-10-29/.

[16] Es ist bemerkenswert, dass das Patent- und Markenamt der Vereinigten Staaten (USPTO) im Jahr 2019 zum ersten Mal in der Geschichte zwei Patentanmeldungen erhalten hat, in denen ein mit künstlicher Intelligenz (KI) betriebener Computer namens „DABUS" [kurz für *Device for the Autonomous Bootstrapping of Unified Sentience*] als Erfinder aufgeführt ist. Die Veröffentlichung dieser Patentanmeldung war bedeutsam, weil nur ein Mensch oder eine „natürliche Person" als Erfinder in einer Patentanmeldung aufgeführt werden kann. Obwohl in Titel 35 des United States Code nicht ausdrücklich von natürlichen Personen die Rede ist, legt das USPTO das Wort „whoever" so aus, dass eine natürliche Person gemeint ist. In den Patentanmeldungen wird DABUS als Erfinder und der Eigentümer der künstlichen Intelligenz als Patentanmelder und voraussichtlicher Inhaber der erteilten Patente aufgeführt. (Hopes 2021:120). DABUS ist angeblich eine „Kreativitätsmaschine", die in der Lage ist, ohne menschliches Zutun Ideen zu entwickeln.

dargestellt, algorithmische Entscheidungen werden als effiziente Entscheidungen verstanden, algorithmische Entscheidungen werden als objektive und vertrauenswürdige Entscheidungen dargestellt" (Beer 2017:11). Zu den Schwächen der KI gehöre, dass Entscheidungen weitgehend auf dem *Status quo*, d. h. auf vorhandenen und zugänglichen Daten beruhen, dass die KI kein Verständnis für den Inhalt (die Bedeutung) der von ihr verwendeten Datensätze hat, dass Urteile auf statistischen Korrelationen beruhen (Reasoning), was prinzipiell auch Scheinkorrelationen einschließt, und dass Entscheidungen nicht begründbar sind. Die algorithmische Entscheidungsfindung neigt folglich dazu, vorherrschende Vorurteile zu verstärken, indem sie Datensätze übernimmt, die solche etablierten Präferenzen/Vorurteile enthalten.[17]

Letztlich bleiben Algorithmen soziale Konstrukte. Sie sind Phänomene, die sich nicht der Kontrolle aller entziehen. Das Wissen über Algorithmen und ihre Auswirkungen ist eine wichtige Fähigkeit. KI ist definiert als die Fähigkeit, „auf der Grundlage begrenzter Daten zeitnah angemessene Verallgemeinerungen zu treffen" (Kaplan 2016:5–6). KI kann als Waffe eingesetzt werden, die im Vergleich zu herkömmlichen Repressionsmethoden weniger kostspielig ist. Kritische Beobachter betonen, dass KI ein „Segen für autoritäre Kräfte ist. ... Im Vorteil sind die größten Informationsunternehmen wie Google und die größten autoritären Staaten, allen voran China" (Diamond 2019:23). Politischer Widerstand in autokratisch regierten Gesellschaften, die sich in einer Transformation zur Wissensgesellschaft befinden, wird wahrscheinlich aus der Mitte der Gesellschaft kommen und nicht als Rebellion von Mitgliedern der herrschenden Klasse. Auch demokratische Regime sind nicht immun gegen die Verlockungen des Einsatzes von Überwachungsinstrumenten und werden es auch in Zukunft nicht sein.

Darüber hinaus haben Algorithmen erhebliche Auswirkungen auf wirtschaftliche Transaktionen, den Globalisierungsprozess und in dessen Folge auf die globale soziale Ungleichheit. Anton Korinek und Joseph E. Stiglitz (2021:1) weisen darauf hin, dass „die neuen Technologien [z. B. KI] tendenziell arbeits- und ressourcensparend sind und zu einer „Winner-takes-all"-Dynamik führen, die die Industrieländer begünstigt." Da die sich entwickelnden Volkswirtschaften auf Wettbewerbsvorteile durch niedrigere Arbeitskosten hoffen, haben die Entwicklungsländer besonderen Grund, sich über den Einfluss von KI und anderen Automatisierungstechnologien Sorgen zu machen, dass sie die Vorteile, die sie jetzt haben, verlieren könnten. „Das Worst-Case-Szenario", so Korinek und Stiglitz (2021:35), „bedeutet, dass ein Großteil der Errungenschaften bei der

---

[17] Siehe Michael Vogel, „Im Kopf einer künstlichen Intelligenz", *Neue Zürcher Zeitung*, Sonntag, 4. Juli 2021.

Entwicklung und Armutsbekämpfung, die wir im letzten halben Jahrhundert erlebt haben, wieder zunichte gemacht wird ... [und die] neuen Fortschritte könnten die Konvergenz des Lebensstandards zwischen reichen Ländern und Entwicklungsländern aufhalten."

Gleichzeitig ist dies ein nützlicher Hinweis darauf, dass die Gefahr besteht, dass der Diskurs über KI in einen *technologischen Determinismus* mündet. Technologie ist keine Zwangsgewalt. Die Technologie selbst kann uns nicht sagen, was wir tun sollen. Auf der kollektiven Ebene ist es die Macht eines Unternehmens und höchstwahrscheinlich des Staates, die eine Zwangsgewalt darstellt. Auf der individuellen Ebene ist es die menschliche Initiative, die die Technologie herausfordert und formt.[18] Geeignete politische Maßnahmen und die einfache Erinnerung daran, dass andere Entscheidungen möglich sind, können den von Korinek und Stiglitz beschriebenen Entwicklungen entgegenwirken.

---

[18] Wie Frank Pasquale (2020:207–208) im Fall der New Yorker Uber-Fahrer feststellt: „Die Arbeitnehmer können sich organisieren und die Arbeitsbedingungen ändern, wie es die New Yorker Uber-Fahrer taten, als sie eine Möglichkeit forderten, willkürliche Bewertungen durch Fahrgäste anzufechten. Andere Fahrer gründen Plattformkooperativen, um die Dominanz des Unternehmens anzufechten" (siehe Griswold 2016).

Wissenskompetenzen 4

Es ist wünschenswert, die allgemeine Vorstellung von Wissen als Handlungsfähigkeit weiter zu differenzieren. Insbesondere stellt Wissen ein *Bündel* unterschiedlicher menschlicher Kompetenzen und intellektueller Fähigkeiten dar. Einschränkend muss zu der Auflistung der Wissenskompetenzen angemerkt werden, dass es sich insgesamt um *anspruchsvolle* Wissenskompetenzen handelt.

Wissen als ein Bündel von Kompetenzen oder Fähigkeiten

Will man eine genauere Vorstellung davon gewinnen, wie Wissen als „vielschichtige" *Ressource und Handlungsfähigkeit* mit sozialer Ungleichheit, Innovationsfähigkeit, wirtschaftlicher Produktion oder politischer Steuerung (d. h. wie Entscheidungen getroffen werden) verknüpft wird, ist es notwendig, zu spezifizieren, aus welchen Wissenskompetenzen sich soziale Vor- und Nachteile ergeben. Generell gilt, dass in Wissensgesellschaften die (kausalen) Beziehungen zwischen materiellen und kognitiven Faktoren als Grundlagen sozialer Ungleichheitsbildungen umgekehrt sind.

Meines Erachtens muss Wissen in diesem Zusammenhang als ein zusammenhängendes *Bündel sozialer und intellektueller Kompetenzen oder Fähigkeiten* begriffen werden, beispielsweise im Sinne der gesellschaftlich anerkannten Fähigkeit eines bestimmten Akteurs, legitim zu sprechen und zu handeln (vgl. Bourdieu 1975:19), was für diejenigen, die in der Lage sind, Wissenskapazitäten in geeigneten Situationen zu mobilisieren, unterschiedliche soziale Vorteile (oder Kosten) mit sich bringt. Wirtschaftswissenschaftler würden den Begriff *Humankapital* bevorzugen, um, wie die OECD (2001) es tut, „das Wissen, die Fertigkeiten, die Kompetenzen und die Eigenschaften zu definieren, die in Individuen verkörpert sind und die die Schaffung von persönlichem, sozialem und wirtschaftlichem Wohlstand erleichtern".

Das Bündel von Kompetenzen und Fähigkeiten, das hier als entscheidend für Wissensgesellschaften bezeichnet wird, ist jedoch breiter angelegt als die typischerweise engen Indikatoren der Humankapitalforschung in den Wirtschaftswissenschaften und wird weit über die Grenzen des Wirtschaftssystems hinaus mobilisiert und angewandt. Die Kompetenzen sind nicht unbedingt eng mit dem formalen Bildungssystem und seinen typischen Lehrplänen in den Industrienationen verbunden. Ich werde auflisten, was ich für einige der wichtigsten intersubjektiven Wissenskompetenzen halte, die moderne soziale Ungleichheit, soziale Produktion, Innovation und Governance vorantreiben:

Die *Fähigkeit, den Ermessensspielraum zu nutzen:* Da soziale Regeln und rechtliche Normen und Vorschriften, die das gewöhnliche und außergewöhnliche soziale Verhalten regeln, niemals in einer Weise aufgestellt und durchgesetzt werden, die keine Ermessensauslegung und -ausführung oder Spielraum für Rekonstruktionen zulässt, bezieht sich die Kompetenz, Ermessensspielraum zu mobilisieren, auf die Fähigkeit des Einzelnen, sich komparative Vorteile zu verschaffen, z. B. im Bereich der Besteuerung, der Investitionen, der Schulbildung, des Einkommens usw.

Die *Fähigkeit, Schutz zu organisieren:* Die Fähigkeit, Schutzvorkehrungen und -maßnahmen zu treffen, ist eine Frage der Fachkompetenz, die es den Akteuren ermöglicht, den Zugang zu differenziertem Wissen zu mobilisieren, um beispielsweise sicherzustellen, dass das eigene Vermögen und die eigenen Ansprüche vor strukturellem oder unangemessenem Wertverlust geschützt werden (z. B. Griswold 2016). Die symbolischen oder materiellen Opportunitätskosten, wenn man nicht in der Lage ist, den Schutz zu organisieren, können erheblich sein.

Die *Befugnis zu sprechen* (vgl. Bourdieu 1975), basiert zunehmend auf differenziertem Wissen und impliziert unmittelbar eine parallele soziale Spaltung in Opposition zu denjenigen, die nicht befugt sind zu sprechen. Die Befugnis zu sprechen gilt für viele Merkmale und Situationen, erstreckt sich aber auch auf die Fähigkeit eines Laienpublikums oder einer Laienperson, ein diskursives Fachgebiet als „Sprecher zu betreten und sich mit der angeblichen Wahrheit des Diskurses auseinanderzusetzen, der diese Praktiken rechtfertigt" (Larson 1990:37). Umgekehrt wird die Unfähigkeit, sich Wissen anzueignen, unabhängig von den Modi der Ausschlüsse/Einschlüsse, die immer mit differenzierter Bildung verbunden sind, zunehmend als Zeichen persönlichen Versagens interpretiert.

Die Fähigkeit, *Neugier* auf sich selbst und seine soziale und natürliche Umgebung zu entwickeln. Es besteht ein wichtiger Zusammenhang zwischen intrinsischer Lernmotivation und Neugierde. Neugier ist der Auslöser für das Lernen und verstärkt die Motivation, sich Informationen und Wissen anzueignen, ohne unbedingt von extrinsischer Motivation abhängig zu sein. Das intellektuelle Kapital, das benötigt wird, um neue Ideen und Techniken zu entwickeln und sich an bereits vorhandene Technologien anzupassen, erfordert Neugier. Ebenso können Vorkenntnisse und Informationen, aber auch Ungewissheit die Neugierde fördern, um die eigenen Kompetenzen und Fähigkeiten zu verbessern.

Die *Fähigkeit, Widerstand zu mobilisieren,* ist eine weitere entscheidende Komponente des stratifizierenden Modus des Wissens. Die Fähigkeit, die Praktiken von Experten, des Staates oder von Unternehmen infrage zu stellen, wird zu einem wichtigen Aktivposten des Wissens als Fähigkeit zur Gestaltung von Ungleichheit. In diesem Sinne erlangt die Fähigkeit, sich der Überwachung zu entziehen und sich Räume selbstbestimmter Autonomie zu verschaffen, erhebliche Bedeutung und beruht auf der Fähigkeit, Werkzeuge zu mobilisieren, die oft als Instrumente zur ausschließlichen Verstärkung der Kontrolle angesehen werden.

Die *Fähigkeit zur Vermeidung* und Ausgrenzung ist ein weiteres stratifizierendes Merkmal, das auf der Grundlage unterschiedlicher Wissensgrundlagen herangezogen werden kann. Ich denke dabei an Strategien, die dafür sorgen, dass einige der Risiken der modernen Gesellschaft tendenziell unterschiedlich verteilt sind, z. B. in den allgemeinen Bereichen der Sicherheitsbedenken, der Exposition gegenüber Konflikten oder Gewalt, der Gesundheitsrisiken oder der Umweltzerstörung oder der Fähigkeit, emotional und materiell von der Fähigkeit zur Zusammenarbeit zu profitieren. Ebenso ist das enorme Wachstum der „informellen Wirtschaft" in den meisten fortgeschrittenen Gesellschaften, d. h. aller Arten und Formen von wirtschaftlichen Transaktionen, die vom Staat und der Rechtsordnung nicht kontrolliert werden, unabhängig von ihrer Rechtmäßigkeit, und die nicht auf einer langwierigen formalen Ausbildung beruhen, als eine der sozioökonomischen Folgen des Aufstiegs des Wissens als schichtenbildendes Prinzip zu betrachten, das sich auf die materielle Grundlage der Ungleichheit auswirkt.

Allgemeiner ausgedrückt: Das Spektrum der sozialen Kompetenzen – einschließlich der Fähigkeit, die eigenen Fähigkeiten und Kompetenzen zu verbessern – stellt eine geschichtete Möglichkeit dar, das eigene *Leben* unmittelbar zu *meistern*, z. B. die eigene Gesundheit (Lebenserwartung), das finanzielle Wohlergehen, das persönliche Leben, die eigenen Ambitionen, die eigene Karriere oder die langfristige Sicherheit oder die Fähigkeit, Unterstützung bei der Bewältigung dieser Aufgaben zu finden und zu erhalten, und es handelt sich dabei um allgemeine Auswirkungen einer unterschiedlichen Beherrschung der relevanten Wissensgrundlagen. Genauer gesagt ist die Beherrschung relevanter Wissensgrundlagen für eine erfolgreiche Innovationsfähigkeit *nicht* zwangsläufig mit einer langen formalen Ausbildung und Schulung verbunden. Viele der Gründer der neuen Superstar-Unternehmen haben eine eher dürftige Bilanz in Bezug auf eine angemessene Ausbildung (vgl. Khan 2020:411). Die Fähigkeit, Widerstand zu mobilisieren, Ermessensspielräume auszunutzen, Bewältigungsstrategien zu entwickeln und Schutz zu organisieren, sind ein wesentlicher Bestandteil solcher Strategien und damit die Überzeugung, dass man irgendwie das Sagen hat und nicht nur das Objekt zufälliger Umstände ist. Man darf die angeführten Wissenskompetenzen allerdings nicht mit weit weniger anspruchsvollen intellektuellen *Grundkompetenzen* verwechseln.

Grundkompetenzen

Man kann in der Tat nicht davon ausgehen, dass die Wissenskompetenzen selbst in modernen Wissensgesellschaften gesellschaftlich nicht sehr verbreitet sind. Dies gilt auch für jüngere Schüler in modernen Wissensgesellschaften.

Die Motivation der folgenden Studie (Gust et al. 2022:23) zielt auf ein Verständnis dafür, „wie die globale Entwicklung durch eine verbesserte Schulpolitik, die diejenigen unterstützt, die derzeit keine international wettbewerbsfähigen Fähigkeiten besitzen, verändert werden könnte." Die Untersuchung (Gust et al. 2022:1) der Verteilung globaler, weit weniger anspruchsvollen Wissenskompetenzen unter *Schülern* kommt zu dem Ergebnis, dass die Häufigkeit von *Grundkompetenzen (basic skills)* weltweit insgesamt weiterhin sehr gering ist. Die globalen Disparitäten „bei den Qualifikationen sind tiefgreifend … mindestens zwei Drittel der Jugendlichen weltweit – vielleicht sogar drei Viertel – [haben] ein Qualifikationsniveau, das unter dem grundlegenden Wettbewerbsniveau liegt. Die größten Anteile von Kindern, die keine Grundkenntnisse erreichen, gibt es in Afrika südlich der Sahara (94 %), Südasien (89 %), der MENA-Region (68 %) und Lateinamerika (65 %). Aber auch in Nordamerika und Europa erreicht etwa ein Viertel der Jugendlichen nicht die Grundfertigkeiten" (Gust et al. 2022:32).

Die Autoren der Studie stellen zwei allgemeine Fragen, „wie nahe sind wir dem grundlegenden Ziel der Grundkompetenzen für alle? Und was würde es für die weltweite Entwicklung bedeuten, wenn wir weltweit universelle Grundkompetenzen erreichen würden?" (Gust et al. 2022:1). Die Untersuchung basiert auf

„Testdaten auf individueller Ebene aus den verfügbaren internationalen und regionalen Schülerbeurteilungen, um weltweite Schätzungen des Anteils der Kinder zu erstellen, die in den einzelnen Ländern keine Grundkompetenzen erreichen." Gemessen werden die mathematischen und naturwissenschaftlichen Kompetenzen von Schülern, um die erforderlichen Fähigkeiten der Bevölkerung eines jeden Landes zu ermitteln.[1]

Die zusammenfassenden Resultate der Studie (Gust et al. 2022:3) zeigen, dass

1. Mindestens zwei Drittel der Jugendlichen in der Welt verfügen nicht über Grundkenntnisse.
2. Der Anteil der Kinder, die keine Grundkompetenzen erwerben, liegt in 101 Ländern bei über der Hälfte und steigt auf über 90 % in 36 dieser Länder.
3. Selbst in Ländern mit hohem Einkommen verfügt ein Viertel der Kinder nicht über Grundkompetenzen.
4. Qualifikationsdefizite erreichen 94 % in Afrika südlich der Sahara und 89 % in Südasien, aber auch 68 % im Nahen Osten und Nordafrika und 65 % in Lateinamerika.
5. Während die Qualifikationsdefizite bei dem Drittel der Jugendlichen weltweit, die keine weiterführende Schule besuchen, am deutlichsten sind, erreichen 62 % der Sekundarschüler weltweit nicht einmal die Grundkompetenzen.
6. Die Hälfte der Jugendlichen weltweit lebt in den 35 Ländern, die nicht an internationalen Tests teilnehmen und somit keine regelmäßigen und verlässlichen Informationen über die grundlegenden Leistungen haben.

Als Antwort auf die zweite Frage der Autoren nach den wahrscheinlichen ökonomischen Folgen der mangelnder Häufigkeit der Diffusion von Grundkompetenzen, projizieren die Autoren (Gust et al. 2022:4), „unter Verwendung von Schätzungen des Zusammenhangs zwischen Qualifikationen und langfristigen Wachstumsraten aus bestehenden empirischen Wachstumsmodellen mit Arbeitnehmerqualifikationen," für jedes Land die geschätzte zukünftige Entwicklung des Bruttosozialprodukts an Hand „verbesserter" Grundkompetenzen: „Der wirtschaftliche Gewinn, der sich aus dem Erreichen des Ziels einer weltweiten universellen Grundbildung ergibt, ist mehr als fünfmal so hoch wie das derzeitige jährliche weltweite Bruttosozialprodukt" (Gust et al. 2022:4).

---

[1] Etwas genauer formuliert, die Autoren (Gust et al. 2022:3) definieren „Grundkompetenzen als die Fähigkeiten, die erforderlich sind, um effektiv an modernen Volkswirtschaften teilzunehmen, und die wir durch das Beherrschen mindestens der grundlegendsten Kompetenzstufe des internationalen PISA-Tests – d. h. der PISA-Stufe 1 – messen" (siehe auch (Gust et al. 2022:9–10).

Wissen als individuelle und kollektive Handlungsfähigkeit

Was eine Wissensgesellschaft vor allem von ihren historischen Vorgängern unterscheidet, ist, dass sie in einem noch nie dagewesenen Maße das Produkt ihres eigenen Handelns ist, oder eine Gesellschaft, in der unsere sekundäre Natur unsere primäre Natur bei weitem übersteigt und übertrifft. Die Eingriffe der Natur sind zunehmend das Ergebnis früherer menschlicher Eingriffe in die Natur. Das Gleichgewicht von Natur und Gesellschaft (vgl. Stehr 1978) bzw. von Tatsachen, die sich der Kontrolle des Menschen entziehen, und solchen, die seiner Kontrolle unterliegen, hat sich auffällig verschoben. Die Betonung der größeren Fähigkeit und Reichweite effektiven sozialen Handelns als konstitutives Merkmal der Wissensgesellschaft steht im Gegensatz zu der Vorstellung, dass die moderne Gesellschaft ein „technokratisches" Unternehmen sein kann oder notwendigerweise ist, d. h. eine Gesellschaft, die fast hilflos der Umkehrung technischer Mittel in soziale Zwecke beiwohnt, wie sie z. B. von Helmut Schelsky (1961) und vielen anderen auf der linken und rechten Seite des politischen Spektrums der ideologischen Kluft in der Sozialwissenschaft anschaulich skizziert wurde (vgl. Marcuse 1964; Freyer 1964; Marcuse 1964; Freyer 1955, 1960), vielleicht sogar als „allgemeines Gesetz der wissenschaftlichen Zivilisation" (siehe auch Krämer 1982).

Der Horizont menschlichen Handelns und möglicher sozialer Handlungen erweitert sich in einer Wissensgesellschaft erheblich, nicht zuletzt durch die Ausweitung wissenschaftlicher und technischer Erkenntnisse. Der Prozess der Erweiterung des sozialen Handelns betrifft vor allem die *intermediäre* Ebene des Handelns, d. h. die Ebene kleiner Gruppen, sozialer Bewegungen, kleinerer Unternehmen und nicht unbedingt die Ebene des sozialen Handelns großer Institutionen, z. B. des Staates, des politischen Systems, der Wirtschaft, des Bildungssystems oder auch der Gesellschaft und des Nationalstaates. Auch auf der Ebene der einzelnen Akteure ist die Ausweitung des sozialen Handlungsfeldes ungleich verteilt. Das Prinzip des geschichteten sozialen Handelns wird dadurch nicht außer Kraft gesetzt. Auch in der Wissensgesellschaft sind viele Gruppen und Individuen in ihrem sozialen Handlungsspielraum stark eingeschränkt.

Die Erweiterung des Wissens ist nicht nur befähigend, sondern auch einschränkend. Oft sind die befähigenden und die einschränkenden Eigenschaften des Wissens eng miteinander verwoben. Wie vielfältig die Folgen des Wissens sind, zeigt sich zum Beispiel an seinen Auswirkungen auf die soziale Organisation der Arbeit: Einerseits kann die „Informationsrevolution" oder der verstärkte Einsatz von Mikroelektronik in Verbindung mit „künstlicher" Intelligenz durchaus mit

Sorge betrachtet werden, da sie eine höchst ausgefeilte, zentralisierte und umfassende Erfassung, Überwachung, kostengünstige Speicherung und Übermittlung von Leistungsdaten oder auch ganz allgemein von Arbeitsverhalten ermöglichen. Andererseits ermöglichen dieselben Artefakte auch ein hohes Maß an Dezentralisierung, lokaler Initiative, flexiblem Standort, persönlicher Verantwortung und sogar die effektive und kostengünstige Überwachung der Monitore. In jedem Fall muss das Wissen von den Schöpfern des Wissens zu denjenigen fließen, die es bei entsprechender Kompetenz kreativ in ein Produkt oder eine Dienstleistung umsetzen können, wobei davon auszugehen ist, dass die beiden Rollen nicht identisch sind.

Aneignung von Wissen[2]

Für Ökonomen sind die Attribute des nicht-konkurrierenden Konsums und der Nicht-Ausschließbarkeit von Wissen entscheidende Eigenschaften von Wissen. Diese Eigenschaften von Wissen machen es zu einem prototypischen Beispiel für ein (sogar globales) öffentliches Gut. Wenn zumindest ein Teil der Gewinne aus dem Wissen angeeignet werden kann, z. B. durch Geschäftsgeheimnisse oder Patente (manchmal auch als „privates Wissen" bezeichnet), wird es zu einem *unreinen* öffentlichen Gut. In Anbetracht dieser besonderen Merkmale von Wissen wiederholt die Weltbank (1999:17) die *konventionelle* Prämisse des neoklassischen Wirtschaftsdiskurses über den Anreiz der rechtlichen Kodierung von Wissen, indem sie argumentiert, dass „öffentliche Maßnahmen manchmal erforderlich sind, um den richtigen Anreiz für die Schaffung und Verbreitung von Wissen durch den privaten Sektor zu bieten, sowie um Wissen direkt zu schaffen und zu verbreiten, wenn der Markt nicht genug bietet". Die von der Weltbank vertretenen primäre Rechtfertigung des Einschließens von Wissen und Information ist zweifellos kurzsichtig: Patente sind mit Sicherheit nicht der einzige Motor von Innovationen und Entdeckungen (Boyle 2002:22).[3]

---

[2] Dieser Abschnitt stützt sich auf Marian Adolf und Nico Stehr (2017:108–111).

[3] James Boyle (2002:22) erwartet eine wissenschaftsbestimmte Veränderung der Bedeutung von Patenten, da „die zunehmende Umstellung der Wissenschaften auf daten- und verarbeitungsintensive Modelle dazu führen wird, dass ein größeres Maß an Innovation und Entdeckungen auf das verteilte, nicht-proprietäre Modell der geistigen Produktion zurückgehen könnte. Bioinformatik und computergestützte Biologie, das Open-Source-Genomprojekt auf www.ensembl.org, die Möglichkeit der verteilten Datenprüfung durch freiwillige Laien, die die NASA bei den Daten der Marslandung eingesetzt hat – all dies bietet faszinierende Möglichkeiten."

Im Gegensatz zur vorherrschenden ökonomischen Rechtfertigung für legale Wege der Wissenseinhegung ruft die Vorstellung, dass Wissen *sich selbst schützt,* eine ganz andere Perspektive auf Wissen und Bemühungen zur Wissenskontrolle hervor. Die Idee, dass Wissen selbstschützend ist, beinhaltet ein *angebots- und nachfrageseitiges* Argument, wie Edmund Kitch (1980:711–715) darlegt.

Auf der Angebotsseite würde man sagen, dass Wissen schwer zu stehlen ist, oder dass niemand ein Interesse daran hat, Wissen zu stehlen, weil es schwierig ist, von gestohlenem Wissen zu profitieren. Die am weitesten verbreitete Vorstellung, dass sich Wissen nicht gut verbreiten lässt, ist natürlich die Vorstellung von der *„tacitness"* (dem impliziten Wissen; ein Sammelsurium von unausgesprochenen Techniken, Vorlieben und sogar sozialen Normen) von Wissenseigenschaften (als nicht-öffentlicher Aspekt von Wissen), wie sie erstmals von Michael Polanyi (1958, 1967) artikuliert wurde. Die Nutzung von nicht-öffentlichem Wissen ist ohne Patentschutz möglich. Die „Klebrigkeit" *(stickiness)* von Wissen (von Hippel 1994) hängt mit der Art und Weise zusammen, in der Wissen organisiert ist: „Manager können vermeiden, die Leichtigkeit, mit der Informationen übertragen werden können, zu erhöhen, indem sie der Versuchung widerstehen, die Informationen in organisierter schriftlicher Form zusammenzustellen" (Kitch 1980:712). Auf der Angebotsseite würde der Selbstschutz von Wissen auch mit dem Ausmaß zusammenhängen, in dem die Beherrschung knapper kognitiver Kompetenzen für die Aneignung von Wissen erforderlich ist; mit dem Ausmaß, in dem Wissen in spezifische soziotechnische Kontexte oder Wissensinfrastrukturen eingebettet ist (z. B. die Fähigkeit zu lernen, wie man lernt), die nicht frei beweglich oder leicht wiederherstellbar sind; oder mit der Fähigkeit, Kapazitäten zu mobilisieren, um effektiv Zugang zu gewünschtem Wissen zu schaffen.

Auf der Nachfrageseite sind die selbstschützenden Merkmale des Wissens mit einer hohen Abschreibungsrate verbunden, was bedeutet, dass das einmal erworbene Wissen im Verhältnis zu den Kosten des Erwerbs und dem künftigen Nutzen, der aus diesem Wissen gezogen werden kann, wertlos geworden ist. Darüber hinaus kann zumindest bei einigen Formen von Wissen der geschützte Charakter dieses Wissens, nicht anders als bei einem berühmten Gemälde, von anderen leicht identifiziert werden und ist daher nur für den rechtmäßigen Eigentümer wertlos. Die Erfordernisse, die den Diebstahl von Wissen erschweren, schützen es auch vor unrechtmäßiger Verbreitung, da es für den Dieb schwierig sein kann, die erforderliche Kompetenz nachzuweisen, um eine glaubwürdige Garantie für die Wirksamkeit und Echtheit des Wissens zu geben. Schließlich hängt der Wert des Wissens mit seiner Knappheit zusammen. Jegliche Verbreitung oder Vorwegnahme der Verbreitung von Wissen kann seinen Wert mindern und somit den Anreiz, sich dieses Wissen anzueignen, verringern. Eine solche Wertminderung von Wissen tritt mit größerer Wahrscheinlichkeit bei Akteuren auf, die auf demselben Markt oder in demselben Kontext miteinander konkurrieren. Man kann den Wertverlust von Wissen beschleunigen, wenn man danach handelt und andere dazu ermutigt, dies auch zu tun. Kurz gesagt, eine hohe Entwertungsrate bedeutet, dass „zu dem Zeitpunkt, zu dem jemand die Information stiehlt, sie wertlos ist, was wiederum bedeutet, dass es keinen Anreiz gibt, sie zu stehlen" (Kitch 1980: 714).

Die Summe der aufgezählten Anforderungen läuft auf *selbstschützende* Eigenschaften des Wissens hinaus, was darauf hindeutet, dass das Wissen in ein „Netzwerk" kultureller und struktureller Eigenschaften eingebettet ist, z. B. in ein wissenschaftliches Labor, die die Leichtigkeit seiner Mobilität und Migration beeinflussen. Die Vorstellung, dass Wissen sich selbst schützt oder auf eine Weise „gewartet" oder geschützt werden kann, die das Reisen zwangsläufig erschwert (z. B. die Vermeidung seiner Organisation in schriftlicher Form), hat Auswirkungen auf das Projekt der Formulierung von Wissenspolitiken selbst. Wenn die Existenz signifikanter selbstschützender Merkmale des Wissens zwingend nachgewiesen werden kann, dann müsste keine restriktive Wissenspolitik betrieben werden, da eine mehr oder weniger unbelastete Verbreitung des Wissens unwahrscheinlich ist. Allerdings mehren sich vor allem in den Entwicklungsländern die Stimmen, die das Bestreben westlicher kommerzieller Interessen, sich (traditionelles) öffentliches Wissen für private Zwecke anzueignen, als eine Form des Diebstahls dieses Wissens ansehen, was natürlich der Vorstellung widerspricht, dass Wissen nicht gestohlen und nicht einfach privatisiert werden kann. Vandana Shiva (2001: 284–285) zum Beispiel definiert „Biopiraterie" als „basierend auf einem falschen Anspruch auf Kreativität. Sie beinhaltet die Aneignung der kumulativen, kollektiven Kreativität traditioneller Gesellschaften und projiziert den Diebstahl als 'Innovation'". Die Aneignung und Übersetzung von öffentlichem Wissen in traditionellen Gesellschaften in Formen von durch Patente geschütztem Wissen signalisiert, dass Wissen – auch wenn es in diesem Fall durch die Behandlung als eine Form von indigenem oder sogar unsichtbarem Wissen abgewertet wird – sich bewegen kann, in andere soziale Kontexte transportiert werden kann, während der ursprüngliche Kontext nicht in der Lage ist, seine Migration zu schützen.

In einer Veröffentlichung des *Internationalen Währungsfonds* (IWF) wird kühn auf die Leichtigkeit verwiesen, mit der sich Wissen heute dank des Internets verbreiten lässt: „Mit der Globalisierung und den Fortschritten in der Informationstechnologie hat sich jedoch das Potenzial, Wissen schneller und weiter zu verbreiten, dramatisch erhöht, was den Schwellenländern größere Möglichkeiten eröffnet, von anderen, technologisch fortgeschrittenen Ländern zu lernen und ihre eigene Innovationskapazität aufzubauen" (Engster et al. 2018:52). Ob dies der Fall ist, soll im nächsten Abschnitt thematisiert werden. Zunächst wird die theoretische Frage nach globalen Wissenswelten erörtert; zweitens: Was ist die empirische Evidenz?

Globale Welten des Wissens

> Was allen gemeinsam ist, kann nur der Besitz des am wenigsten Besitzenden sein.
>
> Georg Simmel (1990:44)

Inwieweit ist, kann – und sollte vielleicht sogar – Wissen generell auf der ganzen Welt zugänglich sein? Ist globales Wissen, wie Georg Simmel sagt, bestenfalls das Minimum an global geteiltem Wissen? Ist Wissen ein öffentliches Gut, dessen Chancen zum Beispiel im Bereich der Gesundheitsversorgung *gerecht* und global genutzt werden können? Wenn das Wissen der Wissensgesellschaft tatsächlich universell ist, bedeutet das natürlich, dass „das Wissen in seiner Substanz von Ort und Zeit abstrahiert ist. Wissen unterscheidet sich somit von anderen Arten von Bedeutung, die sehr eng begrenzt sein können" (Frank und Meyer 2020:134). Daraus folgt die Behauptung, dass sich Wissen buchstäblich aufdrängt, unabhängig von jedem sozialen Kontext realisiert wird oder eine kontextunabhängige Form des kommunikativen Austauschs ermöglicht.

Die vielleicht schwache ökonomische Implikation einer perfekten Wissensmobilität wäre ein allmählicher, aber hartnäckiger Trend zur vollständigen Gleichheit der Wissenskapazitäten und des Humankapitals zwischen den Ländern. Wie Thomas Piketty (2014:70) zu Recht anmerkt, „keine kleine Annahme". Die Möglichkeit eines globalen Wissens impliziert, dass der wichtigste Mechanismus für Konvergenz auf internationaler wie auf nationaler Ebene die Verbreitung von Wissen ist. Mit anderen Worten, die Armen holen die Reichen in dem Maße ein, indem sie das gleiche Niveau an technologischem Know-how, Fähigkeiten und Bildung erreichen, und nicht dadurch, dass die erfolgreiche Konvergenz des Wissens zwar in Form eines Gedankenexperiments realisiert wird, in der Realität aber nicht mehr oder weniger automatisch über alle sozialen, wirtschaftlichen, rechtlichen und politischen Hürden hinweg erfolgt. Kurzum, die These vom globalen Wissen ist mit Vorsicht zu genießen.

Die Wissensinfrastruktur, im engeren Sinne der wissenschaftlichen Infrastruktur, ist stark verzerrt: Englisch dominiert in der wissenschaftlichen Gemeinschaft. Für nur etwa fünf Prozent der Weltbevölkerung oder 380 Mio. ist Englisch die erste Sprache und für weitere geschätzte 750 Mio. die zweite Sprache. Bestenfalls ein Viertel der Weltbevölkerung ist des Englischen mächtig. Dennoch verwenden fast siebzig Prozent aller wissenschaftlichen Zeitschriften Englisch als Sprache. Bei den hoch bewerteten Zeitschriften, die im *Science (SCIE)* oder *Social Science Citation* (SSCI) Index erfasst sind, liegt der Prozentsatz, der Englisch verwendet, bei fast neunzig Prozent (Marginson und XU 1921:11). Eine weitere Möglichkeit, das stark asymmetrische Sprachmuster in der Welt zu dokumentieren, besteht darin, auf die überproportionalen Übersetzungen aus dem Englischen in andere Sprachen zu verweisen. Nach den von der UNESCO zusammengestellten Informationen erfolgt die Hälfte aller Übersetzungen aus dem Englischen in andere Sprachen. Die Klage vieler Wissenschaftler in Ländern, in denen Englisch nicht die vorherrschende Sprache ist, dass ihre Arbeit tendenziell nicht beachtet wird, wenn sie nicht auf Englisch erscheint, ist berechtigt.

Die Schlussfolgerung einer globalen Laissez-faire-Welt des Wissens steht natürlich in diametralem Gegensatz zu der Feststellung, dass Wissen stillschweigend und klebrig ist und dass solches Wissen die Quelle des Wettbewerbsvorteils eines Unternehmens sein kann, weil es nicht zugänglich, kopierbar oder imitierbar ist. Wissen „wandert" nur ungern, weil es an den Wissenden gebunden ist. Wissen wird lokal produziert und bleibt lokal, ohne dass Anstrengungen unternommen werden, seine begrenzte Natur zu überwinden. Die Meinung, dass es anders sein sollte, wird vielleicht weitgehend durch die Leichtigkeit genährt, mit der Daten und Informationen angeblich zirkulieren. Nichtsdestotrotz verlässt das Wissen als nicht-konkurrierendes Gut aus offensichtlichen Gründen seinen Ursprung; der Produzent möchte, dass seine Schöpfung den Ort verlässt, und zwar nicht nur als „flüchtiges Wissen", sondern zuweilen als konkurrierende Ware.

Im folgenden Abschnitt werde ich skeptischer analysieren, welche Faktoren und Prozesse, die dem Wissen immanent oder nicht direkt zurechenbar sind, die Verbreitung von Wissen und seine Nutzung behindern und begrenzen, und die, wenn solche Grenzen die Verbreitung von Wissen in der Welt nicht einschränken, die weltweite Zugänglichkeit und Nutzung insbesondere von wissenschaftlichem Wissen zu fördern scheinen. Mit anderen Worten: Die Frage der globalen Welt des Wissens ist keineswegs mit der kühnen Behauptung erledigt, dass Wissen keine menschlichen Grenzen kennt. Konkret werde ich im nächsten Abschnitt die Frage nach der Rolle des „Walling-in" von Wissen oder der rechtlichen Kodierung von Wissen als eine der Schlüsselfragen im Zusammenhang mit der Entwicklung von Wissensgesellschaften zum Wissenskapitalismus und insbesondere zur Wissensökonomie aufgreifen.

Wie global ist das Wissen?

> Wissen ist wie Licht. Schwerelos und nicht greifbar, kann es leicht um die Welt reisen und das Leben der Menschen überall erhellen. Dennoch leben immer noch Milliarden von Menschen in der Dunkelheit der Armut – unnötigerweise.
>
> Weltbank (1999:1)

Das Zitat aus dem Bericht der Weltbank (1999:1) in ihrem Bericht „*Knowledge for Development*" mag als erste Antwort auf die Frage nach einer möglichen globalen Welt des *Wissens* dienen. In der Tat gibt es große Lücken und Hindernisse für die tatsächliche Verbreitung von Wissen in der Welt. Wissen bewegt sich nicht von selbst um den Globus. Arme Länder und arme Menschen, so der Weltbankbericht (1999:1), „unterscheiden sich von reichen Ländern nicht nur, weil sie weniger Kapital haben, sondern auch, weil sie über weniger Wissen verfügen. Die Schaffung von Wissen ist oft kostspielig, und deshalb wird ein Großteil davon in den Industrieländern geschaffen". Das Ausmaß der Wissenskluft mag sich in den letzten Jahrzehnten vergrößert haben, aber für die Weltbank scheinen diese Ungleichheiten „nur Probleme" darzustellen. Die ungleiche Verteilung des Wissens kann im Prinzip überwunden werden.

Doch wie der Wirtschaftswissenschaftler Kenneth Arrow feststellt (in Stiglitz und Greenwald, 2014:507; meine Hervorhebung), ist „Wissen zwar ein freies Gut. Die größten Kosten bei seiner Übertragung liegen nicht in der Produktion oder Verteilung von Wissen, sondern in seiner *Aneignung*". Wissen ist fähigkeitsabhängig, d. h. Wissen erfordert sowohl Fähigkeiten als auch die Beherrschung der Handlungsumstände für seinen effektiven Einsatz (vgl. Drahos 2004:331). Die Kosten für die Übertragung und den Empfang von Wissen „sind umso geringer, je größer die Ähnlichkeiten in der Erfahrung der übertragenden und der empfangenden Einheit sind; [...] je einfacher es ist, Technologie in kodifizierter Form zu übertragen, z. B. in Form von Blaupausen, Formeln oder Computersprachen [...] Die Übertragung von Wissen kann unmöglich sein, wenn es keine Übertragung von Menschen gibt" (Teece 1981:83–86). Die Annahme, dass die Grenzkosten für die Übertragung, Vervielfältigung und Nutzung einer zusätzlichen „Einheit" von Wissen gleich Null sind, ist falsch.

Die Bewegung von Wissen ist in soziale Beziehungen eingebettet, die die Bewegung nicht nur beschleunigen, sondern auch die Übertragung von Wissen behindern können.[4] Anders ausgedrückt: Wissen ist weniger transportabel

---

[4] Soziale Beziehungen, Eigenschaften und Fähigkeiten, die beispielsweise bei der Produktion von Gütern mobilisiert werden, können nur in begrenztem Umfang in ein anderes Land importiert werden, da diese Fähigkeiten wie Eigentumsrechte, Regulierung, Infrastruktur

als materielle Güter. Georg Simmels nüchterne Feststellung über die minimale Gemeinsamkeit menschlicher Eigenschaften über Kollektive hinweg verweist dagegen auf eine Art Randgesetz seiner Verteilung, d. h. das letzte Individuum, das noch an einem bestimmten Wissen teilhat, bestimmt die gemeinsame Wissenswelt in einer Population. Nicht die Mitte oder der Durchschnitt, sondern die untere Grenze jeder „Teilhabe" bestimmt den Grad der Verbreitung des Wissens (auch Luckmann 1982:260–264).

Joel Mokyr (2019:103) weist jedoch darauf hin, dass „letztlich weniger wichtig ist, was der Einzelne weiß, sondern was die Gesellschaft als Ganzes weiß und tun kann. Selbst wenn nur sehr wenige Individuen in einer Gesellschaft die Quantenmechanik kennen, können die praktischen Früchte der Erkenntnisse dieses Wissens für die Technologie genauso verfügbar sein, wie wenn jeder in fortgeschrittener Physik unterrichtet worden wäre." Vor allem aus wirtschaftlicher Sicht sind die kollektiven Wissenskapazitäten für das Wohlergehen der Gesellschaft entscheidend.

Das wichtigste Problem für eine erfolgreiche Wissensmigration über Kontinente hinweg ist daher, wenn wir Kenneth Arrow folgen, neben den relevanten wirtschaftlichen Ressourcen das „Lernen" oder die Absorption/Aneignung von Wissen, das erreicht werden muss, damit Wissen weit verbreitet werden kann, weit weg von seinem Ursprung, und in der Lage ist, als Handlungsfähigkeit an weit entfernten Orten eingesetzt zu werden. Die Reproduktion von Wissen durch Lernen kann die wahrscheinliche unbeabsichtigte Folge einer Mutation (Innovation) einer Idee haben; allgemeiner ausgedrückt: „Empfangenes Wissen und übertragenes Wissen sind nie ganz gleich" (Mokyr 2019:96). Aber selbst die Einschränkungen, die Arrow als Hindernis für die einfache Entstehung globaler Wissenswelten anerkennt und die auf die Notwendigkeit des Lernens und damit auf die Unkompliziertheit zurückzuführen sind, mit der Wissen global verbreitet werden kann, vernachlässigen kulturelle, wirtschaftliche und politische Faktoren, die Teil der Zirkulation und des Austauschs von Wissen über Grenzen hinweg sind. Unter sonst gleichen Bedingungen unterscheiden sich der Prozess und die Kosten der Generierung einer Idee von dem Prozess und den Kosten der Reproduktion einer Idee (z. B. Forschung vs. Lehre). Selbst wenn es keine rechtlichen

---

oder spezifische Arbeitskräfte nicht länderübergreifend verfügbar sind: Daraus folgt, dass „die Produktivität eines Landes in der Vielfalt seiner verfügbaren nicht handelbaren 'Fähigkeiten' liegt und daher länderübergreifende Einkommensunterschiede durch Unterschiede in der wirtschaftlichen Komplexität, gemessen an der Vielfalt der in einem Land vorhandenen Fähigkeiten und deren Wechselwirkungen, erklärt werden können" (Hidalgo und Hausmann 2009:10570).

Beschränkungen gibt, ist die Verbreitung und Übernahme von Wissen, nicht unbedingt von allem Wissen, kostspielig und zeitaufwendig. Globales Wissen ist ein Haus, an dem ständig gebaut wird.

Die Idee und das strittige Thema eines globalen Wissens steht in einer engen Affinität zu dem von Friedrich Hayek problematisierten „Wissensproblem" bzw. der Wissensteilung *(knowledge division)*.[5] Das Wissensproblem steht gleichzeitig für eine radikale Neuorientierung der ökonomischen Theorie: Von einem System der Allokation zu einem System der Kommunikation.[6] Das sogenannte *Wissensproblem* gibt zumindest teilweise eine Antwort auf die Frage, wie dies möglich wurde.

Das Wissensproblem

Das „Wissensproblem" steht in engem Zusammenhang mit Friedrich Hayeks (1937) Diskussion über die Bedeutung des Wissens für das wirtschaftliche Handeln:

> Die Wirtschaftswissenschaft hat lange Zeit die ‚Arbeitsteilung' betont ... Aber sie hat viel weniger Wert auf die Zersplitterung des Wissens gelegt, auf die Tatsache, dass jedes Mitglied der Gesellschaft nur über einen kleinen Teil des Wissens verfügen kann, das alle besitzen, und dass jeder daher die meisten Fakten, auf denen das Funktionieren der Gesellschaft beruht, nicht kennt. Dennoch ist es die Nutzung von viel mehr Wissen, als jeder besitzen kann, ... die das Unterscheidungsmerkmal aller Hochkulturen darstellt (Hayek 1973:14).

In seinem Aufsatz von 1937, der die Präsidentschaftsrede vor dem Londoner Economic Club am 10. November 1936 darstellt, und in der darauffolgenden Schrift (Hayek 1945) über „Die Verwendung des Wissens in der Gesellschaft" beschreibt Hayek, was das Wesen des wirtschaftlichen Problems der Gesellschaft ist: was

---

[5] Philip Mirowski (2009:107) bezeichnet Friedrich Hayek in zutreffender Weise als den „Unternehmer hinter der Gründung der Chicagoer Schule ... [und] die intellektuelle Inspiration hinter der kognitiven Revolution in der amerikanischen neoklassischen Wirtschaftswissenschaft."

[6] Vgl. Lionel Robbins (1932) klassische Definition der Ökonomie als „Allokation knapper Mittel für vorgegebene Zwecke." In einem 2004 veröffentlichen Interview (Colander et al. 2004:292), unterstreicht Kenneth Arrow „Ich denke, einer der größten Unterschiede [in der Ökonomie] zwischen 1950 und 2000 besteht darin, dass die Rolle von Wissen und Information und das Theoretisieren über Wissen und Information heute eine viel größere Rolle spielen."

das Wirtschaftliche am wirtschaftlichen Problem ist. Obwohl dies ein wichtiger Schritt in Richtung einer Lösung der Frage des wirtschaftlichen Problems ist, kann die Antwort nicht darin bestehen, auf ein *logisches* Problem und das Kalkül zu verweisen, das die Ökonomen zur Lösung dieses logischen Problems entwickelt haben.

Die logische Frage des wirtschaftlichen Problems oder die Theorie des statischen Gleichgewichts lässt sich am besten so beschreiben, dass die Modelle, mit denen die Wirtschaftswissenschaftler arbeiten, davon ausgehen, dass alle relevanten Faktoren, die das wirtschaftliche Problem ausmachen, *vollständig transparent sind*, z. B. Informationen über die Präferenzen aller Wirtschaftsakteure. Daraus würde folgen, dass die wirtschaftliche Entscheidung, die der Einzelne trifft, eine logische Entscheidung ist. Der Grund für unsere Unfähigkeit, praktische wirtschaftliche Probleme in der Gesellschaft auf einer solchen Grundlage anzugehen, liegt darin, „dass die ‚Daten', von denen das ökonomische Kalkül ausgeht, niemals für die gesamte Gesellschaft einem einzigen Verstand ‚gegeben' sind, der die Implikationen herausarbeiten könnte, und niemals so gegeben sein können" (Hayek 1945:519).

Das gesamte Spektrum an empirischem Wissen und Informationen (Hayek fasst die Begriffe zusammen), das man benötigt, um effektiv zu befehlen, ist nicht nur weit verstreut, sondern auch widersprüchlich, unvollständig und im Besitz vieler verschiedener Personen. Das ökonomische Problem des Modellierers lässt sich daher am besten als „die Nutzung von Wissen, das niemandem in seiner Gesamtheit gegeben ist" (Hayek 1945:520) beschreiben. Die Tatsache der weiten Streuung unterschiedlichen Wissens[7] wirft die Frage auf, wie es den real existierenden wirtschaftlichen und politischen Akteuren, die jeweils nur über begrenztes Wissen verfügen, überhaupt gelingt, einen „rationalen" wirtschaftlichen *Austausch* und eine rationale Politik zu betreiben.

---

[7] Das Wissen, das Hayek (1945:524) im Zusammenhang mit dem Wissensproblem im Sinn hat und das eine schnelle Anpassung an rasch veränderte Handlungsbedingungen gewährleistet, ist nicht die Art von Wissen, die „in die Statistik eingehen kann und daher keiner zentralen Behörde in statistischer Form übermittelt werden kann. Die Statistiken, die eine solche zentrale Behörde verwenden müsste, müssten genau dadurch gewonnen werden, dass von den geringfügigen Unterschieden zwischen den Dingen abstrahiert wird, indem Gegenstände, die sich in Bezug auf Ort, Qualität und andere Einzelheiten in einer Weise unterscheiden, die für die spezifische Entscheidung sehr bedeutsam sein kann, als Ressourcen einer Art zusammengefasst werden. Daraus folgt, dass eine zentrale Planung, die sich auf statistische Informationen stützt, naturgemäß diese zeitlichen und örtlichen Umstände nicht direkt berücksichtigen kann, und dass der zentrale Planer irgendeinen Weg finden muss, um die davon abhängigen Entscheidungen dem 'Mann vor Ort' zu überlassen." Dezentralisierung ist die Antwort.

Hayek kritisiert, dass die neueren (zumindest zu jenem Zeitpunkt) Beiträge der zeitgenössischen Ökonomen zur ökonomischen Theorie sowie insbesondere der umfangreiche Einsatz von Mathematik das Problem eher vernebelt als geklärt haben. Hayek (1945:529) gibt eine Antwort auf die Frage, woher das von ihm identifizierte theoretische Defizit überhaupt stammt: Das „Missverständnis [...] beruht auf einer irrtümlichen Übertragung der Denkgewohnheiten, die wir im Umgang mit den Naturerscheinungen entwickelt haben, auf soziale Phänomene."

Das Wissensproblem ist jedoch keineswegs nur eine erkenntnistheoretische, methodologische und theoretische Frage. Es ist auch eine rationale, moralische und politische Frage, denn wie kann man das weit verstreute Wissen (Wissensteilung) der Wirtschaftsakteure am effizientesten „planen"? Dies ist eine Kernfrage der Wirtschaftspolitik: Nichts ist gelöst, „wenn wir davon ausgehen, dass jeder alles weiß, und dass das eigentliche Problem vielmehr darin besteht, wie erreicht werden kann, dass so viel (wie möglich) von dem vorhandenen Wissen genutzt wird" (Hayek 1948:95).

Joseph Stiglitz (2017:11) schließt sich Hayeks Beobachtung an: „Eine der wichtigsten Erkenntnisse der Informationsökonomie ist, dass in Ermangelung guter Informationen der Wettbewerb typischerweise unvollkommen ist; und bei unvollkommenem Wettbewerb besteht die Möglichkeit (Wahrscheinlichkeit), dass Unternehmen ihre Marktmacht ausnutzen und bei unvollkommenen und kostspieligen Informationen Maßnahmen ergreifen, die ihre Marktmacht verstärken." Patentgesetze verkörpern einen hohen Preis für das „kostenlose Geschenk des Wissens" und stehen somit eindeutig im Widerspruch zu Hayeks wirtschaftspolitischen Ansichten: „Die Tatsache, dass die Menschen des Westens heute im Wohlstand soweit vor den anderen liegen, ist zwar zum Teil die Folge einer größeren Kapitalakkumulation, ist aber hauptsächlich das Ergebnis ihrer effektiveren Nutzung von Wissen ... Und das kostenlose Geschenk des Wissens, das die wirtschaftlich Führenden viel gekostet hat zu erreichen, ermöglicht es den Nachfolgenden, dasselbe Niveau zu viel geringeren Kosten zu erreichen" (Hayek 1960:46–47).

Hayeks Antwort auf das Kerndilemma der Wirtschaftspolitik ist ein konservativer Gegenangriff auf die Bestrebungen zur *Politisierung* der Wirtschaft. In dieser Hinsicht widersprach Friedrich Hayek John Maynard Keynes, Joseph Schumpeter[8] sowie Ludwig von Mises in ihrer Toleranz für staatliche Eingriffe in den

---

[8] Joseph Schumpeter ist einer der herausragenden modernen Ökonomen, der sich zwar nicht intensiv mit der speziellen Rolle von Patenten beschäftigte (vgl. Guichardaz und Pénin 2019), Monopole allerdings als wesentlich für das wirtschaftliche Wachstum verteidigt. Ein starkes Patentsystem wäre für das Wirtschaftswachstum eine nützliche Ergänzung, argumentiert er, vor allem in Industriezweigen, die »neuen Dingen und Methoden« ausgesetzt sind

Markt. Wirtschaftspolitik dürfe nicht auf der irrigen Annahme beruhen, dass „wir das Wissen und die Macht besitzen, die uns befähigen, die gesellschaftlichen Prozesse ganz nach unserem Geschmack zu gestalten, ein Wissen, das wir in Wirklichkeit nicht besitzen und das uns wahrscheinlich viel Schaden zufügen wird" (Hayek 1989). Eine zentrale Wirtschaftsplanung durch staatliche Behörden kann nur auf einen schweren Irrtum hinauslaufen. Der *Wettbewerbsmarkt ist der* Regisseur, der *Preis ist* die Substanz der Kommunikation und dient dazu, das begrenzte Wissen der getrennten und verstreuten Individuen zu koordinieren. Es ist daher erstaunlich, wie wenig der einzelne Akteur wissen muss, um die richtige Entscheidung treffen zu können. Die Kenntnis des Marktkontextes erstreckt sich auch auf viele relevante Merkmale wie rechtliche Fragen, die Größe und geografische Ausdehnung des Marktes, Umweltvorschriften, innovative Entwicklungen, Präferenzen anderer Marktteilnehmer, künftige Preisbewegungen usw.

Dabei bleibt jedoch die Frage unbeantwortet, welche Informationen der Markt genau transportiert. Das große Defizit der Informationen, die Märkte über den Preis von Dienstleistungen und Gütern vermitteln, schließt die sozialen, ethischen, politischen und ökologischen Externalitäten aus, die wirtschaftliche Interaktionen erzeugen. Angesichts dieser Defizite in den von den Märkten produzierten Preisinformationen ist es für alle Wirtschaftsakteure schwierig, z. B. im Hinblick auf ethisches oder nachhaltiges Verhalten an Boden zu gewinnen. Friedrich Hayek (1945:521) lässt daher auch wenig Raum für die Hoffnung auf universelle oder globale Wissenswelten: „Praktisch jedes Individuum hat einen gewissen Vorteil gegenüber allen anderen, indem es über einzigartige Informationen verfügt, die es vorteilhaft nutzen kann, die aber nur dann genutzt werden können, wenn

---

(die Belohnungstheorie). Schumpeters zentrale Prämisse in seiner Verteidigung der rechtlichen Eingrenzung des Wissens verweist auf ein Motiv, das zumindest in einer kapitalistischen Wirtschaftsordnung völlig legitim ist, und zwar die Erwartung und/oder Realisierung eines Gewinns als Belohnung für die Investition von Finanzmitteln in einen bestimmten zukunftsorientierten Prozess. Darüber tragen, etwas hypothetischer formuliert, monopolistische Praktiken „im ewigen Sturm der schöpferischen Zerstörung" als Ergänzung der Unternehmertätigkeit „viel zur Beruhigung und zur Erleichterung zeitweiliger Schwierigkeiten" bei (Schumpeter 1993:144). Eduard Heimann (1963:155) hebt Schumpeter ergänzend hervor, „der kurzfristige Mindestgrad von Sicherheit, den das Monopol bietet, [ist] die unerlässliche Bedingung dafür, dass solche riesigen und gewagten Investitionen überhaupt unternommen werden […] Die Alternative zum Monopol ist keineswegs Konkurrenz, es ist Nicht-Investition." In anderen Worten, es gibt kapitale ökonomische Anreize, intellektuelle Eigentumsrech- te zu institutionalisieren. Joseph Stiglitz und Bruce Greenwald (2014:431–432) zum Beispiel widersprechen der These Heimanns und Schumpeters grundsätzlich und betonen: „Starke Regelungen zum Schutz des geistigen Eigentums führen möglicherweise nicht zu einem höheren Lebensstandard … sie führen möglicherweise nicht zu mehr Innovation … die Innovation, die stattfindet, ist möglicherweise nicht zielgerichtet."

die davon abhängigen Entscheidungen ihm überlassen bleiben oder unter seiner aktiven Mitarbeit getroffen werden."

Ungeachtet dessen, was der Begriff Wissensgesellschaft im alltäglichen Diskurs darstellen mag, ist Wissen in Wissensgesellschaften, wie Hayeks Diskussion des Wissensproblems signalisiert, nicht nur auf individueller und kollektiver Ebene befähigend, sondern auch fragil, unvollkommen, prekär, in der Entwicklung begriffen und wird oft zu seinem deutlichen Nachteil mit dem Begriff Information vermengt.

Wissen und Information

Im Zusammenhang mit der Untersuchung einiger wichtiger Eigenschaften des Wissens ist es unvermeidlich, die umstrittene Frage nach dem Verhältnis/der Unterscheidung zwischen Wissen und Information aufzugreifen. Bevor versucht wird, die Beziehungen zwischen Wissen und Information zu differenzieren und zu erforschen, muss zunächst die Frage geklärt werden, ob es in der heutigen Zeit, in der typischerweise auf der engen Verwandtschaft, wenn nicht gar Verschmelzung der beiden Phänomene bestanden wird, überhaupt möglich und sinnvoll ist, zwischen ihnen zu unterscheiden?

In Anbetracht der Tatsache, dass die Begriffe meist als Äquivalente verwendet werden, scheint es schwierig, wenn nicht gar unmöglich, eine Unterscheidung zwischen den beiden Begriffen aufrechtzuerhalten: Information als Wissen und Wissen als Information (zum Beispiel Hayek 1937; Faulkner 1994; Stewart 1997; Lyotard 1984; May 2000a:1; Knorr-Cetina 2010:172; Haskel und Westlake 2018:64; Stiglitz 2017:14).[9]

---

[9] Joseph Stiglitz (2017:14) bemerkt im Zusammenhang mit einer Analyse der „Informationsökonomie", dass „Wissen als eine besondere Form von Information betrachtet werden kann". Jonathan Haskel und Stian Westlake (2018:64) schlagen vor, dass Wissen „Verbindungen zwischen Informationsstücken (sic!) darstellt, die durch Beweise unterstützt werden, um ein kohärentes Verständnis zu bilden." Shoshana Zuboff (2021) behauptet, „aufgrund ihrer Überwachungsfähigkeiten [der Superstars der Tech-Industrie; siehe auch das folgende Kapitel] und um ihrer Überwachungsprofite willen haben die Imperien einen grundlegend antidemokratischen epistemischen Coup eingefädelt, *der durch eine* noch nie dagewesene *Konzentration von Wissen* über uns und die unkontrollierbare Macht *gekennzeichnet ist*, die mit diesem *Wissen* einhergeht" („The coup we are talking about", *New York Times*, 29. Januar 2021; Hervorhebung hinzugefügt). Wie ich darlegen werde, handelt es sich bei dem, was gesammelt wird, um Informationen und nicht um Wissen; dennoch können Informationen in ein profitables Unternehmen verwandelt werden. Wie Zuboff (2015:75) das Geschäftsmodell erklärt: „'Big Data' ist vor allem die grundlegende Komponente in einer zutiefst

In vielen Wörterbüchern und wissenschaftlichen Abhandlungen wird Information einfach als eine bestimmte Art von Wissen bezeichnet oder auf die scheinbare Leichtigkeit verwiesen, mit der Wissen in Information umgewandelt wird. Eine ähnliche Symmetrie zwischen Information und Wissen zeigt sich, wenn man Information als „Wissen, das reduziert und in Botschaften umgewandelt wird, die leicht unter den Entscheidungsträgern kommuniziert werden können" (Dasgupta und David 1994: 493), bezeichnet. In anderen Definitionen von Information und Wissen wird Information einfach als eine Unterart, als ein wesentliches Element oder das Rohmaterial einer Reihe von Wissensformen konzeptualisiert.

Ich möchte für die Notwendigkeit und den Nutzen einer klaren Unterscheidung plädieren. Eine solche Unterscheidung ist besonders wertvoll angesichts der Bedeutung von Wissen nicht nur für die moderne Wirtschaft, sondern auch für die Entstehung und den Fortbestand demokratischer Verhältnisse. Es kommt sowohl auf die politische Information als auch auf das politische Wissen an. Ich behaupte, dass die Substanz von Informationen in erster Linie die *Eigenschaften von Produkten oder Ergebnissen* (Attribute) betrifft, während der Stoff des Wissens sich auf die *Qualitäten von Prozessen oder Inputs* (Rezepte) bezieht.[10]

Die Trennung von Information und Wissen

Die Erörterung des Zusammenhangs zwischen Wissen und Information bietet die Gelegenheit, einige meiner Bemerkungen über die Rolle des Wissens in sozialen Angelegenheiten zusammenfassend zu wiederholen. Wissen, wie ich es definiert habe, stellt eine Handlungsfähigkeit dar. Wissen ist ein Modell für die Wirklichkeit. Wissen ermöglicht es einem Akteur, in Verbindung mit der Kontrolle über die kontingenten Umstände des Handelns, etwas in Bewegung zu setzen und die Wirklichkeit (neu) zu strukturieren. Wissen ermöglicht es einem Akteur oder mehreren Akteuren, ein Produkt oder ein anderes Ergebnis zu erzeugen. Wissen

---

absichtlichen und höchst konsequenten neuen Logik der Akkumulation [...] der Informationskapitalismus zielt darauf ab, menschliches Verhalten vorherzusagen und zu verändern, um Einnahmen und Marktkontrolle zu erzielen." Angesichts der unübersehbaren Macht und der neuen Kontrolle, die die großen Konzerne des Informationskapitalismus ausüben, ist es jedoch schwer vorstellbar, wie der Beobachter in der Lage ist, den mächtigen Schleier der Konzerne zu durchbrechen und auf eine Meta-Ebene der Analyse zu gelangen.

[10] Wie Max Weber (1989:139; meine Hervorhebung) in seiner Vorlesung „Wissenschaft als Beruf" betont, bedeutet die Entzauberung der Welt nicht, dass wir eine Vorstellung davon haben müssen, wenn wir z. B. mit der Straßenbahn fahren, „wie sich der Wagen in Bewegung gesetzt hat. Und er muss *es auch* nicht *wissen.*"

ist ambivalent, offen und kaum blind für die spezifische Bedeutung, die Wissensansprüche enthalten. Aber Wissen ist nur eine notwendige, nicht aber eine hinreichende Handlungsfähigkeit. Wie bereits angedeutet, müssen die Umstände, unter denen eine solche Handlung stattfinden soll, der Kontrolle des Akteurs unterliegen, um etwas in Bewegung zu setzen oder ein Produkt zu erzeugen. Das Wissen, einen schweren Gegenstand von einem Ort zum anderen zu bringen, reicht nicht aus, um die Bewegung zu vollziehen. Um den Transfer durchzuführen, muss man die Kontrolle über ein Transportmittel haben, mit dem man zum Beispiel schwere Gegenstände bewegen kann. Der Wert, der dem Wissen innewohnt, ist jedoch insofern relational, als er mit seiner Fähigkeit verbunden ist, etwas in Bewegung zu setzen. Wissen erfordert jedoch immer eine gewisse Interpretationsfähigkeit und die Beherrschung der situativen Gegebenheiten. Mit anderen Worten: Wissen – sein Erwerb (siehe Carley 1986), seine Verbreitung und seine Umsetzung – erfordert einen aktiven Akteur, einen Wissenden, der „eine bestimmte Geschichte, einen sozialen Standort und einen bestimmten Standpunkt hat" (Oyama 2000:147). Wissen beinhaltet eher eine Aneignung und Transaktion als bloßen Konsum oder Assimilation. Es erfordert, dass etwas in einem Kontext getan wird, der über die Situation, in der die Aktivität stattfindet, hinaus relevant ist. Wissen ist Verhalten. Mit anderen Worten: *Wissen* ist (kognitives und kollektives) *Tun* und die aktive Bewältigung durch mehrere Akteure.

Im Gegensatz dazu ist die Funktion der Information meiner Ansicht nach sowohl eingeschränkter als auch allgemeiner. Information ist etwas, das Akteure haben und bekommen. Sie kann auf das „Aufnehmen von etwas" reduziert werden, als etwas, dessen Funktion es ist, etwas *zu bedeuten*. Information kann in quantifizierbare Formen verdichtet werden. Es ist daher möglich und sinnvoll, zu dem Schluss zu kommen, dass jemand mehr Informationen hat als eine andere Person. Viel schwieriger und umstrittener ist die Feststellung, dass jemand über mehr Wissen verfügt als eine andere Person.

In ihrer komprimierten Form können Informationen leichter migriert werden. Informationen erfordern zwar anspruchsvolle kognitive Fähigkeiten, stellen aber weniger intellektuelle Anforderungen an die potenziellen Nutzer. Informationen sind unmittelbar produktiv, aber nicht unbedingt politisch neutral (Burke 2000: 116–148). Dies gilt beispielsweise für eine Landkarte, einen Fahrplan, juristische Unterlagen, Tabellen, Bibliographien, einen Volkszählungsfragebogen, ein Verzeichnis usw. Informationen sind gleichbedeutend mit einem *Dokument* (vgl. Buckland 2017:22–27).

In vielen Fällen ist es nicht notwendig, die Bedingungen für ihre Umsetzung zu beherrschen, wie es bei Wissen als Handlungsfähigkeit der Fall ist. Informationen sind allgemeiner. Informationen sind nicht so rar wie Wissen. Sie sind viel autarker. Informationen werden mit weniger kontextabhängigen Einschränkungen weitergegeben und übertragen. Informationen sind abtrennbar. Informationen können von ihrer Bedeutung losgelöst werden. Sie sind tendenziell diskreter als Wissen. Darüber hinaus sind der Zugang zu und der Nutzen von Informationen nicht nur (oder nicht so unmittelbar) auf den oder die Akteure beschränkt, die in den Besitz von Informationen gelangen. Information ist nicht so situiert wie Wissen.

Informationen können im Vergleich zu Wissen im Laufe der Zeit einen sehr hohen Wertverlust erleiden. Die Information, dass die Aktie X ein guter Kauf ist, verliert schnell ihren Wert. Die Information über den Wert des Kaufs der Aktie verliert schnell an Wert, und zwar nicht nur aufgrund ihrer weiten Verbreitung und der Möglichkeit, dass viele den Rat befolgen werden. Mit anderen Worten: Der Grenznutzen der Information kann schnell erreicht werden. Wenn man jedoch sicherstellen will, dass die Information schnell an Wert verliert, sollte man handeln und andere dazu ermutigen, entsprechend der Information zu handeln. Wenn man zum Beispiel über einen Aktienkurs informiert ist, der fallen könnte, wird das Befolgen der Information wahrscheinlich dazu führen, dass der Kurs noch weiter fällt, was natürlich davon abhängt, in welchem Umfang die Aktien verkauft werden.

Die Nutzung von Wissen kann aber auch sehr eingeschränkt und in ihrem Nutzwert begrenzt sein, denn Wissen allein ermöglicht es einem Akteur nicht, etwas in Bewegung zu setzen. Information kann ein Schritt zum Erwerb von Wissen sein. Der Erwerb von Wissen ist problematischer. Im Allgemeinen ist ein einfaches und recht geradliniges Kommunikationsmodell geeignet, um die „Verbreitung" oder den Transfer von Informationen nachzuvollziehen. Ob es überhaupt möglich ist, von einem Wissenstransfer zu sprechen, ist zweifelhaft. Der „Transfer" von Wissen ist Teil eines Lern- und Entdeckungsprozesses, der sich nicht unbedingt auf das individuelle Lernen beschränkt. Wissen ist keine verlässliche „Ware". Es neigt dazu, zerbrechlich und anspruchsvoll zu sein, und birgt Unsicherheiten und Ungewissheiten in sich.

Gute Beispiele für Informationen sind Preiswerbung und andere Marktinformationen, wie die Verfügbarkeit von Produkten (Signalfunktion). Solche Informationen sind leicht zu beschaffen, unproblematisch, oft robust und können durchaus nützlich sein. Im Kontext der modernen Wirtschaft sind sie sehr allgemein und weithin verfügbar, aber die Konsequenzen, die sich aus dem Vorhandensein solcher Informationen ergeben, sind minimal. Aus der Sicht eines Verbrauchers können Preisinformationen in Verbindung mit Kenntnissen über die Funktionsweise des Marktes eine Möglichkeit darstellen, gewisse Einsparungen zu erzielen. Informationen über Preise ermöglichen jedoch keine Erkenntnisse über die Vor- und Nachteile verschiedener Wirtschaftssysteme, in denen solche Preise entstehen. Eine vergleichende Analyse verschiedener Wirtschaftssysteme und der Vorteile, die sie für verschiedene Gruppen von Akteuren haben können, erfordert spezielle wirtschaftliche Kenntnisse.

Im Gegensatz zur Sprache hat die Information Eigenschaften, vor allem auf der Angebotsseite, die dafür sorgen, dass sie ein öffentliches oder freies Gut darstellt, jedenfalls in höherem Maße als dies bei Wissen der Fall ist. Sie ermöglicht nicht, dass ein Akteur ein Produkt erzeugt. Informationen spiegeln lediglich die Eigenschaften von Produkten wider, von denen sie abstrahiert sind und werden können. Im wirtschaftlichen Kontext, genauer gesagt im Kontext der Marktbeziehungen, betreffen Informationen die Eigenschaften der Waren oder Dienstleistungen, die gehandelt werden (siehe auch Stiglitz 2000: 1447). Die Informationen, die für den Verbraucher oder Produzenten von Interesse sind, beschränken sich natürlich keineswegs auf den Preis eines Produkts oder einer Dienstleistung. Das Interesse auf der Nachfrageseite der Transaktion erstreckt sich auf viele Merkmale der Ware sowie auf das (oft verborgene) Verhalten des bezahlten Artikels.

Wie ich zu Beginn dieses Kapitels angedeutet habe, bezieht sich Wissen auf Attribute des *Prozesses* oder des *Inputs* und spezifiziert diese, während sich Informationen auf Attribute des *Produkts* oder des *Outputs* (Zustand) beziehen. Mit anderen Worten: Informationen sind sowohl Input als auch Output, während Wissen nur oder hauptsächlich als Input-Element im Produktionsprozess zu finden ist. Es dürfte nun klarer sein, warum ich Wissen und Information auf diese Weise unterscheide. Wie Charles Lindblom (1995: 686) in Bezug auf die Eigenschaften von Waren und Dienstleistungen und die Entscheidungen, die Verbraucher über Waren und Dienstleistungen treffen, erklärt: In vielen Fällen hat man auf dem Markt keine Kontrolle darüber, „wie und wo der Kühlschrank hergestellt wurde, ob die Arbeitskräfte gut behandelt wurden, ob der Prozess schädliche Abfälle produziert hat und dergleichen mehr". Der Verbraucher wird in der Regel über den Preis des Kühlschranks, die Energieeffizienz, die Lebenserwartung, die Garantie, die Farben, das Fassungsvermögen, die Größe und so weiter informiert. Keine der Informationen über den Kühlschrank, die in der Regel auf die eine oder andere Weise auf dem Markt angeboten werden, ermöglichen es, etwas über den Bau des Kühlschranks zu erfahren, geschweige denn, ihn selbst zu bauen.

Die Wissenskriege 5

Im Zusammenhang mit der Diskussion im vorangegangenen Kapitel über die Wissenschaft des Wissens war die Reise des Wissens, unter Verwendung eines fast neutralen Begriffs, größtenteils eine friedliche Angelegenheit, eine Angelegenheit, die als höchst wünschenswert angesehen wird, ein Thema, das weithin gefördert und stark unterstützt werden sollte. Dabei wird stillschweigend davon ausgegangen, dass eine weite, wenn nicht gar globale Verbreitung von Wissen letztlich der bevorzugte Modus für die Verteilung von Wissen ist und ein Zeichen für eine menschliche Welt mit gleichen Chancen auf ein gutes Leben wäre, das eng mit einem ungehinderten Zugang zur Ressource Wissen zusammenhängt. Geht man weiter davon aus, dass alle Hürden, die der Verbreitung von Wissen im Wege stehen, nicht nur beseitigt werden müssen, sondern im Prinzip auch beseitigt werden können.

Im Gegensatz zu diesem ruhigen Bild des Wissens ist nicht nur die Wissenszirkulation, sondern auch das Wissen selbst tendenziell stratifiziert und umstritten. Schließlich gibt es Handlungsfähigkeiten, die mächtiger oder profitabler sind als andere Fähigkeiten. Es gibt Wissensdiebstahl, Partikularismus, Wissensansprüche, Ablehnung von Wissensansprüchen und Gegenansprüche. Soziale Bewegungen entstehen und mobilisieren die Anfechtung von Wissensansprüchen. Dies führt zuweilen zu ziemlich spaltenden und erbitterten Kämpfen, die im Mittelpunkt des Kapitels über „Wissenskriege" stehen.

Wissen als Eigentum

> Die allgemeine Rechtsregel lautet, dass die edelsten menschlichen Erzeugnisse - Wissen, ermittelte Wahrheiten, Vorstellungen und Ideen - nach freiwilliger Weitergabe an andere frei wie die Luft zum allgemeinen Gebrauch werden
>
> U.S. Supreme Court Justice Louis Brandeis (1918; zitiert in Boyle 2002:15).

Anfang des vergangenen Jahrhunderts waren geistige Eigentumsrechte, wie Brandeis noch betonen und fordern konnte, die Ausnahme, gegenwärtig sind sie schon fast die Regel. Die Bedeutung des Privateigentums für moderne Gesellschaften kann insgesamt kaum überschätzt werden. Jean-Jacque Rousseau hat in einem Aufsatz zum Thema „Die Ursprünge der Ungleichheit unter den Menschen und ob sie durch das Naturrecht legitimiert ist" die grundsätzliche These aufgestellt, dass es nicht viel Sinn macht zu untersuchen, ob es nicht einen wesentlichen Zusammenhang zwischen den beiden Ungleichheiten (der natürlichen und der sozialen) gibt:

> Vielweniger kann man zu wissen verlangen, ob diese beyden Ungleichheiten wesentlich verknüpfet sind; dieses ware nichts anders, als mit veranderten Worten gefragt, ob einer der befiehlet, nothwendig besser seyn müsse, als einer, der ihm Gehorsam leistet? ob Leibesstarke und Seelenkrafte, ob Tugend und Weißheit allezeit mit Macht und Reichthume bey einander anzutreffen waren? Dergleichen Fragen mochten vielleicht gut seyn, von Sclaven, in Gegenwart ihrer Herren, abgehandelt zu werden: Aber freyen und verniinftigen Menschen, die sich urn die Warheit bekiimmern, geziemen sie nicht" (Rousseau 2000:98).

Da die soziale Ungleichheit nicht aus der natürlichen Ungleichheit abgeleitet werden kann. Vermutet Rousseau, dass sie auf die Entstehung des Privateigentums zurück zu führen ist.

Das Privateigentumsrecht ist in Gesellschaften entstanden, in denen die Substanz des Kapitals der Boden war. Während vieles vom Wesen des Privateigentumsrechts aus der Feudalzeit in das kapitalistische Zeitalter der Industriegesellschaften überging, ist das entscheidende Kapital im Zeitalter der Wissensgesellschaft (z. B. in Form von Aktien, Anleihen, Wertpapieren, Software, „Daten"-Kapital, Patenten) nicht mehr reales Eigentum, sondern abstraktes, symbolisches und oft sehr mobiles Vermögen (vgl. Rudden 1994).

Es scheint fast selbstverständlich zu sein, dass in einer Gesellschaft, in der Wissen zur dominierenden Produktivkraft wird, Wissen zu einer Ware wird, die als Eigentum angeeignet, anerkannt, behandelt und gehandelt werden kann. Natürlich wird jeder Versuch, Wissen als Ware zu verstehen, durch die Tatsache beeinflusst oder möglicherweise behindert, dass Wissen sowohl marktrelevante Eigenschaften als auch nicht marktfähige Werte hat, die nicht verschwinden, wenn man Wissen als Ware behandelt, und es einen Tauschwert hat.

Es wäre ein Fehler, die Frage nach Wissen, das als Ware fungiert, als eine moderne Frage zu betrachten. Vielmehr hat der Verdacht, dass Wissen als Ware behandelt wird, schon im 18th Jahrhundert eine Rolle gespielt. Exemplarisch hierfür sind Überlegungen von Adam Smith (1978) in einem Vorwerk seines Klassikers *The Wealth of Nations*. Smith geht auf folgenden Zusammenhang ein:

> Wenn ein normaler Mensch eine faire Überprüfung des gesamten Wissens, das er besitzt, vornimmt [...], wird er feststellen, dass fast alles, was er weiß, aus zweiter Hand erworben wurde, aus Büchern, aus den literarischen Anweisungen, die er in seiner Jugend erhalten haben mag, oder aus den gelegentlichen Gesprächen, die er mit Gelehrten geführt haben mag. Nur ein sehr kleiner Teil davon, so wird er feststellen, ist das Ergebnis seiner eigenen Beobachtungen oder Überlegungen gewesen. Der ganze Rest wurde, genau wie seine Schuhe oder Strümpfe, von denjenigen gekauft, deren Geschäft es ist, diese besondere Art von Waren herzustellen und für den Markt vorzubereiten.

Obwohl die Behandlung von Wissen als Ware, die gehandelt wird, kein neues Phänomen ist, würden einige Beobachter behaupten, dass wir als Ergebnis technologischer Transformationen, insbesondere in Verbindung mit der Verbreitung von informationsverarbeitenden Maschinen, eine radikale „Exteriorisierung" des Wissens in Bezug auf den „Wissenden" erleben. Damit wird das Verhältnis der „Anbieter und Nutzer von Wissen zu dem von ihnen gelieferten und genutzten Wissen [...] immer mehr dazu tendieren, die Form anzunehmen, die bereits das Verhältnis der Warenproduzenten und -konsumenten zu den von ihnen produzierten und konsumierten Waren angenommen hat – nämlich die Form des Wertes. Wissen wird produziert, um verkauft zu werden, es wird konsumiert, um in einer neuen Produktion verwertet zu werden: in beiden Fällen ist das Ziel der Austausch" (Lyotard 1984:4). Was nach Lyotard zählt, ist also der Austausch und nicht so sehr der Gebrauchswert des Wissens. Ökonomen neigen jedoch dazu, eine Auffassung vom Wert des Wissens zu bevorzugen, die sich eng an den Nutzen des „Produkts" Wissen anlehnt (Gebrauchswert).

Wissen wird nicht nur zu einer konkurrierenden Ware, die einen Preis hat, sondern es gibt auch eine parallele Arbeitsteilung zwischen Produzenten und Konsumenten von Wissen. Neu ist der Einfluss der *Einschließung* von Wissen als Eigentum, die vor allem auf *rechtlichen* Beschränkungen beruht. Neuartig sind auch Formen des Wissen, die im wirtschaftlichen Diskurs und in sozioökonomischen Prozessen eine wichtige Rolle spielen, wie Humankapital, immaterielle Produktionsmittel oder geistiges Eigentum.

Resultat dieser rechtlichen Stärkung geistiger Eigentumsrechte ist, wie James Boyle (2002:17) zusammenfassend konstatiert:

> Die Gegner der Abschottung werden als wirtschaftliche Analphabeten dargestellt; die Nutznießer der Abschottung sagen uns, dass eine Ausweitung der Eigentumsrechte

notwendig ist, um den Fortschritt voranzutreiben. Tatsächlich wird der „Washingtoner Konsens" aus der Zeit nach dem Kalten Krieg angeführt, um zu behaupten, dass die Lektion der Geschichte selbst darin besteht, dass Wachstum und Effizienz nur durch Märkte erreicht werden können; Eigentumsrechte sind sicherlich die *conditio sine qua non* von Märkten.

Der Preis des Wissens[1]

Was genau den Wert von Wissen bestimmt, ist keineswegs selbstverständlich. Der Wert von Wissen hängt beispielsweise nicht nur von dem Nutzen ab, den es für ein Unternehmen oder eine Einzelperson darstellt, sondern auch von der Fähigkeit oder Unfähigkeit der Konkurrenten, es ebenfalls zu ihrem Vorteil zu nutzen und zu verwerten. Es gibt viele Schwierigkeiten: Wissen ist im Wesentlichen ein kollektives und kein privates Gut. Wissen ist in soziale Beziehungen eingebettet. Der tatsächliche Besitz und die rechtliche Definition von *Eigentum* ist exklusiv: „Eine Sache, über die ich das Recht des Eigentums ausübe, ist eine Sache, die nur mir selbst dient" (Durkheim 1957:141). Wissen wird nicht, wie so viele andere Güter, „im Prozess des Tausches vermindert, im Wert gesenkt oder verbraucht" (Holzner und Marx 1979:23 9; auch Simmel (1978:438). Das Fehlen einer Möglichkeit, Wissen (in Theorie und Praxis) in einzelne „Einheiten" aufzuteilen, hat auch den Enthusiasmus der Ökonomen begrenzt, Wissen wie eine Ware zu behandeln.

Die (Meta)-Fähigkeit, neue Wissenszuwächse zu generieren – die am ehesten komparative Vorteile verschaffen – ist kein kollektives Eigentum. Mit anderen Worten: Wissen ist weder strikt mit Eigentum vergleichbar noch hat es Eigenschaften, die es unter bestimmten Bedingungen näher an Eigentum und Waren heranrücken.

Charles Derber und seine Kollegen kommen in ihrer Analyse der gesellschaftlichen Autorität und des Einflusses der freien Berufe in den Vereinigten Staaten zu einem etwas anderen Ergebnis. Ausgehend von der Annahme der enormen historischen Variabilität dessen, was als Wissen gilt und akzeptiert wird, und daher dem Verdacht, dass fast alles als „Wissen" verkauft werden kann, solange es dieser Gruppe gelingt, die Kunden davon zu überzeugen, dass sie tatsächlich einen Nutzen und einen Bedarf für das von einem bestimmten Beruf beherrschte Wissen haben und dass dieses Wissen dem Alltagswissen überlegen ist, nimmt

---

[1] Eine ausführlichere Darstellung des Preises des Wissens findet sich in Stehr und Voss (2020:268–329).

„professionelles" Wissen die typischen Eigenschaften des Konstrukts „Eigentum" an. Wissen wird zur Ware, weil die besondere Art der Nachfrage (sowie die Bedürfnisse, denen es dient) und die Strategien zur Befriedigung der Nachfrage vollständig von denjenigen kontrolliert werden, die das betreffende Wissen anbieten.

Zu den entscheidenden Strategien gehört die Privatisierung von Wissen. Das Verbot der Laienpraxis ist eine der mächtigsten Strategien zur „Privatisierung" von Wissen. In einer Art selbst geschaffener Abgrenzung und selbst kontrolliertem Kreis wird Wissen zu einer Ware (vgl. Derber, Schwartz und Magrass 1990:16–18). Selbst wenn man davon ausgeht, dass es in der Praxis relativ leicht ist, Wissen zu legitimieren und zu monopolisieren, überschätzen Derber und seine Kollegen die Passivität der Konsumenten und die Solidarität der Berufsverbände. Ein bedeutenderer Nachteil ihrer Positionen ist meines Erachtens die Tatsache, dass sie wieder einmal auf eine konkrete Analyse der Wissensbasis der Fachleute verzichten und sich auf ziemlich formale Attribute des Wissens der Fachleute stützen. Der Status der von Derber und seinen Kollegen angeführten Attribute scheint auf jeden Wissensanspruch anwendbar zu sein, und der Fall läuft auf eine Frage der Macht hinaus, die es den Fachleuten ermöglicht, kognitive Agenden festzulegen und zu kontrollieren. Es ist beispielsweise nicht klar, warum wissenschaftliche Wissensansprüche die Magie verdrängt haben, da beide als Quelle der Kontrolle für die Mächtigen funktional gleichwertig sind. Wissen ist jedoch nicht immer identisch.

Humankapital

> Die Aneignung von [...] Talenten während der [...] Erziehung, des Studiums oder der Lehre, kostet einen realen Aufwand, der in [einer] Person Kapital ist. Diese Talente [sind] Teil seines Vermögens [und] ebenso das der Gesellschaft, zu der er gehört. Die verbesserte Geschicklichkeit eines Arbeiters kann in demselben Lichte betrachtet werden wie eine Maschine oder ein Handelsinstrument, das die Arbeit erleichtert und verkürzt, und das, obwohl es einen gewissen Aufwand kostet, diesen Aufwand mit einem Gewinn zurückzahlt.
>
> Adam Smith (1937, Buch 2, Kap. 1).

In Adam Smiths Erörterung des Kapitals in einer Volkswirtschaft unterscheidet er vier Klassen von Kapital: 1) Maschinen und Handelsinstrumente, 2) rentable Gebäude, 3) Verbesserungen des Bodens und 4) *Talente*. Im ökonomischen Diskurs beziehen sich Talente heute auf Humankapital, und die

Entwicklung der Humankapitaltheorie bildet einen Kern der modernen Theorien des Wirtschaftswachstums (Romer 1986, 1990).

Nur in den engeren Grenzen des modernen Wirtschaftsdiskurses stößt man auf quantitative Indikatoren für Wissen als Bündel von Kompetenzen und Fähigkeiten. Investitionen in *Humankapital* werden als Investitionen in Wissen definiert. Wie jede Investition zahlt sich auch die Investition in Humankapital erst mit Verzögerung aus, die Kosten fallen im Voraus an (Deming 2022). Statistische Verfahren zur Messung und Erfassung des wissensbasierten Kapitals sind zu einer zentralen Aufgabe nationaler und multinationaler statistischer Ämter und Organisationen geworden, z. B. der Weltbank oder der OECD (siehe Abraham und Mallatt 2022). So beschreibt beispielsweise die Wirtschaftskommission der Vereinten Nationen für Europa (UNFEC 2016:iii) die Bedeutung der Beschaffung von Informationen über den Umfang und den Wert des Humankapitals und weist darauf hin:[2]

> Das Verständnis und die Quantifizierung des Humankapitals werden für politische Entscheidungsträger immer wichtiger, um besser zu verstehen, was das Wirtschaftswachstum und das Funktionieren der Arbeitsmärkte antreibt, um die langfristige Nachhaltigkeit des Entwicklungspfads eines Landes zu bewerten und um die Produktions- und Produktivitätsleistung des Bildungssektors zu messen.

Wirtschaftswissenschaftler neigen dazu, zu betonen, dass Investitionen in das Humankapital vom Staat, von Familien und Unternehmen wegen ihres *instrumentellen* Werts zur Schaffung von Einkommen getätigt werden. Es ist jedoch wichtig, daran zu erinnern, dass Investitionen in das Humankapital auch in anderen sozialen Einrichtungen und im täglichen Leben große Vorteile bringen.[3] So betonen beispielsweise Mathew Collin und David Weill (2020:77): „Bildung,

---

[2] Eine umfassende, hilfreiche und informative Genealogie der Humankapitalbilanzierung findet sich in Yarrow (2020:7–14).

[3] Der Wettbewerb um das relative Gewicht der Anteile am kollektiven Einkommen, die von verschiedenen Kapitalformen erwirtschaftet werden, hat über die Wirtschaftsleistung hinaus erhebliche Auswirkungen, beispielsweise auf die Entstehung sozialer Ungleichheit in einer Gesellschaft. Thomas Piketty (2014: 21) stellt fest, dass „der Fortschritt der technologischen Rationalität automatisch zum Triumph des Humankapitals über das Finanzkapital und die Immobilien, der fähigen Manager über die fetten Aktionäre und des Könnens über die Vetternwirtschaft führen sollte." Aber, wie er in einer warnenden Bemerkung hinzufügt, „Ungleichheiten würden dadurch meritokratischer und weniger statisch (wenn auch nicht notwendigerweise kleiner) werden: Ökonomische Rationalität würde dann in gewissem Sinne automatisch zu demokratischer Rationalität führen" (Piketty 2014: 21).

die aus einer längeren und/oder hochwertigeren Schulbildung resultiert, ermöglicht es dem Einzelnen, ein erfüllteres Leben zu führen und aktiver an seiner Gesellschaft teilzunehmen. Und eine bessere Gesundheit, die wir bisher nur unter dem Gesichtspunkt betrachtet haben, dass sie Arbeitnehmer produktiver macht, ermöglicht es den Menschen auch, mehr Lebensjahre zu genießen."

Der führende Begriff des Humankapitals wurde in erster Linie im engeren Rahmen des ökonomischen Diskurses[4] und insbesondere der Bildungsökonomie entwickelt und verwendet. In seinem bahnbrechenden Artikel über Investitionen in Humankapital betonte Theodore W. Schultz (1961, 1981; auch Stehr und Voss 2020:276–281) die Bedeutung des Humankapitals als Beitrag zum nationalen Wohlstand. In der Pressemitteilung, mit der seine Wahl zum Nobelpreisträger für Wirtschaftswissenschaften bekannt gegeben wurde, heißt es: „Schultz und seine Studenten haben gezeigt, dass das „Humankapital" in der amerikanischen Wirtschaft seit langem eine wesentlich höhere Rendite abwirft als das Sachkapital" (Nobel-Stiftung 1979).

Die Humankapitaltheorie in den Wirtschaftswissenschaften stellt den arbeitenden Menschen (als scheinbar rational handelndes, durch *zukünftige* Erträge motiviertes Subjekt) in den Mittelpunkt ihrer Überlegungen. Eine Variante der Humankapitaltheorie bzw. ihre Weiterentwicklung im Hinblick auf die Einbeziehung empirischer Indikatoren für Fähigkeiten (z. B. kognitive Fähigkeiten wie Mathematik, Naturwissenschaften und Lese- und Schreibfähigkeiten im Ländervergleich) wird von Eric Hanushek und Ludger Woessman (2015:16) als *Wissenskapitaltheorie* bezeichnet. In jedem Fall spielt in der Humankapitaltheorie die Bildung eine entscheidende Rolle. Wie Gary S. Becker (1994:16), ein früher und prominenter Vertreter der Humankapitaltheorie, in einer Neubewertung der Humankapitaltheorie zusammenfasst, „sind Ausgaben für Bildung, Ausbildung, medizinische Versorgung usw. Investitionen in Kapital. Diese produzieren jedoch Humankapital und nicht Sach- oder Finanzkapital, weil man eine Person nicht von ihrem Wissen, ihren Fähigkeiten, ihrer Gesundheit oder ihren Werten trennen kann, so wie es möglich ist, finanzielle und materielle Vermögenswerte zu bewegen, während der Eigentümer an Ort und Stelle bleibt."

Mein ganz persönliches Humankapital kann in einem noch breiteren Sinne als Beckers Definition ausgedrückt werden. Michel Feher (2009:26) bietet ein

---

[4] In der Soziologie gibt es viele Vorläufer und parallele Perspektiven, in denen die Bedeutung der Bildung für die soziale Schichtung hervorgehoben wird. Es sei hier auf eine Beobachtung von Max Weber (1980:266) verwiesen: Die Art und Weise, wie der moderne Staat die moderne Wirtschaft organisiert, sorgt dafür, dass die „*Fachausbildung* und damit […] ‚*Bildung*'," zum stärksten Element der ständischen Unterscheidung innerhalb der modernen Gesellschaft wird.

solches weiter gefasstes Konzept an: Humankapital „bin ich, als ein Satz von Fähigkeiten und Fertigkeiten, der durch alles, was mich betrifft, und alles, was ich beeinflusse, verändert wird [… Humankapital] bezieht sich nun auf alles, was durch die Fähigkeiten, die mich definieren, produziert wird. So kann alles, was ich verdiene – sei es Gehalt, Investitionserträge, Beute oder Gefallen, die ich getan habe – als Ertrag des Humankapitals, das mich ausmacht, verstanden werden."

Nicht nur die Länge und der Inhalt der formalen Bildung müssen zählen.

Neben dem Beitrag des Humankapitals einer Person gibt es auch Einflüsse gesellschaftlicher Art, die außerhalb des Kanals der formalen Bildung aufgenommen werden, wie der familiäre Hintergrund, die sozialen Herkunftsschichten oder die historische Epoche der Sozialisation. All diese Kräfte und Faktoren sollten in die Bilanz des Humankapitalvermögens einfließen (vgl. Bourdieu 1973, 1986).[5] Der *Wert* des Humankapitals wird durch die zukünftigen Einkommensströme (Diskontsatz) eines Individuums (als Unternehmer) oder einer Gruppe (Unternehmen oder sogar Staat) bestimmt, die durch Fähigkeiten generiert werden können (vgl. Abraham und Mallat 2022:111–116).

Schließlich ist es wichtig festzustellen, dass der Großteil der Ausgaben, die zum Erwerb von Humankapital führen, in der Regel nicht als Kosten betrachtet werden, die *direkt* von den Organisationen getragen werden, die von der Beschäftigung von Personen mit bestimmten Humankapitalwerten profitieren. Der einzelne Kapitaleigner, die Familie oder der Staat übernehmen diese Kosten zunächst. Eine Ausnahme bilden die Kosten für die spätere betriebliche Weiterbildung der Mitarbeiter. Die maßgeblichen Rechnungslegungsvorschriften von Institutionen und Unternehmen folgen in vielen Ländern diesen Zuordnungen der Kostenstruktur des Humankapitals. Dennoch werben Unternehmen (manchmal auch Universitäten) mit dem Slogan „Unsere Mitarbeiter sind unser bestes und wichtigstes Kapital". Für den Staat, die Unternehmen, die Gewerkschaften und die Wirtschaft im Allgemeinen werden Informationen über den Wert des Humankapitals zu einer wichtigen Ressource für die politische Entscheidungsfindung, die Finanzberichterstattung, die Auseinandersetzungen zwischen

---

[5] Pierre Bourdieu ([1983] 1986:48; Hervorhebung von mir) plädiert daher in seiner Kritik am konventionellen ökonomischen Verständnis des Humankapitals für eine wesentlich weitergehende Definition des Humankapitals: „Eine Definition des Humankapitals geht trotz ihrer humanistischen Konnotationen nicht über den Ökonomismus hinaus und ignoriert unter *anderem* die Tatsache, dass der schulische Ertrag der Bildungsmaßnahmen von dem zuvor von der Familie investierten *kulturellen Kapital abhängt*. Darüber hinaus hängt der wirtschaftliche und soziale Ertrag des Bildungsabschlusses von dem ebenfalls ererbten *Sozialkapital ab*, das zu seiner Absicherung eingesetzt werden kann."

Management und Gewerkschaften, die Haushaltsführung und die allgemeine Entscheidungsfindung sowie für Werbung und Verkaufsförderung (z. B. im Falle von Universitäten zur Legitimierung von Prioritäten- und Werteverschiebungen). Angesichts der Mehrdeutigkeit und der überwiegend restriktiven Definition des Begriffs Humankapital sollten umfassendere Überlegungen über das Wesen von Investitionen in Humankapital angestellt werden.

Investitionen in menschliche Fähigkeiten

Eine der offensichtlichen Manifestationen der zunehmenden Investitionen in menschliche Fähigkeiten sind Daten, die den zunehmenden Anteil der Arbeitskräfte mit „erhöhten/vergrößerten" Fähigkeiten bestätigen. Aggregierte Daten über das wachsende „Qualifikationsniveau" der Bevölkerung in den meisten OECD-Ländern bestätigen diese Hypothese. Nach Johnson (1997:42) ist das relative Qualifikationsangebot, gemessen als Verhältnis in der Bevölkerung zwischen High-School- und College-Abschluss, in den USA von 0,105 im Jahr 1940 auf 0,496 im Jahr 1993 gestiegen. In nur fünf Jahrzehnten hat sich der Anteil der Bevölkerung in den Vereinigten Staaten, der eine College-Ausbildung hat, verfünffacht. Der Anstieg des Anteils der Arbeitskräfte mit College-Ausbildung ist in den 1970er Jahren besonders stark, was auf einen wachsenden Anteil von College-Studenten in den Alterskohorten in der zweiten Hälfte der sechziger Jahre zurückzuführen ist. In Deutschland ist der Prozentsatz einer Alterskohorte, die eine Hochschulzugangsberechtigung erreicht, von mageren fünf Prozent im Jahr 1950 auf fast sechzig Prozent im Jahr 2022 gestiegen. Der Wandel von der Dominanz der traditionellen Berufsausbildung hin zur Hochschulbildung hat sich im Lauf der Jahrzehnte fest etabliert.

Es wäre nicht nur viel zu einfach und irreführend zu behaupten, dass der enorme Anstieg des kollektiven Qualifikationsniveaus der Erwerbsbevölkerung eine direkte Reaktion auf die Marktkräfte ist. Auch wenn der Einzelne mit seiner Bildungswahl auf die wahrgenommenen Marktchancen reagiert, kann man kaum erwarten, dass die zeitliche Übereinstimmung zwischen den wahrgenommenen Marktchancen und der Bildung außergewöhnlich eng ist. Zu viele andere soziale Faktoren und Kräfte wirken sich auf diese Entscheidungen aus und führen vielleicht erst nach vielen Jahren der Ausbildung zu einem „höheren" kollektiven Qualifikationsniveau.

Es ist inzwischen eine anerkannte Tatsache, dass das Wirtschaftswachstum von den Investitionen abhängt, die ein Land tätigen kann.[6] Einer der größten Nachteile bei der Arbeit mit der Hypothese über den Ertrag verschiedener Arten von Investitionen sind die Beschränkungen der verfügbaren Daten über Investitionssysteme (vgl. Black und Lynch 1996). Die Wirtschaftswissenschaftler haben die Messgrößen für das Niveau des Humankapitals erweitert. Dazu gehören beispielsweise Testergebnisse als Maß für die Qualität der Schule, Schulbesuchsdaten sowie Gesundheitsleistungen und -ergebnisse als Maß für das körperliche Wohlbefinden der Erwerbsbevölkerung. Die Erweiterung der Anzahl der Attribute, die bei der Messung des Humankapitals berücksichtigt werden, stellt einen Fortschritt gegenüber den in der Vergangenheit vorherrschenden Standardmaßen dar. Wie sich die Produktivität und das Humankapital der Arbeitnehmer im Laufe der Zeit mit zunehmender Berufserfahrung und Betriebszugehörigkeit entwickeln, bleibt ein blinder Fleck (vgl. Caplin et al. 2022). Im Allgemeinen ist der relative Beitrag der einzelnen Indikatoren zum Gesamtwert des Humankapitals jedoch nach wie vor eine umstrittene Angelegenheit.

Wachsende, stagnierende oder rückläufige Investitionen in das Humankapital kommen in allen Arten von modernen Gesellschaften vor, obwohl moderne Wissensgesellschaften im Allgemeinen einen hohen Humankapitalindex aufweisen sollten. Der dynamische Charakter des Humankapitals über die Lebensdauer der einzelnen Elemente, aus denen sich ein Humankapitalindex zusammensetzt, wird in der gegenwärtigen Version des Indexes nicht angemessen widergespiegelt; Fähigkeiten können abnehmen, ruhen (nutzloses Wissen), aber auch im Laufe der Zeit an Wert gewinnen. Folglich ist der Humankapitalindex *als solcher bis auf Weiteres* kein geeigneter harter Indikator für die *Entstehung* und den Wandel von Wissensgesellschaften. Investitionen in Wissensgesellschaften, sei es in Human- oder Sachkapital, kommen allen Teilen der Erwerbsbevölkerung zugute, nicht nur hochqualifizierten Arbeitnehmern oder solchen, die in Branchen mit überproportionalen Investitionen beschäftigt sind.

---

[6] Es ist wahrscheinlich, dass ein höheres Einkommen, das aus Investitionen in das Humankapital resultiert, wiederum zusätzliche Investitionen in das Humankapital nach sich zieht (vgl. Collin und Weil 2020:69), aber ein höheres Einkommen kann auch mehr Sachkapital erzeugen. Ob Investitionen in Humankapital „mehr Wissen" generieren, ist umstritten. Zumindest war Peter Drucker (1993:185) davon überzeugt, dass ein solcher unmittelbarer Zusammenhang nicht besteht: „Es gibt nicht den geringsten Beweis dafür, dass größere *Investitionen* in der Wirtschaft zu größerem Wissen führen." Die Vorlaufzeit ist, wie im Fall der Verbindung zwischen Marktbedingungen und Bildungsergebnissen, viel zu lang, um innerhalb eines angemessenen Zeitraums belastbare Ergebnisse zu erwarten.

Eine rasch wachsende wirtschaftliche Literatur untersucht, wie sich fortgeschrittene menschliche Fähigkeiten im Bereich der digitalen Technologien – Informationstechnologien, künstliche Intelligenz, Robotik – auf das Beschäftigungs- und Einkommensniveau auswirken. Es fehlen jedoch Belege für die Auswirkungen der zunehmenden Investitionen in wissensbasierte statt in materielle Güter auf das Gesamtbeschäftigungsniveau in der Gesellschaft.

Die politische Ökonomie der Wissensgesellschaften

6

Wie viel Produktivitätswachstum entsteht in Wissensgesellschaften durch intelligenteres Arbeiten und nicht durch den Einsatz von materiellen Produktionsmitteln? Ich werde die These aufstellen, dass die Ursprünge einer modernen, etablierten Wissensgesellschaft, d. h. ihr *Wendepunkt oder kritischer Punkt,* in Entwicklungsgesellschaften auf einen Zeitraum zurückgeführt werden können, in dem Investitionen in Humankapital nicht nur Investitionen in Sachkapital übersteigen, sondern auch produktiver und profitabler wurden als diese.

Einer Schätzung zufolge liegt dieses kritische Datum in den 1990er Jahren (z. B. Alexander und Eberle 2018). In wissensbasierten Volkswirtschaften, in der Ära der „leichten Moderne", in der Software regiert (Bauman 2000:118), ist das Verhältnis von Wissen zu physischer Materie in der Produktion eine der wichtigsten Variablen, die die Art der Gesellschaft, in der wir leben, bestimmt. Es ist jedoch wichtig zu betonen, dass eine symbolische oder immaterielle Wirtschaft (siehe Stehr und Voss 2020:22–78) nicht zwangsläufig ihren Charakter als *kapitalistisches* Wirtschaftssystem verlieren wird, wie die Wahl des Begriffs *Wissenskapitalismus* als transformative Stufe der Wissensökonomie bedeutet.

Es ist auch nicht der Fall, dass wir eine *lineare* Umwandlung der Investitionstätigkeit in der gesamten Wirtschaft erwarten sollten. Der Anteil der Investitionen in materielles und immaterielles Kapital ist von Wirtschaftszweig zu Wirtschaftszweig unterschiedlich.[1] Das Verhältnis zwischen Investitionen in Humankapital und Sachkapital in Unternehmen innerhalb der einzelnen Wirtschaftssektoren wird nicht konvergieren. Einige Unternehmen, selbst in der Dienstleistungsbranche, werden einen beträchtlichen Teil ihrer Investitionen in Sachkapital tätigen;

---

[1] Für ein quantitatives Modell des Unterschieds in der Wissensintensität nach Wirtschaftszweigen siehe Tab. 5.A.1.1. in OECD (2013:245) „Knowledge intensity of 18 industries", dargestellt durch den Anteil des Arbeitsentgelts von Arbeitnehmern mit tertiärer Bildung.

so verfügen beispielsweise Unternehmen, die die materielle Infrastruktur des Internets wie Glasfaser-Seekabel, Internet Exchange Points (IXP) oder Autonome Systemnummern (ASN) beherrschen, hauptsächlich über Vermögenswerte in Sachkapital. Die modernen Superstar-Konzerne (z. B. Apple, Google, Netflix, Facebook) verfügen hauptsächlich über Investitionen in immaterielles Kapital.[2] Die Kontrolle über die materiellen Grundlagen des Internets ist stärker gestreut als die Kontrolle über die symbolischen Aktivitäten des Internets.

Investitionen in *Sach- und Humankapital*

> Das reale Kapital einer Nation besteht nicht so sehr aus Gebäuden, Maschinen, Eisenbahnen und dergleichen, sondern aus dem industriellem und technischem Wissen, das die Mitglieder der Gemeinschaft besitzen, das von Generation zu Generation weitergegeben, durch Bildung verbreitet und durch den Fortschritt der Wissenschaft vermehrt wird. Unser Wissen und unsere Wissenschaft sind unendlich viel wertvoller Besitz, als die Gesamtheit unseres angesammelten angehäuften Kapitals.
>
> Allyn Young (1929:237)

Die zentrale Hypothese für eine genauere Bestimmung der *Ursprünge* sowie einiger wesentlicher *Merkmale* und signifikanter *Veränderungen* von Wissensgesellschaften im Allgemeinen und der Wirtschaft von Wissensgesellschaften im Besonderen beinhaltet eine Untersuchung der *Beziehungen* (und nicht einzelner, isolierter Maßnahmen) zwischen den Investitionen, die eine Gesellschaft in physische (nicht-menschliche) Produktionskräfte (d. h. Naturkapital, Infrastruktur, Gebäude, Anlagen und Ausrüstungen) tätigt, und den Investitionen in Humankapital oder wissensbasiertes Kapital (Menschen, Fähigkeiten; und nicht nur Investitionen in Arbeit).

Die Bemühungen um eine Antwort auf meine Frage werden dadurch erschwert, dass es weder eine Standarddefinition von wissensbasiertem Kapital noch eine allgemein anerkannte Vorstellung von materiellem Kapital gibt. Oberflächlich betrachtet scheint der Unterschied zwischen Humankapital und Sachkapital klar zu sein. Hinter diesem Unterschied verbirgt sich jedoch die Tatsache, dass Sachkapital „eingebettetes" Humankapital enthält. Eine Tatsache,

---

[2] Das Unternehmen Apple ist der bekannteste und erfolgreichste *fabriklose Hersteller* von Geräten, die in der ganzen Welt bekannt sind: „Eine komplexe und gut verwaltete Wertschöpfungskette ist ein wesentlicher Vorteil von Apple, den die Lieferanten erfüllen müssen, um Zugang zu ihrem riesigen Endverbrauchermarkt zu erhalten. Der Prozess der Wertschöpfungskette ermöglicht es Apple, den Löwenanteil des in der Kette produzierten Wertes zu erhalten" (Durand und Milberg 2020:416–417).

die bereits Max Weber 1976:835) dazu veranlasste, Maschinen als „geronnenen *Geist*" zu bezeichnen, und Karl Marx (*Kritik der politischen Ökonomie*, 1953:594), Maschinen und Industrie im Allgemeinen als „*vergegenständlichte Wissenskraft*" zu charakterisieren. Eine „realistische" Berechnung des Gesamtbeitrags der Wissenskraft zum Wohlstand einer Nation oder eines Unternehmens sollte daher alle Teile des Wissens einbeziehen. Dies hätte zur Folge, dass auch die unternehmensinternen und -*externen* Teile des Wissens, die zur Produktion von physischem oder immateriellem Kapital eingesetzt werden, berechnet werden müssten.

Seit den 1950er Jahren, aber auch schon viel früher, wie das Zitat des amerikanischen Ökonomen Allyn Young (1876–1929) zeigt, gilt es in den Wirtschaftswissenschaften als selbstverständlich, dass die wachsende Produktivität der Wirtschaft langfristig nur in abnehmendem Maße auf die Akkumulation von Sachkapital zurückzuführen ist. Eine immer stärkere Quelle des Produktivitätswachstums muss den Humankapitalkräften der Produktion zugeschrieben werden, einschließlich der Zunahme des menschlichen Wissens (siehe Solow 1956, 1957). Verschiedene Schätzungen aus den 2010er Jahren deuten darauf hin, dass der Beitrag des immateriellen Kapitals zum gesamten Unternehmensvermögen in den Vereinigten Staaten in der Regel etwa die Hälfte des gesamten Vermögens ausmacht (z. B. Ewens et al. 2019).

Diese allgemeinen Beobachtungen über die wachsende Bedeutung des Wissens als Motor des Wirtschaftswachstums sind gleichzeitig ein Weg zur Beantwortung der Frage, warum die herkömmlichen Produktionsfaktoren durch das Wissen abgelöst werden.

Es ist jedoch zu beachten, dass viele immaterielle Vermögenswerte nie in den Unternehmensbilanzen erscheinen. In dem Maße, in dem dieses nicht ausgewiesene Unternehmensvermögen an Bedeutung gewinnt, kommt es sowohl zu einer zunehmenden Fehlbewertung des Buchvermögens (Eisfeldt et al. 2020:1) als auch zu einer Unterbelichtung der gesellschaftlichen und wirtschaftlichen Bedeutung von Wissen.[3]

---

[3] Wie beispielsweise Thomas Piketty (2020:664) feststellt, wird die private Aneignung von öffentlichem Wissen oder von Wissen, das mit Hilfe öffentlicher finanzieller Unterstützung produziert wurde, nicht als Teil des immateriellen Werts eines Unternehmens abgezogen (oder ausgewiesen): „Der Börsenwert von Technologieunternehmen enthält Patente und Know-how, das es ohne die mit öffentlichen Geldern finanzierte und über Jahrzehnte aufgebaute Grundlagenforschung nicht gäbe. Diese private Aneignung von Allgemeinwissen könnte im kommenden Jahrhundert dramatisch zunehmen. Was geschieht, hängt von der Entwicklung der Rechts- und Steuersysteme sowie von den gesellschaftlichen und politischen Reaktionen ab. Die Entwicklung des *Impfstoffs gegen das Coronavirus* durch mehrere große Pharmakonzerne ist ein jüngstes Beispiel für die private

Eine *neuartige Hypothese,* die die Einzigartigkeit von Wissensgesellschaften im Allgemeinen und die Entstehung des Wissenskapitalismus im Besonderen charakterisiert, beinhaltet die Idee, dass *Renten auf intellektuelles Kapital* – rechtlich formalisiert als *Patente* (Wissen, das in originellen Ideen eingebettet ist),[4] *Urheberrechte* (Wissen, das in neuartigen Ausdrücken oder Anstrengungen eingebettet ist),[5] *Marken* (Wissen, das in symbolischem Material eingebettet ist) und *Geschäftsgeheimnisse* (kein Erfordernis der Neuheit) – den Kern der Renditen auf Humankapital und Ungleichheitsregime in modernen Wirtschaftssystemen bilden (vgl. Stiglitz 2015:3). Gemeint sind Renditen, die oft die Kosten für die Produktion des *patentierten Wissens*[6] übersteigen und zu einer (digitalen) Monopolrente führen. Im Allgemeinen ist „der unterschiedliche Zugang zu Liquidität

---

Aneignung (durch Unternehmen und Aktionäre) des wirtschaftlichen Nutzens von Erfindungen, deren Entwicklung von öffentlichen Mitteln abhängig war (vgl. Achmal Prabbala, Arjun Jayadev und Dean Baker, „Want vaccines fast? Suspend intellectual property rights", *New York Times,* 7. Dezember 2020), Universitätsfinanzierung, private Stiftungen, Forschungslabors und Einzelspender. Auf seiner Homepage teilt das deutsche Unternehmen Biontech https://investorS.biontech.de/de/news-releases/news-release-details/biontech-erhaelt-bmbf-foerderung-von-bis-zu-375-millionen-euro am 15. September 2020 mit, dass es erwartet, bis zu 375 Mio. € von der deutschen Bundesregierung zu erhalten.

[4] Die Diskussion über die Rolle von Patenten hat eine ehrwürdige Tradition in der Gesetzgebung. Fritz Machlup (1984:163) stellt zum Beispiel fest: „Besondere Monopolgewährungen durch Könige und andere Herrscher an private Erfinder und Innovatoren waren bereits im vierzehnten Jahrhundert bekannt. Das erste allgemeine Versprechen von Exklusivrechten für Erfinder wurde in einem Statut der Republik Venedig aus dem Jahr 1474 gegeben. Jahrhundert wurden Patente von deutschen Fürsten erteilt, von denen einige eine gut durchdachte Politik verfolgten, indem sie Privilegien auf der Grundlage einer sorgfältigen Abwägung des Nutzens und der Neuheit der Erfindungen und der Belastung, die dem Land durch den Ausschluss anderer von der Nutzung dieser Erfindungen und durch die Ermöglichung höherer Preise für die Patentinhaber auferlegt würde, gewährten."

[5] Werden solche Rechte einem einzelnen Schriftsteller, Künstler oder Musiker gewährt, regelt das Urheberrecht das Verhältnis zwischen einem Kollektiv und dem Einzelnen – und zeigt, dass die Gesellschaft dem Einzelnen einen hohen Wert beimisst. Das Urheberrecht ist eine höchst umstrittene Angelegenheit, umso mehr im Zeitalter des Internets. Eines Tages werden urheberrechtliche Bestimmungen auch bei materiellen Reproduktionen von Bedeutung sein, wie die 3D-Drucker signalisieren.

[6] Bereits die Verfasser der US-Verfassung (Artikel I, Abschn. 8, Klausel 8) legten in einem ambivalenten Sinne fest, dass der Kongress die Befugnis hat, Patent- und Urheberrechtsgesetze zu erlassen, um „den Fortschritt der Wissenschaft und der nützlichen Künste zu fördern, indem er den Autoren und Erfindern für begrenzte Zeit das ausschließliche Recht an ihren jeweiligen Schriften und Entdeckungen sichert. „Der Kongress verabschiedete das Patentrecht 1790. In der Geschichte der US-Patentgesetze wird selten daran erinnert, dass sich der Schutz des Patentgesetzes nur auf Erfindungen freier Personen erstreckte. Der rechtliche Rahmen für geistige Urheberrechte kann die Frage nicht klären und hat sie auch nicht

ein zunehmend zentraler Aspekt der stratifizierenden Rationalität des heutigen Kapitalismus" (Konings und Adkins 2022:43), der sich auf die unteren Schichten der Mitglieder von Wissensgesellschaften auswirkt.

Mein Schwerpunkt wird auf den sozioökonomischen Folgen von Patenten und Patentportfolios liegen; weniger direkt auf der Ideologie und Politik von Patentsystemen (Haunss 2013:11–51) Parthasarathy 2017; Khan 2020:20–21).[7] Patente und ihre rigide Durchsetzung sind nicht nur wirtschaftliche Phänomene, Patente verteilen Macht und Reichtum und erzeugen Auswirkungen (soziale Kosten) und sind Gegenstand politischer Beziehungen.[8] Das Unternehmenseigentum an eingebettetem Wissen in Form von Patenten ist ein wesentlicher Bestandteil der Produktionskräfte von Wissensgesellschaften. Patente spalten und Patente herrschen. Patente spalten auch dann, wenn Unternehmen Patente anmelden und dann beschließen, die Erfindung zu begraben. Es wird geschätzt, dass die Hälfte oder mehr als die Hälfte aller Patente nie vermarktet werden (siehe Miller 2019:85–86).[9]

Die Schwierigkeit, die vielfältigen Erträge von Patenten zu berechnen – nicht nur in monetärer Hinsicht – liegt auf der Hand. Die Analyse von Nutzen und Kosten von Patenten sollte bei einer Analyse der modernen Wirtschaft sehr hilfreich sein. In der Tat ist die Patentanalyse zu einer der wichtigsten Methoden zur Untersuchung von Innovation und wissenschaftlich-technischem Fortschritt

---

geklärt, ob solche Gesetze tatsächlich die Wissenschaft fördern und als Anreiz dienen, den Wissensbestand zu erweitern (vgl. Machlup 1961).

[7] Patentsysteme gibt es in vielen Ländern schon seit Jahrzehnten (und länger). Die Patentsysteme der Vereinigten Staaten, Frankreichs, Deutschlands und Englands unterscheiden sich erheblich. Die Patentsysteme spiegeln unterschiedliche nationale Motivationen wider und haben dementsprechend einen unterschiedlichen Schwerpunkt auf verschiedenen Standards (siehe Machlup und Penrose, 1950 zu den Patentkontroversen im 19. Jahrhundert). Die nationalen Unterschiede in der Patentgesetzgebung haben wiederum Auswirkungen auf die Wissensproduktion in diesen Ländern und das, was als nützliches Wissen verstanden wird, sowie auf die wirtschaftlichen Wachstumsmuster (Khan 2020:20–25).

[8] Auch wenn es den Anschein haben mag, dass das wichtigste „Schlachtfeld [von Patenten] [...] ein Gericht ist" (Pistor 2019:113). Patente sind politische Gebilde. Der Hauptkampf um Patente findet in der politischen Arena statt.

[9] Dass Patente nicht aktiv genutzt werden, ist bereits im 19th Jahrhundert ein Problem: In einem auf der Jahrestagung der *American Association of Inventors and Manufacturers* vorgelegten Papier mit dem Titel „Needed modifications in our patent laws" wurde die Sorge geäußert, dass Patente jahrelang brach liegen. Das Gesetz sollte die Inhaber von Patenten dazu zwingen, sie zu nutzen, oder es sollte sie dazu zwingen, eine Lizenz an eine andere, vielleicht von der Regierung ernannte Person zu vergeben, die das Recht haben sollte, sie zu nutzen (siehe „Papers on patents", *New York Times,* 17. Januar 1894).

geworden. Eine wesentliche Frage der Patentanalyse ist nicht nur, ob die Patentierung die Innovationsfähigkeit verlangsamt (oder beschleunigt), sondern auch, ob Patente der Motor für die Konzentration von Reichtum, die zunehmende soziale Ungleichheit innerhalb und zwischen Gesellschaften und eine Veränderung des geopolitischen Regimes sind. Die sozialen Kosten der Abschottung von Wissen können enorm sein.

Wie Fritz Machlup (1984:164), einer der scharfsinnigsten Patentforscher,[10] bestätigt (vgl. Machlup 1960), sollte man sich nicht der Illusion hingeben, dass es möglich sein wird, präzise Antworten auf diese Fragen zu geben: „Sowohl die Vorteile, die die Gesellschaft durch die Erteilung von Patenten erlangt, als auch die Verluste, die sie erleidet, lassen sich nur durch den Vergleich tatsächlicher mit fiktiven Situationen abschätzen, wobei für solche Vergleiche keine Anhaltspunkte, geschweige denn Beweise zur Verfügung stehen." Das soll aber nicht heißen, dass wir die Auswirkungen der rechtlichen Absicherung von Wissen nicht einmal quantitativ abschätzen können.

Auch wenn Patente keine Erfindung des 21. Jahrhunderts sind, sollte sich die Aufmerksamkeit die Rolle des Patentrechts in Wissensgesellschaften betreffend nicht nur auf seine Auswirkungen auf die rechtliche Ordnung der Wirtschaftsordnung und die damit verbundenen Ergebnisse erstrecken, zum Beispiel auf die Welt der Geopolitik (d. h. das neue Ungleichgewicht zwischen Ländern und Regionen der Welt) – was einer der Schwerpunkte dieser Analyse von Wissensgesellschaften ist. Das Patentrecht hat auch erhebliche Auswirkungen auf den Bereich der sozialen Gerechtigkeit (vgl. Feeney et al. 2018), da es Bereiche wie Medizin, Bildung oder Staatsbürgerschaft prägt und bestimmt, wer tatsächlich an Wissenschaft, Technologie und Märkten teilnimmt (Vats 2020).

So wie sich die wachsende Bedeutung von Wissen als Produktivkraft auf die gesamte Gesellschaft auswirkt, haben die Entwicklungen im Bereich der Patentierung von geistigem Eigentum nicht nur Folgen für die Wirtschaft, sondern auch für viele Bereiche der Gesellschaft, zum Beispiel die Politik oder unsere

---

[10] Fritz Machlups (1952:281, 286; siehe auch Machlup 1961) Bewertung der Funktion von Patenten ist unzweideutig: „Die einzige stichhaltige Rechtfertigung für das Patentsystem, das System der Gewährung von kurzlebigen Monopolrechten für die Nutzung neuer Technologien, besteht darin, dass es den technologischen Fortschritt beschleunigen kann, indem es einen Anreiz für die Finanzierung von industrieller Forschung und Entwicklung und von neuen industriellen Unternehmungen bietet … Es gibt keine Möglichkeit zu beweisen, ob und inwieweit das Patentsystem die Beschleunigung des technischen Fortschritts erreicht, die sein offizielles Ziel ist … Es kann kein Zweifel daran bestehen, dass die Regierungen durch ihre Patentgesetze eine äußerst ergiebige Quelle von Monopolmacht in der Wirtschaft geschaffen haben und weiter betreiben."

bürgerlichen Freiheiten. Geistige Eigentumsrechte sind, in der treffenden Formulierung von Katharina Pistor (2019:11), „die rechtliche Codierung menschlichen Erfindungsreichtums". Rechte an geistigem Eigentum bestimmen, was wir lesen können und wer was sagen darf. Aus demselben Grund sind Rechte des geistigen Eigentums politisches Gebilde, da ihre „Beschaffenheit" das Ergebnis politischer und regulatorischer Entscheidungen darüber ist, welche Phänomene patent- oder urheberrechtsfähig sind, nach welchen Regeln ihre rechtliche Kodierung angefochten werden kann und wie lange der Schutz gewährt wird.

Für den politischen Ökonomen Werner Sombart (1927:518) besteht kein Zweifel, dass das Zeitalter des *Hochkapitalismus* als Form des modernen Kapitalismus das Zeitalter des *materiellen Kapitals* ist: „Pacht eines Grundstücks, Bau einer Fabrik, Kauf von Rohstoffen und Maschinen usw.". Ich behaupte, dass das Zeitalter der symbolischen Ökonomie oder der Wissensökonomie, das Zeitalter, in dem Wissen auf Wissen einwirkt, ebenso das Zeitalter des *immateriellen Kapitals* ist. Im Kontext des symbolischen Kapitals sind Patente und Urheberrechte ein *negatives* Recht, das Dritte davon ausschließt, die Erfindung, die durch die Wissensansprüche des patent- und urheberrechtlich schützbaren Materials definiert ist, auszuüben und davon zu profitieren.

Die meisten Einfriedungen von Wissen sind von begrenzter Dauer. Es ist zweifelhaft, ob die begrenzte Dauer der Einschließung aus der Sicht des Eigentümers einen Nachteil darstellt. Es gibt nicht nur Möglichkeiten, die Laufzeit von Patenten zu verlängern,[11] sondern die Vorteile des ausschließlichen Eigentums können in vielen Fällen mit der Zeit einfach abnehmen.

In der Öffentlichkeitsarbeit der sogenannten Superstar-Firmen wird der Idealismus der Industrie gerne öffentlich verbreitet und in den Medien, von Investoren, Politik und Wissenschaft der wirtschaftliche Wert, die Innovationskraft und die Rentabilität der großen immateriellen Unternehmen bewundert. Kurzum: Das Lob des weltweiten Erfolgs der Superstar-Firmen, das die gesellschaftliche Autorität der Großkonzerne stärkt, ist ein wesentlicher Bestandteil des öffentlichen Diskurses über diese Unternehmen und wird bisher selten ernsthaft infrage gestellt.

---

[11] Righi und Simcoe (2022) machen darauf aufmerksam, dass im „Jahr 2018 [...] etwas mehr als 15 % aller US-Patentanmeldungen Fortsetzungsanmeldungen [waren]. Eine Fortsetzungsanmeldung beansprucht Schutz für neue Ansprüche, die auf der in einer früheren ‚Stammanmeldung' offenbarten Erfindung beruhen. [...] 2021 sandte der amtierende Kommissar der Food and Drug Administration ein Schreiben an das USPTO [United States Patent Office] ein Schreiben, in dem er darauf hinwies, dass der Missbrauch des Fortsetzungsverfahrens „die Marktmonopole unangemessen verlängern Monopole unangemessen verlängern und die Arzneimittelpreise hoch halten."

Eigentum, Knappheit und Monopole

> Das Recht auf Eigentum besteht im Wesentlichen in dem Recht, eine Sache dem allgemeinen Gebrauch zu entziehen. Der Eigentümer kann sie nutzen oder nicht nutzen; das ist eine untergeordnete Überlegung [...] Das Eigentumsrecht lässt sich viel besser negativ als positiv definieren.
>
> Emile Durkheim (1992:142)

Patente sind ein höchst eigenartiges Gebilde, dessen wichtigste Eigenschaften als *Eigentum* Emile Durkheim 1991:199) kurz und bündig schildert: „Eine Sache, an der ich Eigentumsrechte habe, ist eine Sache, die nur ich benutzen darf. Sie ist dem allgemeinen Gebrauch entzogen und einem einzelnen vorbehalten." Wissen als eine weitere eigentümliche Entität teilt wesentliche Eigenschaften mit Patenten. Dies ist nicht verwunderlich, denn Patente bestehen zum größten Teil aus Wissen (Ausdruck von Handlungsfähigkeiten). Das Recht, andere von der Nutzung von Wissen auszuschließen, *ermöglicht* die Organisation von Märkten und die Schaffung von *Tauschwerten* für Wissen. Der Wunsch, einen Gewinn zu erzielen, ist vielleicht die älteste, aber keineswegs die einzige Rechtfertigung für die Einschließung oder Kodierung von Wissen. Nicht-monetäre Motive wie Neugier, wissenschaftlicher Ruhm und Anerkennung, die Veröffentlichung in einer führenden Fachzeitschrift, Finanzierungserwägungen, das Ausstechen aus der Konkurrenz, bessere Berufsaussichten oder die Erlangung einer Professur und Beförderung sind wichtige Anreize in der wissenschaftlichen Gemeinschaft. Es ist wichtig zu wissen, wie diese Motive erworben werden.

Es gibt keine natürliche Beziehung zwischen Wissen und Eigentum oder Patenten und Eigentum; das Patentrecht gewährt ein künstliches Monopol und behindert den freien Wettbewerb. Es ist durchaus möglich, dass Patente Wissen bis zu einem gewissen Grad in den öffentlichen Raum bringen. Die Kommerzialisierung von Wissen oder des in Patenten eingebetteten Wissens bedeutet, etwas zu konstruieren, was nicht *von vornherein* ein Attribut von Wissen ist, nämlich *Knappheit*. Knappheit kann erzeugt werden.[12] Eigentum erzeugt Knappheit (Arrow 1996:125). Denn wo es Überfluss gibt, hat Eigentum keinen Sinn. Da

---

[12] Allgemeiner ausgedrückt ist Knappheit keine anthropologische Konstante, wie James Suzman (2020:6–7) in seiner Geschichte der Arbeit argumentiert. Im Gegenteil, das „wirtschaftliche Problem" für den größten Teil der Menschheitsgeschichte ist der Überfluss; das heißt, das Leben der Jäger und Sammler dreht sich nicht um Knappheit, sondern um Überfluss; „es gibt guten Grund zu der Annahme, dass, da unsere Vorfahren weit über 95 % der 300.000 Jahre alten Geschichte des *Homo sapiens* gejagt und gesammelt haben, die Annahme über die menschliche Natur im Problem der Knappheit und unsere Einstellung zur Arbeit ihre Wurzeln in der Landwirtschaft haben". Mit anderen Worten: Patente sind historisch gesehen eine der jüngeren gesellschaftlichen Konstruktionen von Knappheit.

es sich bei Patenten um Eigentum handelt, wäre es sinnvoll, Patente durch eine Analyse der Macht und insbesondere der *wirtschaftlichen Macht* zu untersuchen. Ob die Schaffung eines kritischen Monopols gerechtfertigt ist, ist eine höchst umstrittene Frage.[13] Der klassische liberale Wirtschaftsdiskurs würde natürlich bestreiten, dass jeder Eingriff in ein Laissez-faire-System vertretbar ist.

Der Wunsch bzw. das Bedürfnis, patentiertes Wissen zu nutzen, wenn man nicht der Inhaber des Patents ist, hat seinen Preis. Patente sorgen nicht nur dafür, dass Wissen seinen Preis hat, sondern auch dafür, dass der Inhaber des Kapazitätspatents das Sagen hat, wenn es darum geht, den Preis oder die rechtlichen Privilegien und die Macht, die mit der Nutzung des Patents verbunden sind, zu kontrollieren. Letztlich ist es der Gesetzgeber, genauer gesagt die Politik, die den Preis des Wissens bestimmt. Patente erzeugen *politische Preise*. Die genauen wirtschaftlichen Vorteile des Patentinhabers werden durch die Art und Weise bestimmt, wie das Patent formuliert ist und wie einfach oder schwierig es ist, ein Patent zu erhalten. Die Patentgesetze unterscheiden sich von Land zu Land. Patentrecht ist ein umfangreiches und komplexes Thema (vgl. Van Horn und Klares 2011). Einige nationale Patentgesetze werden als benutzerfreundlich angesehen. Ob sich diese Unterschiede auf die Schaffung von neuem Wissen auswirken, ist ungewiss.

Wie bedeutend das „unverdiente Einkommen" (d. h. das Einkommen, das auf der Grundlage des Besitzes von Kapitalvermögen oder Nicht-Arbeitseinkommen erzielt wird) von Patentinhabern ist, insbesondere für die beobachtete *Zunahme* der wirtschaftlichen Ungleichheit seit Ende der 1970er Jahre, ist ebenfalls nicht leicht zu bestimmen. Im Falle von Pharmapatenten ist diese Berechnung vielleicht möglich, da das Auslaufen von Pharmapatenten oft bedeutet, dass solche Medikamente als Generika hergestellt und verkauft werden.[14] Ich werde auf dieses Thema zurückkommen.

---

[13] Kenneth Arrow (1996:125; Hervorhebung hinzugefügt) behauptet – in Übereinstimmung mit dem damals vorherrschenden Konsens in den Wirtschaftswissenschaften –, dass es schwierig ist, Informationen (für Arrow konvergieren Wissen und Information) in Eigentum umzuwandeln, aber „wenn Informationen kein Eigentum sind, werden die *Anreize* fehlen, sie zu schaffen. Patente und Urheberrechte sind soziale Innovationen, die dazu dienen, künstliche Knappheiten zu schaffen, wo von Natur aus keine existieren [...] Diese Knappheiten sollen die notwendigen Anreize für den Erwerb von Informationen schaffen."

[14] Dean Baker (2018) verweist auf eine Berechnung, die in diesem Zusammenhang erhellend ist: „Nach Daten der [US-amerikanischen] Association for Accessible Medicines (AAM), der Handelsgruppe für die Generikaindustrie, entfielen 74 % der Ausgaben auf Markenmedikamente, obwohl sie nur 11 % der verkauften Verschreibungen ausmachten. Im Gegensatz dazu entfielen auf Generika nur 26 % der Ausgaben, obwohl sie 89 % der Verkäufe ausmachten. Das bedeutet, dass das durchschnittliche Generikum nur 3,6 % des Preises des durchschnittlichen Markenmedikaments kostet, also 29,70 US-Dollar pro Rezept. Diese Zahl

Immaterielles Kapital oder was genau ist wissensbasiertes Kapital?

Die Anfänge der Bemühungen von Ökonomen und Statistikern, das *Wissenskapital* einer Volkswirtschaft oder eines Unternehmens (quantitativ) zu bestimmen, lassen sich bis zur nicht allzu weit zurückliegenden Erfindung des Bruttosozialprodukts (BIP) in den 1940er Jahren zurückverfolgen (Masood 2016). Bei den anfänglichen Bemühungen, das Ausmaß der wirtschaftlichen Leistung eines Landes zu bestimmen, war Wissen kein ausdrücklicher Bestandteil. Mit der Veröffentlichung des Buches *The Production and Distribution of Knowledge in the United States* des Wirtschaftswissenschaftlers Fritz Machlup (1962) begannen die heroischen Bemühungen, das Wissenskapital empirisch zu bestimmen. Damals wie heute ist es offensichtlich, dass immaterielle Güter nur schwer zu quantifizieren sind.[15] In den 1980er Jahren wurde das Interesse der Wirtschaftswissenschaftler an einer Quantifizierung des Werts immaterieller Waren durch die Erfindung des Computers verstärkt. Auch die Frage nach dem Wert von Software weckt das Interesse in dem Bemühen, Teile der gesamtwirtschaftlichen Leistung, denen kein materieller Charakter oder physische Präsenz zugeschrieben werden kann, exakt zu erfassen (vgl. Haskel und Westlake 2018:43).[16] Immaterielle Güter können natürlich, wenn auch nicht immer in oder auf physischen Medien wie Software, Dokumenten oder Datenkapital gespeichert sein. Allerdings werden „die meisten immateriellen Vermögenswerte […] wie Forschung und Entwicklung (F&E), Organisationskapital und Ausbildung in den Volkswirtschaftlichen Gesamtrechnungen bis heute nicht als Investitionen behandelt" (Niebel, O'Mahony und Saam 2017:50).[17]

---

würde bedeuten, dass wir 96,4 % der für Markenmedikamente ausgegebenen Gelder einsparen könnten, wenn wir den Schutz abschaffen und den Verkauf von Generika erlauben würden."

[15] Eine Übersicht unterschiedlicher Versuche „intellektuelles Kapital" zu quantifizieren und ein alternativer Vorschlag die wirtschaftliche Effizienz immateriellen Kapitals zu erheben, findet sich in Ahmed (2022). Ahmeds Studie misst den Wert des intellektuellen Kapitals von Banken anhand ihrer Fähigkeit, Erträge im Verhältnis zum Wert der Ausgaben für das Intellektuelle Kapital zu erzielen.

[16] Auf einer abstrakten Ebene handelt es sich bei immateriellen Gütern nicht nur um *Informationen*, wie Crouzet et al. (2022:1) behaupten, sondern um *Wissen* als Handlungsfähigkeit.

[17] Die Quantifizierung der wirtschaftlichen Leistung einer Volkswirtschaft durch das Bruttosozialprodukt (BIP) steht gegenwärtig in der Kritik. Stimmen, die eine Änderung der Statistik fordern, werden immer einflussreicher. Eines der zentralen Probleme des Bruttoinlandsprodukts als Indikator für den Wohlstand besteht darin, dass es wichtigere Indikatoren der gesellschaftlichen Entwicklung nicht widerspiegelt, die sich in die entgegengesetzte Richtung zum

Für Ökonomen zählen als Investitionen in wissensbasiertes Kapital die *tatsächlichen* Ausgaben, das, was „leicht" monetarisiert werden kann und was voraussichtlich einen Gewinn abwirft. Ein weiteres theoretisches Defizit des Diskurses über wissensbasiertes Kapital vieler Ökonomen und Wirtschaftsprüfer war bis vor kurzem die fehlende Berücksichtigung der rechtlichen Kodierung immaterieller Vermögenswerte, insbesondere die Veredelung von Wissen durch Patentrecht (vgl. Pistor 2019: 116–117).

Eine weithin akzeptierte Definition, wie ein OECD-Bericht (2013:22) feststellt, identifiziert drei Arten von wissensbasiertem Kapital: „computergestützte Informationen (Software und Datenbanken); innovatives Eigentum (Patente, Urheberrechte, Designs, Warenzeichen); und wirtschaftliche Kompetenzen ([bezieht sich auf Investitionen, die nicht direkt mit Computern oder Innovationen zu tun haben:] einschließlich Markenwert, firmenspezifisches Humankapital, Netzwerke von Menschen und Institutionen und organisatorisches Know-how, das die Unternehmenseffizienz erhöht)".[18] Es ist offensichtlich, dass immaterielles Kapital ein äußerst heterogenes Phänomen ist. Management und Strategien, die auf immaterielles Kapital ausgerichtet sind, müssen/können sehr spezifisch sein (Haskel und Westlake 2021).

In jedem Fall kann man sagen, dass Investitionen in wissensbasiertes Kapital mehr „Arbeit" beinhalten als der Arbeitsanteil des Sachkapitals. Infolgedessen werden arbeitsintensive Dienstleistungen im Vergleich zu Produkten, die hauptsächlich mit Sachkapital hergestellt werden, teurer. Aus der Typologie ergibt sich Tab. 6.1, die auch den „Beitrag" des jeweiligen Vermögenswertes zum Wirtschaftswachstum berücksichtigt, aber gleichzeitig nichts über die Interaktion und Komplementarität der einzelnen Wissenswerte aussagt.

Nach der Definition der OECD (2013:183) zur Klassifizierung von wissensbasiertem Kapital umfasst die Kategorie „*Wirtschaftliche Kompetenzen*": „Wissen, das in die personellen und strukturellen Ressourcen eines Unternehmens eingebettet ist, wie z. B. firmenspezifische Ausbildung, Organisationskapital und Markenwert, und das hauptsächlich unter Verwendung sekundärer Datenquellen und einer Reihe von vorläufigen Annahmen gemessen wird. Diese Vermögenskategorie stellt die größte Herausforderung in Bezug auf Definition, Messung und Modellierung dar."

BIP entwickelt haben. Ein alternativer Index ist der der menschlichen Entwicklung (HDI; *Human Development Index*), der Bildungsergebnisse, Einkommen und Lebenserwartung zu einem einzigen zusammengesetzten Indikator zusammenfasst (siehe Masood 2022).

[18] Die Autoren des OECD-Berichts verweisen auf Corrado, Hulten und Sichel, 2005, als Autorität für die Typologie des wissensbasierten Kapitals.

Tab. 6.1 Classifications of the form of KBC and their effects on output growth

Type of KBC asset	Mechanisms of output growth for the investor in the asset
Computerised information	
Software	Improved process efficiency, ability to spread process innovation more quickly, and improved vertical and horizontal integration.
Databases	Better understanding of consumer needs and increased ability to tailor products and services to meet them. Optimised vertical and horizontal integration.
Innovative property	
Research & Development	New products, services and processes, and quality improvements to existing ones. New technologies.
Mineral explorations	Information to locate and access new resource inputs - possibly at lower cost - for future exploitation.
Copyright and creative assets	Artistic originals, designs and other creative assets for future licensing, reproduction or performance. Diffusion of inventions and innovative methods.
New product development in financial services	More accessible capital markets. Reduced information asymmetry and monitoring costs.
New architectural and engineering designs	New designs leading to output in future periods. Product and service quality improvements, novel designs and enhanced processes.
Economic competencies	
Brand-building advertisement	Improved consumer trust, enabling innovation, price premia, increased market share and communication of quality.
Market research	Better understanding of specific consumer needs and ability to tailor products and services.
Worker training	Improved production capability and skill levels.
Management consulting	Externally acquired improvement in decision making and business processes.
Own organisational investment	Internal improvement in decision making and business processes.

Source: left column, Corrado, C.A, Hulten, C.R and Sichel, D. (2005), *Measuring Capital and Technology: An Expanded Framework.* in C. Corrado, Haltiwanger, J. and Sichel, D. (eds), *Measuring Capital in a New Economy*, National Bureau of Economic Research and University of Chicago Press.

Quelle: OECD (2013:23) Report: Förderung von Investitionen in Wissenskapital, Wachstum und Innovation

Bemerkenswert an der OECD-Typologie der wissensbasierten Vermögenswerte und der Tabelle ihres wirtschaftlichen Nutzens ist, was sie auslässt, was aber sehr wohl das wertvollste wissensbasierte Kapital eines Unternehmens darstellen könnte. Das gemeinsame Merkmal der in Tab. 6.1 aufgeführten wissensbasierten Vermögenswerte sind die *Ausgaben* des Unternehmens. Mit anderen Worten: Preisinformationen sind wichtig, um das Volumen und den Wert des Vermögenswertes zu erfassen. Daher wird jeder *gekaufte* Posten durch seinen bestimmbaren Beitrag zum Wachstum gerechtfertigt. So wird beispielsweise erwartet, dass die „Entwicklung neuer Produkte im Bereich der Finanzdienstleistungen" zu „besser zugänglichen Märkten" führt. Verringerung der Informationsasymmetrie und der Überwachungskosten". Investitionen, die ein Unternehmen oder eine Institution tätigt, sind nur dann eine Investition, wenn es nachweisen kann, dass die *Ausgaben getätigt* wurden. Es muss kaum betont werden, dass *es einfach ist,* den Nominalwert für das zu ermitteln, was als Investition in nicht wissensbasiertes und wissensbasiertes Kapital behandelt wird. Dieser Ansatz hat jedoch den Nachteil, dass intern erzeugtes wissensbasiertes Kapital nicht unbedingt gezählt wird.

In der OECD-Klassifizierung des wissensbasierten Kapitals fehlt jedoch die wichtigste symbolische (immaterielle) Ressource eines Unternehmens, nämlich die Fähigkeiten und Fertigkeiten seiner Mitarbeiter oder das, was üblicherweise als *Humankapital* des Unternehmens und der Institution verstanden wird. Die fehlenden Vermögenswerte unterscheiden sich von den eingebrachten Vermögenswerten dadurch, dass sie in der Regel eine längere Lebenserwartung haben und sich langsamer abnutzen. In einer Studie zur sektoralen Produktivität des Wissenskapitals in der EU von Thomas Niebel und Kollegen (2017:51) wird beiläufig auf die „Ausbildung der Arbeitskräfte [verwiesen], die notwendig ist, um Produktivitätsvorteile zu erzielen", zum Beispiel durch die Anpassung von Informationstechnologien. Der Hinweis findet sich nur deshalb, weil dieses Attribut direkt mit den Unternehmensausgaben in Verbindung gebracht werden kann. In anderen Studien werden selbst Investitionen in die betriebliche Aus- und Weiterbildung nicht berücksichtigt (Belitz et al. 2018:64).

Auch andere, vergleichsweise kleinere Vermögenswerte, die dem Wissenskapital zugerechnet werden können, wie Finanzinnovationen oder Design, fehlen in der Regel in der Darstellung des Wissenskapitals (siehe Belitz und Gornig 2019:532). Die enge, restriktive empirische Definition von wissensbasiertem Kapital und das damit einhergehende Interesse an der oft kurzlebigen Abschreibung solcher Vermögenswerte – beispielsweise wird die „produktive Lebensdauer" von Marken auf 2,8 Jahre geschätzt – führt zu einer erheblichen Unterschätzung des Wertes menschlicher Fähigkeiten. Natürlich gehen die Ausgaben für Humankapital nicht direkt zu Lasten der Organisation und werden auch nicht zum Eigentum des Unternehmens (außer in einer Sklavenwirtschaft). Die Auslassung ist daher vielleicht aus buchhalterischen und steuerlichen Gründen oder aufgrund der Vorstellung, dass das Wissenskapital „Eigentum" der Arbeitnehmer ist, gerechtfertigt.[19]

---

[19] Die statistisch nicht erfassten immateriellen Vermögenswerte der Unternehmen sind nicht nur für die Bestimmung des sich verändernden Verhältnisses der Investitionen einer Volkswirtschaft in Sach- und Humankapital von Interesse, sondern die fehlenden Daten sind darüber hinaus von Bedeutung für ihre Auswirkungen auf andere wichtige volkswirtschaftliche Messgrößen wie die Produktivitätszahlen (eines Unternehmens oder der Volkswirtschaft insgesamt). Die kontroverse Diskussion unter Ökonomen über den Rückgang der gesamtwirtschaftlichen Produktivität (siehe auch meine Erörterung des sogenannten Produktivitätsparadoxons im nächsten Kapitel) in den letzten Jahrzehnten und die Suche nach den Ursachen dieser Entwicklung berührt das Problem der Erfassung des immateriellen Kapitalwerts nur am Rande. Die schwachen Produktivitätszahlen, zumindest in den USA, die schon vor der sogenannten Finanzkrise zu beobachten waren, erweisen sich als weit weniger bedeutsam, sobald es gelingt, das nicht erfasste immaterielle Kapital vollständiger zu erfassen. Eine empirisch valide Erfassung von „Aufschlägen und ungemessenem Kapital kann etwa die

Der vorherrschende Ansatz für die Rechnungslegung von KBC, den ich kritisiert habe, folgt den Regeln des „UN System of National Accounts", das als „die Bibel der volkswirtschaftlichen Gesamtrechnung" bezeichnet wird (Haskel und Westlake (2018:20). Bei der Definition von immateriellen Investitionen wird den UN-Regeln der Vorzug gegeben: Investitionen „sind das, was geschieht, wenn ein Produzent entweder ein Anlagegut erwirbt oder Ressourcen (Geld, Arbeit, Rohstoffe) aufwendet, um es zu verbessern" (SNA 2008, Abs. 10.32). Diese Definition verdeutlicht, dass alle früheren Investitionen in das Humankapital eines Individuums für die Berechnung des Wertes des immateriellen Kapitals eines Unternehmens irrelevant sind und daher nicht in der Bilanz einer Organisation auftauchen können. Dies gilt natürlich auch für exogenes Wissen, das zwar frei verfügbar ist *(Allgemeingut),* das aber dennoch zur Produktivität eines Unternehmens beiträgt und den Wohlstand einer Gesellschaft erhöht.

Ich hatte bereits auf das wachsende Qualifikationsniveau der Bevölkerung in den entwickelten Gesellschaften in den letzten Jahrzehnten hingewiesen. Das höhere und wachsende Qualifikationsniveau wirkt sich auf die Produktivität des Wissenskapitals einer Gesellschaft oder einzelner Unternehmen aus, z. B. auf die Art und Anzahl der angemeldeten Innovationen und Patente und die Verbreitung von zusätzlichem Wissen. Hochspezialisierte menschliche immaterielle Vermögenswerte sind wahrscheinlich weniger mobil und daher stärker unternehmensabhängig, zum Beispiel innerhalb des Finanzsektors, als materielle Vermögenswerte. Die restriktive Definition des Volumens und des Werts immaterieller Güter erklärt, warum der Beitrag „immaterieller Güter zum Wachstum der Arbeitsproduktivität im verarbeitenden Gewerbe tendenziell höher ist als im Dienstleistungssektor", weil das verarbeitende Gewerbe einen hohen Anteil an immateriellen Investitionen (Ausgaben) hat, die in die Kategorie Forschung und Entwicklung fallen (Niebel et al. 2017:64–65).

Die problematische Frage der Messung des wissensbasierten Kapitals durch Wirtschaftsprüfer und Ökonomen, z. B. angesichts der strittigen Definition dessen, was genau als Grenze des geistigen Eigentums gilt, und der wachsenden Bedeutung von Ideen für das Wirtschaftswachstum (vgl. Jones 2021) erhält immer mehr Aufmerksamkeit. Die OECD (2013:180) berichtet beispielsweise, dass sie erhebliche Investitionen getätigt und Fortschritte bei der Entwicklung von Methoden und der Beschaffung von Daten über den Umfang und die Art

---

Hälfte des gemessenen Produktivitätsrückgangs in den 2000er Jahren erklären" (Crouzet und Eberly 2021:1). Genauer gesagt zeigen Crouzet und Eberly (2019), „dass intangibles Kapital 30 bis 60 % des Rückgangs erklären kann, wenn man Daten auf Unternehmens- bzw. Branchenebene betrachtet."

des wissensbasierten Kapitals gemacht sowie die internationale Harmonisierung solcher Schätzungen vorangetrieben hat.

Im folgenden Abschnitt werde ich genauer untersuchen, was als Kipppunkt der Entwicklung der modernen Wirtschaft bezeichnet werden sollte. Dabei geht es um den Punkt, an dem Investitionen in symbolisches Kapital zur dominierenden Investitionsform sowie zum bedeutendsten Segment der Bewertung vieler, insbesondere der dominierenden Großunternehmen und damit zur wichtigsten Grundlage für weiteres Wirtschaftswachstum werden.

Ein Wendepunkt

Der Investitions-Tipping-Point könnte auch als „notwendige" Bedingung für die Entstehung der Wissensgesellschaftlichen *Wirtschaft bezeichnet werden.* Die Gründung der Wissensgesellschaft insgesamt ist mit zahlreichen anderen sozialen Prozessen verknüpft, auf die ich in einem späteren Abschnitt eingehen werde.

Die Antwort von Unternehmen und anderen Institutionen auf den Druck, wettbewerbsfähig zu bleiben, Marktanteile zu halten oder zu vergrößern, besteht darin, bei innovativen Aktivitäten an vorderster Front zu stehen. Der Schlüssel zur Innovationsfähigkeit liegt im wissensbasierten Kapital. Rohstoffe werden in der wissensbasierten Wirtschaft in den Hintergrund gedrängt. Der Rückgang des Naturkapitals ist auch auf die Erschöpfung dieser endlichen Ressourcen und auf umweltpolitische Maßnahmen zurückzuführen, die verlangen, dass das Naturkapital im Boden bleibt. Investitionen in fossile Brennstoffe erfordern mehr Sachkapital als erneuerbare Energien, die in der Regel eher wissensbasiert sind.

Ein OECD-Bericht (1996) schätzt, dass mehr als die Hälfte des Bruttoinlandsprodukts (BIP) in den meisten OECD-Ländern im letzten Jahrzehnt des 20. Jahrhunderts bereits wissensbasiert ist. Im Automobilsektor beispielsweise „haben schätzungsweise 90 % der neuen Funktionen in Autos eine bedeutende Softwarekomponente (innovative Start-Stopp-Systeme, verbesserte Kraftstoffeinspritzung, On-Board-Kameras, Sicherheitssysteme usw.). Wertvolle Geschäftsgeheimnisse liegen heute in den elektronischen Steuerungen, die den Betrieb von Motoren, Generatoren und Batterien regeln. Hybrid- und Elektrofahrzeuge erfordern riesige Mengen an Computercode" (OECD 2013:25).

Nationen, soziale Schichten, Unternehmen und Einzelpersonen, die in der Lage sind, Wissenskapazitäten zu mobilisieren, z. B. die Nutzung von Ermessensspielräumen oder die Fähigkeit, neue und überzeugende Ideen zu entwickeln, werden mit größerer Wahrscheinlichkeit finanzielle Gewinne im Rahmen der Wissensökonomie anhäufen und verteidigen (siehe Stehr 2016:101–108). Die

Kombination von Wissenskapazitäten – die die Komplexität der Wirtschaft und ihrer Produkte erhöhen – korreliert stark mit dem Entwicklungsstand einer Wirtschaft, ihrem Pro-Kopf-Einkommen und ihrem künftigen Wachstumspotenzial (Hidalgo und Hausmann 2009).

Das Ergebnis kann als das *Paradoxon* der Wissensökonomie bezeichnet werden; Wissen als solches ist ein *nicht rivalisierendes* Phänomen (Vermögenswerte können unbegrenzt genutzt oder verkauft werden und erschöpfen sich nicht durch die Nutzung), das weithin verfügbar ist oder sein kann, es ist „potenziell demokratisch und egalitär, aber gleichzeitig bietet es Unternehmen und Finanzkapital beispiellose Möglichkeiten, sich auf Reichtum und Monopolmacht zu konzentrieren" (Pagano 2018:355) und „dank des privaten Wissensbesitzes sind große globale Unternehmen, deren Aktien auf den globalen Finanzmärkten gehandelt werden, in der Weltwirtschaft zunehmend vorherrschend" (Pagano 2014:1420).

Zahlreiche immaterielle Investitionen können viele Male an diversen Standorten skaliert werden (z. B. Starbucks, Airbnb, Uber oder McDonald). Daraus folgt, dass große Märkte und die Globalisierung attraktive Investitionsmöglichkeiten darstellen (vgl. Haskel und Westlake 2017:34), die die wirtschaftliche Macht großer Unternehmen weiter stärken. Der Schlüssel ist, dass rivalisierende Güter im Prinzip konstante Erträge bieten, während Nicht-Rivalität[20] zu steigenden Skalenerträgen führt. Bei Nichtrivalität „ist das Wachstum des Einkommens pro Person an das Wachstum des Gesamtbestands an Ideen (d. h. ein Aggregat) und nicht an das Wachstum der Ideen pro Person gebunden" (Jones 2019:861).

Die Rentabilität stellt sich jedoch nicht automatisch ein, etwa in dem Sinne, dass eine neue Technologie, eine komplexe Software oder ein ausgeklügeltes Design allein dem erfindenden Unternehmen Gewinne bescheren. In diesem Zusammenhang wird die Fähigkeit von Unternehmen in den Vereinigten Staaten und anderswo, *sich* neues Wissen *rechtlich zu sichern* (durch die institutionellen Regelungen im Zusammenhang mit den Rechten an geistigem Eigentum) und dadurch virtuelle Monopole zu schaffen, zu einem dominanten Muster innerhalb des symbolischen Wirtschaftssystems, das auch sicherstellt, dass ein unverhältnismäßiger Anteil der nationalen und internationalen Gewinne an Superstar-Firmen fließt, die solche Rechte an Wissen anhäufen. Mit anderen Worten: Das Recht auf geistiges Eigentum verwandelt nicht-konkurrierende Güter in ausschließbare Güter. Ohne ihren rechtlichen Schutz wären neue Erkenntnisse und deren Nutzung durch andere Unternehmen nicht ausschließbar und nicht konkurrenzfähig.

---

[20] Bemühungen, Wissen einzuschließen, können dadurch erschwert werden, dass das *Speichermedium* leicht vervielfältigt werden kann. Eingeschlossene Handlungskapazitäten können daher einen gewissen Grad an *Nicht-Rivalität* annehmen (Crouzet et al. 2022:19).

Obwohl die Piraterie von geschütztem geistigem Eigentum keine Seltenheit ist, wirkt sich diese Tatsache nur mäßig auf die Rentabilität der Eigentümer geistigen Eigentums aus (vgl. Schwartz 2019:511).[21]

Nach dem Tipping Point, wenn die Investition in KBC zur vorherrschenden Form der Investition wird, wird die Entwicklung der Wissensgesellschaft zu einem sich selbst verstärkenden Prozess. Wissen erfindet in hohem Maße Wissen. Der Zeitpunkt/die Amortisation der beiden Investitionsmethoden ist unterschiedlich. Die Vorteile von Sachinvestitionen machen sich früher in Produktivitätsgewinnen bemerkbar als der Investitionskreislauf in Humankapital.

Die Veränderungen des Investitionsvolumens (Faktoreinsatz) – und nicht des Produktivitätswachstums – sollten überlagert werden und nicht direkt die sich ändernden Muster des Produktivitätswachstums widerspiegeln, beispielsweise in jüngster Zeit als Ergebnis einer Finanzkrise, einer Verlangsamung des Wachstums im Euroraum oder der Pandemie in den ersten Jahrzehnten dieses Jahrhunderts. Eine Unterscheidung, die von Nutzen sein könnte, ist die Messung des Anstiegs der Investitionen in Faktorinputs im Vergleich zum Gesamtwert des Kapital- und Arbeitsstocks abzüglich der Abschreibungen. Dieser Ansatz wirft jedoch die komplexe Frage auf, wie die Wertminderung von immateriellem Kapital, geschweige denn von Arbeitsvermögen im Zuge der Alterung, berechnet werden kann. Hier ist von einem Preis die Rede, der unbeobachtet ist und geschätzt werden muss (Dinerstein et al. 2010; Corrado et al. 2022:19).

Das Wachstum der Arbeitsproduktivität, ob statisch, rückläufig oder wachsend, steht nicht im Mittelpunkt der Analysen. Wenn Produktivitätszahlen berücksichtigt werden, wäre der Kontrast in der Produktivität der Faktoren von Interesse. Von besonderem Interesse ist das Volumen der Investitionen in verschiedene Inputfaktoren. Hilfreich wären auch Informationen über die Beziehungen zwischen den Investitionen in den verschiedenen Wirtschaftssektoren sowie Trenddaten, die über die Statistiken für einige wenige Jahre hinausgehen. Informationen über Faktorinputs werfen schwierige Messprobleme auf, z. B. im Bereich des Informations- und Kommunikationskapitals (IKT); welcher Teil der IKT-Anlagen fällt in die Kategorie Arbeit und welche Investitionen sind Sachkapital? Es ist jedoch offensichtlich, dass Investitionen in IKT-Anlagen ergänzende immaterielle Investitionen erfordern.

---

[21] Apple meldete 2006 ein Patent „für eine rudimentäre Version an, ein Headset, mit dem Nutzer ein „peripheres Lichtelement" für ein „verbessertes Seherlebnis" sehen und Benachrichtigungen in den Augenwinkeln anzeigen können. Der Antrag wurde schließlich 2013 bewilligt, als Google selbst versuchte, die Menschen von Smartglasses zu überzeugen, was jedoch kommerziell scheiterte" („Part human, part machine: Is Apple turning us all into cyborgs?" *The Guardian*, 25. November 2020).

Noch komplizierter dürfte es sein, den Wert „einzigartiger" Eigenschaften, die wissensbasiertem Kapital im Gegensatz zu materiellem Kapital zugeschrieben werden können, empirisch zu bewerten. Jonathan Haskel und Stian Westlake (2017:58) führen die folgenden Attribute von wissensbasiertem Kapital auf: *Skalierbarkeit, Sunkenness, Spillover* und *Synergien*. Skalierbarkeit bezieht sich auf die Fähigkeit, einen immateriellen Vermögenswert immer wieder ohne große Kosten und signifikante Abschreibungen einzusetzen, zum Beispiel ein Softwareprogramm oder einen Algorithmus. Eine immateriell-intensive Produktion kann im Vergleich zu einer materiell-intensiven Produktion eine erhebliche (Anlauf-)Investition erfordern, erfordert aber mitunter vernachlässigbare Grenzkosten, um die Produktion am Laufen zu halten. Daraus ergibt sich, dass die immateriell-intensive Produktion nahezu unendliche Skalenerträge bietet. Unendliche Skalenerträge heben das eiserne Gesetz der abnehmenden Grenzerträge auf, das die Industriegesellschaft beherrscht.

Sunkenness bezieht sich auf die Kosten eines Projekts, die nicht wieder hereingeholt werden können, sobald das Projekt eingestellt wurde. Spillovers beziehen sich auf die Möglichkeit, dass einige immaterielle Vermögenswerte, wie organisatorische Prozesse, Schulungen oder Marketingkampagnen, schwer zu schützen sind. Synergien deuten darauf hin, dass es für Konkurrenten relativ leicht ist, immaterielle Vermögenswerte zu kopieren. Die Kombination dieser Eigenschaften bedeutet, dass wissensbasiertes Kapital von Natur aus unsicher und im Wesentlichen umstritten ist (Haskel und Westlake 2017:87–88).

Die wissensbasierte Wirtschaft als eine der Grundlagen der Wissensgesellschaft

Zusammenfassend lässt sich festhalten: Die produktiven Prozesse in der *Industriegesellschaft* werden von einer Reihe von Faktoren bestimmt, die als Bedingungen für die Möglichkeit einer sich wandelnden, insbesondere wachsenden Wirtschaft an Bedeutung verlieren: Die Dynamik von Angebot und Nachfrage nach Primärprodukten oder (natürlichen) Rohstoffen; die abnehmende Produktivität des materiellen Inputs, die Abhängigkeit der Beschäftigung von der Produktion; die Bedeutung des verarbeitenden Sektors, der Primärprodukte verarbeitet; die Rolle der Arbeit (im Sinne von Handarbeit) und die soziale Organisation der Arbeit; die Rolle des internationalen Handels mit Waren und Dienstleistungen; die Funktion von Zeit und Ort in der Produktion und die Art der Grenzen des Wirtschaftswachstums.

Der gemeinsame Nenner der Veränderungen in der Wirtschaftsstruktur ist eine Verschiebung von einer Wirtschaft, die in hohem Maße durch „materielle" Inputs *(Sachgüter)* in den Produktionsprozess und seine Organisation angetrieben, bewertet und gesteuert wird, hin zu einer Wirtschaft, in der die Veränderungen in den Produktions- und Verteilungsprozessen viel stärker durch „symbolische" *(immaterielle)* oder wissensbasierte Inputs (insbesondere als *nichtrivalisierende* Ideen, die dazu tendieren, das Einkommen aller Individuen zu erhöhen) und Outputs bestimmt werden (ausführlicher siehe Stehr und Voss 2020:22–78). Symbolische „Produkte" auf der Basis von geistigen Eigentumsrechten und Goodwill, die zudem den großen Vorteil haben, dass sie ohne weiteren Aufwand, z. B. den Einsatz zusätzlicher Ressourcen, umfangreich erweitert werden können *(skalierbar)*. Ein Antivirenprogramm kann an einen anderen Kunden verkauft werden, ohne dass der Virenhersteller ein neues Programm schreiben muss. Zu den wirtschaftlichen Folgen, die sich aus der kontinuierlichen Ausweitung des Angebots an immateriellen Gütern ergeben, gehören höhere Gewinne und häufig eine zunehmende Marktkonzentration. Die Veränderung der Vermögensstruktur eines Unternehmens, die Verlagerung von Anlagekapital zu immateriellen Vermögenswerten, deren Wachstum in der Regel nicht von der Größe und der räumlichen Ausdehnung abhängt, stellt gleichzeitig eine Verlagerung von der Produktion und dem Verkauf von Waren hin zur Erzielung von Mieteinnahmen (d. h. dem Überschuss der Einnahmen über die Kosten) dar, die sich aus dem Besitz und der Kontrolle von Vermögenswerten ergeben.

Moderne Gesellschaften als Wissensgesellschaften 7

Die Wirtschaft der Industriegesellschaft ist zunächst und in erster Linie eine *materielle Wirtschaft,* eine Wirtschaft, die sich in erster Linie auf Investitionen in den physischen Produktionsapparat stützt. Die jüngsten Veränderungen in der Wirtschaftsstruktur und -dynamik in den Industrieländern, aber auch anderswo, spiegeln in zunehmendem Maße die Tatsache wider, dass das *Wissen* zur wichtigsten Dimension im Produktionsprozess wird. In der Wissensgesellschaft wird der größte Teil des Reichtums eines Unternehmens zunehmend durch seine Kreativität, seine Innovationskraft und sein Humankapital verkörpert. Es geht darum, dass für die Produktion von Gütern und Dienstleistungen, mit Ausnahme der am stärksten standardisierten Waren und Dienstleistungen, andere Faktoren als „die Menge an Arbeitszeit oder die Menge an physischem Kapital zunehmend zentral warden" (Block 1985: 95). Das Hauptaugenmerk einer soziologischen Analyse der modernen Gesellschaft muss sich daher auf die besondere Natur und Funktion des Wissens in den sozialen Beziehungen und natürlich auf die Hauptträger dieses Wissens richten.

Anhand von sogenannten *„weichen"* (hauptsächlich, aber nicht nur wirtschaftlichen, sondern auch eindimensionalen) Indikatoren, d. h. Indikatoren, die im Allgemeinen eher schwer zu messen sind und bei denen es schwierig ist, die Grenzen der sich häufig überschneidenden Indikatoren zu bestimmen, wird hier eine Liste von Merkmalen erstellt, die *moderne Wissensgesellschaften* kennzeichnen:

- die Ausbreitung und Beherrschung der meisten Bereiche des gesellschaftlichen Handelns, z. B. Produktion, Bildung, Polizeiarbeit durch Wissen und wissenschaftliche Erkenntnisse;

- wissensbasierte Aktivitäten unterliegen steigenden Erträgen[1] („Verwissenschaftlichung", wissenschaftliches Wissen als Instrument des politischen Handelns); konkret,
- innerhalb des Wirtschaftssystems, die Entstehung der symbolischen Wirtschaft; Investitionen in symbolische Güter übersteigen die Investitionen in materielle Güter sowohl in Haushalten als auch in Unternehmen;[2]
- Verlagerung der sozialen und wirtschaftlichen Aktivitäten ins Internet;
- die Grenzen der physischen Ressourcen werden zu einem großen wirtschaftlichen und politischen Dilemma;
- Paradoxon der Wissensökonomie (nicht-konkurrierendes Eigentum wird zu konkurrierenden Gütern konzertiert, Patentrecht, Privatisierung; Macht, die durch die Nutzung dessen entsteht, was durch das Patent eingezäunt ist; Patente als Finanzanlagen; Konzentration der Anwendung von Wissensvorsprüngen in großen Privatunternehmen);[3]
- Konflikte und Kämpfe, die sich um die Kontrolle von Wissen und Informationen drehen (Bedenken hinsichtlich Privatsphäre, Offenlegung und Transparenz);

---

[1] „Die Nutzung und Anwendung von Wissen führt zu steigenden Erträgen, weil Wissen nicht substrahierbar ist (was dazu führt, dass die Nutzung von Wissen mehr und/oder neues Wissen hervorbringt), weil Wissen zunehmend aufgeteilt wird, weil es einen zirkulären und kumulativen Zusammenhang zwischen Nutzung und Kapazität gibt und weil Wissen, obwohl es keine hinreichende Bedingung ist, die Kreativität unterstützt und fördert." (Hu 2020: 21)

[2] In den Vereinigten Staaten zum Beispiel macht das Finanzvermögen der Haushalte im Jahr 2019 fast 72 % des Gesamtvermögens aus, verglichen mit 65 % im Jahr 2009. Die untersten 50 % der Haushalte besaßen nur 2,3 % des Finanzvermögens, während das oberste Prozent 35 % besaß (vgl. https://www2.deloitte.com/us/en/pages/financial-services/articles/how-us-household-balance-sheets-changed-since-the-financial-criseS.html). Nach den von Manuel Castells (2000: 54) angeführten Zahlen „war im Jahr 1997 zum ersten Mal ein höherer Anteil des Vermögens der US-Haushalte in Wertpapieren als in Immobilien" angelegt.

[3] Nikolas Zolas und seine Kollegen (2020: 71) berichten, dass die KI-Einführungsrate je nach Unternehmensgröße stark variiert. Auf der Grundlage von Daten aus einer 2018 durchgeführten Umfrage unter US-Unternehmen setzen mehr als sechzig Prozent der Unternehmen mit 10.000 und mehr Mitarbeitern KI-Technologien ein. Unternehmen mit 100 bis 249 Mitarbeitern geben beispielsweise an, dass weniger als zwanzig Prozent diese Technologien nutzen. Es scheint offensichtlich, dass die Konzentration bei der Nutzung von neuem Wissen und neuen Technologien potenziell erhebliche Auswirkungen auf Themen wie Ungleichheit, Wettbewerb und den Aufstieg von „Superstar"-Firmen haben wird.

- die wachsende gesellschaftliche Bedeutung der Sekundar- und Hochschulbildung (Produktion, Weitergabe und Zertifizierung von Wissen, Entdeckung von Problemen);[4]
- die wachsende Bedeutung des Humankapitals (einschließlich des „Humankonsum-Kapitals", d. h. Investitionen in die Genussfähigkeit) und in den letzten Jahren das Aufkommen großer Unternehmen (Superstars), deren Vermögen vor allem im menschlichen (intellektuellen) Kapital liegt;
- ein beträchtlicher Anstieg der Reallöhne und ein erheblicher Rückgang der geleisteten Arbeitsstunden; und eine Zunahme der sozialen Ungleichheit bei Einkommen und Vermögen seit den 1980er Jahren;
- die Verdrängung, wenn auch keineswegs die Eliminierung anderer Wissensformen durch wissenschaftliches Wissen, vermittelt durch die wachsende Schicht und Abhängigkeit von Experten, Beratern und Ratgebern und den entsprechenden Institutionen, die auf dem Einsatz von Spezialwissen beruhen;
- das Aufkommen der Wissenschaft als unmittelbare Produktivkraft;
- die Transformation bestehender und die Ausdifferenzierung neuer Formen politischen Handelns (z. B. Wissensgesellschaftspolitik; Wissenspolitik, Wissenschafts- und Bildungspolitik; Technologiepolitik; Patentpolitik);
- die Entwicklung eines neuen Produktionssektors (der Wissensproduktion);
- wie die Veränderung der Machtstrukturen (Technokratie-Debatte; Instrumentalisierung der Wissenschaft; Konzentration der Märkte; Entstehung globaler Superstar-Konzerne);[5]
- die Entstehung von Wissen, insbesondere von *proprietärem* Wissen (basierend auf politischen Entscheidungen) als Grundlage für soziale Ungleichheit und soziale Solidarität;
- Grundlage für neue Muster sozialer Ungleichheit, insbesondere die zunehmende Verbreitung individueller und kollektiver Einkommens- und Vermögensunterschiede;[6]

---

[4] Vgl. die Studie von David Frank und John Meyer (2020: 122), *The Expanded University and the Knowledge Society,* in der die Autoren ihre Hypothese vorstellen, dass „die zeitgenössische Wissensgesellschaft mit rationalisierten Rollen und artikulierten kulturellen Bereichen gefüllt ist, die sich grundlegend von der Universität ableiten".

[5] Die Weltbank (2019: 37) berichtet, dass „Großunternehmen die Weltwirtschaft dominieren: 10 % der Unternehmen weltweit erwirtschaften schätzungsweise 80 % aller Gewinne. Superstar-Firmen prägen die Exporte eines LandeS." Die Konzentration ist vor allem bei Unternehmen zu beobachten, die auf technologische Innovationen angewiesen sind, und auf Märkten, die sich aufgrund technologischer Innovationen schnell verändern.

[6] Thomas Piketty ([2013] 2014: 332; auch Song et al. 2015) stellt beispielsweise fest, dass „die Lohnungleichheit in den Vereinigten Staaten und Großbritannien rasch zunahm, weil

- die Tendenz, die Autorität auf Fachwissen zu gründen; und
- die Verlagerung des Charakters gesellschaftlicher Konflikte von Kämpfen um die Verteilung von Einkommen und die Aufteilung von Eigentumsverhältnissen zu Ansprüchen und Konflikten um allgemeine menschliche Bedürfnisse;
- auf der anderen Seite, wie Jonathan Crary (2022: 41) behauptet: „Eine der wichtigsten Errungenschaften der sogenannten Wissensökonomie ist die massenhafte Produktion von Unwissenheit, Dummheit und Gehässigkeit",
- und nicht zuletzt die wachsende Erwartung, dass der Einzelne die Hauptverantwortung für die von ihm getroffenen Entscheidungen trägt und die Konsequenzen und Risiken seines Handelns übernimmt (vgl. die umstrittene Debatte über die Verantwortung in der Pandemie).

Die zentrale Hypothese meiner Untersuchung über die Dynamik von modernen Gesellschaften und Wissen ist, dass Wissen und nicht Natur, Unfälle, Gewalt, Katastrophen, Macht oder ererbte Eigenschaften des Menschen mehr denn je die Grundlage und Richtschnur des menschlichen Handelns in allen Bereichen der sozialen Beziehungen darstellt. Die vorliegende Untersuchung über Wissensgesellschaften ist daher eine Antwort auf die grundlegende Beobachtung, dass insbesondere die moderne Wissenschaft und Technik keineswegs nur, wie heute noch oft angenommen wird, Schlüssel und Zugang zu den Geheimnissen der Natur und des menschlichen Verhaltens sind, sondern vor allem das Werden einer Welt: Wissen als Motor und nicht nur als Kamera (MacKenzie 2006). Die beispiellose Bedeutung wissenschaftlich-technischen Wissens bedeutet jedoch nicht, dass es modernen Formen wissenschaftlich-technischen Wissens gelingen wird, herkömmliche Lebensweisen und Haltungen einfach zu entlasten, wie erhofft oder wie oft ernsthaft befürchtet.

Wissensgesellschaften sind keine gesellschaftliche Formation im Stillstand. Die Entwicklung des Wirtschaftssystems von Wissensgesellschaften geht Hand in Hand mit der Verrechtlichung von Wissen als der wichtigsten Ressource von Wissensgesellschaften und führt unmittelbar zur Transformation der Wissensgesellschaft in einen Wissenskapitalismus. Die Einhegung von Wissen hat nicht nur Auswirkungen auf die Verbreitung von Wissen, sondern auch auf dessen

---

amerikanische und britische Unternehmen nach 1970 sehr viel toleranter gegenüber extrem großzügigen Gehaltspaketen wurden [...] diese Veränderung bei der Vergütung von Führungskräften hat eine Schlüsselrolle bei der Entwicklung der Lohnungleichheit in der ganzen Welt gespielt." Die Erklärungen für den Anstieg der sozialen Ungleichheit sind nach wie vor umstritten, insbesondere unter Wirtschaftswissenschaftlern. Außerdem sind die Erfahrungen nicht in allen entwickelten Gesellschaften identisch.

Produktion. Beobachter hegen den berechtigten Verdacht, dass die rechtliche Einhegung von Wissen in Form von Patenten die Arbeit an zusätzlichem Wissen und an Innovationen behindert und beides wirtschaftlich unattraktiv macht. Der Wissenskapitalismus hat auch deutliche Auswirkungen auf die inner- und zwischengesellschaftliche Ungleichheit. Eines der Hauptmerkmale der Ungleichheitsbildung in Wissensgesellschaften besteht darin, dass immer größere Teile der Bevölkerung ausgesperrt werden und praktisch einem Liquiditätsengpass ausgesetzt sind. Vergleiche, die sich beispielsweise auf die Einkommensungleichheit in den entwickelten Gesellschaften stützen, verfehlen den tatsächlichen Anstieg und die Grundlage der sozialen Ungleichheit: „Der Aufbau von Wohlstand funktioniert immer weniger durch Arbeit und erfordert zunehmend die Teilnahme an der Logik der Vermögensinflation" (Konings und Adkins 2022: 53). Bedeutende soziale Schichten können nicht an der Wertsteigerung von Aktien oder Immobilien partizipieren, während die Verschuldung in einer Zeit hoher Inflation und hoher Zinsen steigt. Obwohl es sich beim Wissenskapitalismus in erster Linie um eine wirtschaftliche Entwicklung handelt, besteht der begründete Verdacht, dass die digitalen Giganten, die auf dem Fahrersitz sitzen, erhebliche Auswirkungen auf die soziale Struktur und Kultur der modernen Gesellschaft haben.

Die politische Ökonomie des wissensbasierten Monopolkapitalismus

8

> *Monopolistische Rechte sind der einzige nachhaltige Wettbewerbsvorteil. Aus Sicht der Wirtschaft sind die Rechte an geistigem Eigentum also der ultimative Schlüssel zum Erfolg.*
>
> *Mitarbeiter einer Patent- und Lizenzvermittlungsfirma (Quelle: „Patents; Putting a value on the intangible: Patente", New York Times (online), 18. Dezember 2000.)*

Unter dem vielleicht sperrigen Stichwort „Wissensmonopolkapitalismus" möchte ich die Frage nach der privaten (d. h. auch der unternehmerischen) Aneignung des Wissensgewinns und deren Folgen, etwa für den Arbeitsmarkt und die soziale Ungleichheit, näher beleuchten. Der Begriff *Kapitalismus* hat in diesem Zusammenhang seine Berechtigung, denn aufgrund des fortbestehenden privaten Eigentums bzw. des „Verschwindens des Kapitals" (Haskel und Westlake 2018: 35) spielt in diesem Fall natürlich immer öfter das Eigentum an patentiertem Wissen eine Rolle und im Verhältnis zu denjenigen, die ihre Arbeitskraft besitzen, bleibt das Kapitaleigentum ein wesentliches Merkmal der sozialen Beziehungen von Wissensgesellschaften.

Ein weiteres Merkmal, das typischerweise der Wirtschaftsordnung des Kapitalismus zugeschrieben wird, besteht auch im Wissenskapitalismus fort, nämlich die Tendenz zur *Konzentration* der Marktmacht. Die große Mehrheit der heute erteilten Patente wird im Vergleich zu den vergangenen Jahrzehnten von (Groß)

Konzernen angemeldet und erteilt.[1] Kontinuität ist eher der Fall als Unterscheidbarkeit, was eine Erweiterung der sozialen Gestalt des Kapitalismus darstellt. Die Reichweite des Rechts des geistigen Eigentums geht über die Rechte des geistigen Eigentums im engen juristischen Sinne hinaus, d. h. über das Wissen, das eine Leistung darstellt und in Gegenständen enthalten ist, die patentiert werden können, für die ein Urheberrecht erlangt werden kann und die als Marke geschützt sind.

Eine der typischen und massiven Folgen des Ungleichheitsregimes der Wissensgesellschaft ist die Möglichkeit, dass sich die soziale Ungleichheit zugunsten der unternehmerischen Akteure, insbesondere der großen multinationalen Konzerne und ihrer Manager und Kapitaleigner (Superstars), verschiebt. Die entscheidende Frage ist, welche Rolle spielt das Recht und welches Wissen wird privatisiert und wie nachhaltig sind solche Monopole?

Eine zentrale Rolle spielt dabei die Art und Weise, wie das Gesetz zusätzliches Wissen (sowie Definitionen, was genau zusätzliches, patentierbares Wissen ist) schützen lässt und durch welche Merkmale zusätzliches Wissen typischerweise gekennzeichnet ist. Zweifellos liegt es im Interesse eines Unternehmens, die Hürden der Patentierbarkeit so niedrig und so breit wie möglich zu institutionalisieren: Die Suche nach neuem Wissen erstreckt sich dabei auch auf das Streben nach einem Monopol (Drahos und Braithwaite 2002: 52).

Der Wunsch, Patente als Waffen einzusetzen, führt dazu, dass Unternehmen (wie Apple, Microsoft und Google),[2] die über das entsprechende Finanzkapital verfügen, größere Summen in den Erwerb von Patenten und in Rechtsstreitigkeiten zur Abwehr von Patentverletzungen investieren als in Forschung

---

[1] Allerdings können Patente, die kleineren Unternehmen erteilt werden, für große Konzerne natürlich große Nachteile haben, wenn die Gerichte feststellen, dass sie das Patent eines kleinen Unternehmens verletzen: Die Erfahrung des Daimler-Konzerns ist ein einschlägiges Beispiel. Ein Heizsystem, das im Kopfteil des Sitzsystems einer Reihe von Cabriolets eingebaut wurde, führte zu einer gerichtlichen Anfechtung durch den Patentinhaber des Heizsystems. Im Jahr 2016 musste Daimler die Produktion des Cabriolets aussetzen. Erst nach Zahlung einer hohen Summe an den Patentinhaber konnte Daimler den Verkauf des Cabriolets wieder aufnehmen (vgl. „Patente mit Drohpotential", *Frankfurter Allgemeine Zeitung,* 23. Februar 2021). Der Fall könnte zu einer Änderung des Patentrechts beitragen: Das deutsche Justizministerium erwägt eine Änderung, die es einem Patentinhaber verbieten würde, auf der Reichweite seiner Rechte zu bestehen, wenn die Folgen für die Gegenseite unverhältnismäßig sind.

[2] Apple ist im Oktober 2022 das wertvollste börsennotierte Unternehmen der Welt, und zwar mit deutlichem Abstand: 2,64 Billionen US-Dollar gegenüber 2,05 Billionen im Falle von Microsoft. Die Energiekrise hat ARAMCO (Saudi-Arabien) im August 2022 auf den zweiten Platz katapultiert.

und Entwicklung. Die bis heute territorial begrenzte Politik der intellektuellen Eigentumsrechte, die im Jahrhundert zwischen 1770 und 1870 in West- und Mitteleuropa entstand und sich nach Amerika ausbreitete, steht in einem möglicherweise scharfen Konflikt mit der Wettbewerbspolitik. Letztere zielt darauf ab, den Wettbewerb zu fördern, während erstere per Definition den Wettbewerb einschränkt (vgl. OECD 2013: 162–171).

Es gibt aber auch andere, zunehmend genutzte rechtliche Möglichkeiten der Einhegung, die weniger die Ergebnisse (Output) betreffen, sondern vielmehr das, wofür Wissen eingesetzt wird (Input) – wie „Fähigkeiten, Erfahrungen, Know-how, berufliche Beziehungen, Kreativität und unternehmerische Energien" (Lobel 2015: 790)-, was den Wissensmonopolkapitalismus weiter untermauert. Der rechtlich legitimierte Schutz von Wissen durch Patente wird zunehmend durch begleitende, ebenfalls rechtlich begründete Kontrollmaßnahmen über das Wissen (z. B. im Sinne von Humankapital) der Beschäftigten eines Unternehmens zusätzlich zu der konkreten patentierbaren Innovation unterstützt. Das Ergebnis dieser Veränderungen ist die Ausweitung der rechtlichen Kodierung von individuellem und kollektivem Wissen: Wissen, das nicht durch Urheberrechte, Patente oder Marken geschützt werden kann, wird von Arbeitgebern durch sogenannte „Geheimhaltungsvereinbarungen" zugänglich gemacht – die auch in die Vergangenheit reichen können.

Das sich wandelnde Verhältnis materieller und immaterieller Güter

> Es ist kaum möglich, das Funktionieren eines Marktes zu erörtern, ohne die Natur des Systems der Eigentumsrechte zu berücksichtigen, das bestimmt, was gekauft und verkauft werden kann, und das, indem es die Kosten für die Durchführung verschiedener Arten von Markttransaktionen beeinflusst, bestimmt, was tatsächlich gekauft und verkauft wird und von wem.
>
> Ronald Coase ([1977] 1978: 210)

Der Unterschied zwischen der symbolischen und der materiellen Grundlage der Wirtschaft ist für die moderne politische Ökonomie von zentraler Bedeutung. Die von der Firma *Ocean Tomo* erstellten Statistiken stützen die These, dass das Humankapital, zumindest in den Vereinigten Staaten, zum mit Abstand wichtigsten Kapitalwert geworden ist. Das immaterielle Kapital der U.S. 500 S&P-Unternehmen macht 80 % des Gesamtwerts der Unternehmen im Jahr 2015 aus.

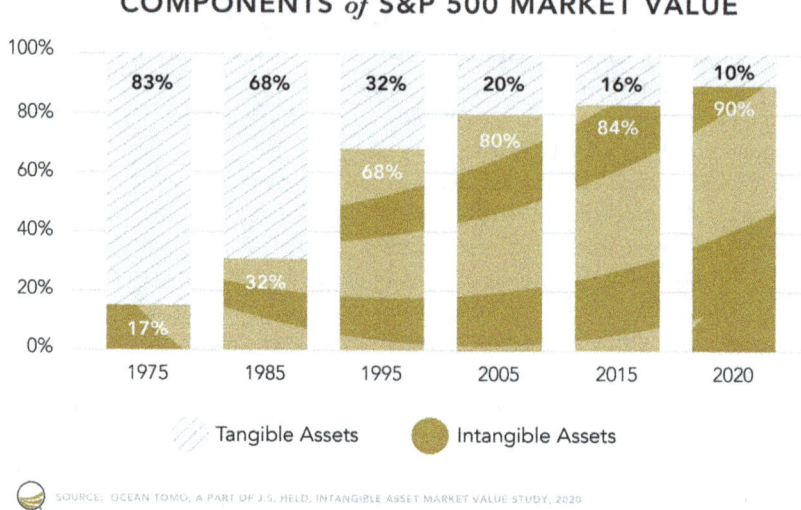

Abb. 8.1 Komponenten der Marktkapitalisierung der S&P 500-Unternehmen 1975–2020. (Quelle: https://www.oceantomo.com/intangible-asset-market-value-study/)

Nur vierzig Jahre zuvor überstieg der Wert des materiellen Kapitals der Unternehmen den Wert ihrer immateriellen Vermögenswerte (geistige Vermögenswerte) fast um das Sechsfache. Im Juli 2020 aktualisierte die Firma Ocean Tomo ihre Studie zum Marktwert des geistigen Eigentums (Intellectual Asset Market Value Study, IAMV), um „die wirtschaftlichen Auswirkungen des neuartigen Coronavirus zu untersuchen. Wir stellen fest, dass COVID-19 den Trend zum Anstieg des IAMV-Anteils beschleunigt hat, wobei immaterielle Vermögenswerte nun 90 % des S&P500-Marktwerts ausmachen."[3] (Abb. 8.1).

Korinek und Ng (2019: 12) berichten für die Vereinigten Staaten, dass der Anteil der Investitionen in immaterielle Vermögenswerte am Gesamtvermögen in den meisten Branchen seit etwa 1990 gestiegen ist. Noch bedeutsamer ist ihre Feststellung, dass das Wachstum der immateriellen Vermögenswerte in den

---

[3] *Ocean Tomo* (https://www.oceantomo.com/intangible-asset-market-value-study/) gibt an, dass sich ihre Definition von „intellektuellem Kapital" im Allgemeinen auf traditionelle Vermögenswerte des geistigen Eigentums – Patente, Marken und Urheberrechte – bezieht. Bei Ocean Tomo schließen wir in die Definition des „geistigen Kapitals" spezielle immaterielle Vermögenswerte von Kunden ein, insbesondere Vorzugsrechte von Unternehmen und Regierungen. Die aktualisierte Statistik ist auf derselben Website zu finden.

vier umsatzstärksten Unternehmen jedes Industriesektors auftritt und *konzentriert* ist.[4] Die fraglichen Werte hängen jedoch von der umstrittenen Definition des intellektuellen Kapitals ab; in diesem Fall ist der Wert der immateriellen Güter der Marktwert des Unternehmens (an der Börse) abzüglich des Wertes des Sachkapitals. Die Kluft zwischen dem in den Jahresberichten der Superstar-Unternehmen ausgewiesenen Wert der immateriellen Güter und dem Börsenwert der Unternehmen ist enorm (Corrado et al. 2022: 4).

Diese Entwicklung, der Vergrößerung der Kluft zwischen Sach- und Humankapital, trifft auf die deutsche Wirtschaft nicht zu. Im Gegenteil, in Deutschland stagniert seit 2009 das Investitionsvolumen sowohl in materielles als auch in immaterielles Kapital. Eine generelle Intensivierung der Investitionen in wissensbasiertes Kapital ist in den letzten Jahren nicht zu beobachten. Nach Schätzungen von Heike Belitz und Kollegen (2018: 65) beliefen sich die Bruttoinvestitionen in wissensbasiertes Kapital in Deutschland im Jahr 2015 auf rund 202 Mrd. EUR, während sie sich bei Sachkapital auf 323 Mrd. EUR beliefen:

> Von den gesamten Investitionen in wissensbasiertes Kapital entfielen im Jahr 2015 mit 38,5 % beziehungsweise 20,8 Prozent mit Abstand die größten Anteile auf Forschung und Entwicklung sowie Organisationskapital. Beachtliche Anteile haben auch Investitionen in Werbung und Marketing (14,3 Prozent), in Software und Datenbanken (12,4 Prozent) sowie in Design im Architektur und Ingenieurbereich (9,5 Prozent), während nur geringe Anteile auf künstlerische Urheber rechte und Suchbohrungen sowie auf Finanzinnovationen entfallen

Die verfügbaren Informationen deuten darauf hin, dass die Investitionen in wissensbasierte Vermögenswerte auch in vielen Schwellenländern zunehmen. So ist die Investitionsrate in China in Bezug auf KBC vergleichbar mit der in Deutschland und Frankreich; das Verhältnis zwischen Investitionen in materielles und immaterielles Kapital ist in China jedoch deutlich niedriger als in den Vereinigten Staaten oder dem Vereinigten Königreich. In China „liegt das Verhältnis von Investitionen in KBC zu Investitionen in Sachkapital bei etwa 0,3. Im Gegensatz dazu liegt dieses Verhältnis in Finnland, Frankreich, dem Vereinigten Königreich und den Vereinigten Staaten nahe bei oder über 1" (OECD 2013: 25).

---

[4] Daraus folgt, dass die Autoren derselben Studie (Korinek und Ng 2019: 12; auch Crouzet und Eberly 2019) erwarten, dass die „zunehmende Konzentration des Eigentums an immateriellen Vermögenswerten darauf hindeutet, dass die größten Unternehmen immer mehr Anteile an Vermögenswerten besitzen, die das Potenzial haben, traditionelle Faktorinputs im Produktionsprozess zu ersetzen. Die Firmeneigentümer der größten Unternehmen können dann die Erträge aus immateriellen Vermögenswerten unter Ausschluss traditioneller Faktorinputs und kleinerer Unternehmen ernten."

Eine Statistik, die für Ökonomen von besonderem Interesse ist, ist die Frage nach der Verteilung des Einkommens auf die verschiedenen Produktionsfaktoren und die Verteilung von Einkommen und Vermögen auf die einzelnen Personen. Im nächsten Abschnitt werde ich diese Fragen näher beleuchten. Antworten auf diese klassischen Allokationsfragen der Ökonomie erlauben auch einen neuen Blick auf die soziale Ungleichheit in Wissensgesellschaften. In der Mitte des letzten Jahrhunderts lautet die von vielen Ökonomen vertretene Antwort, dass der Allokationserfolg des Kapitals sowie der relative Anteil der Produktionsfaktoren mehr oder weniger konstant sei.

Anteil von Arbeit und Kapital am Einkommen

Eine wichtige Frage, die ich nicht detailliert und schon gar nicht abschließend beantworten kann, ist das Verhältnis zwischen Investitionen in Sach- und Humankapital in ihrem Einfluss auf das Einkommen der Arbeitnehmer. Eine in diesem Zusammenhang relevante Frage ist die sogenannte „rising capital hypothesis". Diese Frage entsteht in jüngerer Zeit angesichts des von Thomas Piketty in seiner Studie *Das Kapital im 21. Jahrhundert* beschriebenen empirischen Trends, dass der Anteil der Arbeit am gesellschaftlichen Einkommen sinkt.[5] Piketty ([2013] 2020: 223) fragt daher: „Ist die gestiegene Bedeutung des Humankapitals im Laufe der Geschichte eine Illusion?"[6] Seine Antwort lautet, dass die Funktion und das Einkommen des Humankapitals auch in einer Wirtschaft, die immer mehr auf menschliche Fähigkeiten angewiesen ist, nicht verschwunden sind (vgl. Piketty ([2013] 2020: 224). Die Zunahme des Bedarfs an menschlichen Kompetenzen geht mit einem erhöhten Bedarf an Investitionen in nicht-menschliches Kapital einher (Piketty [2013] 2020: 234). In modernen Volkswirtschaften ist die

---

[5] Wie Noam Maggor (2022: 2) betont, rückte 2013 Pikettys *Das Kapital im 21. Jahrhundert* in das Bewusstsein der breiten Öffentlichkeit: Das Buch wurde beispielsweise „zur Pflichtlektüre für *Occupy Wall Street* und die anderen Protestbewegungen, die im Zuge der globalen Finanzkrise von 2008 in Städten auf der ganzen Welt entstanden waren. Es untermauerte wissenschaftlich und empirisch, was die Aktivisten an der Basis geahnt hatten, nämlich dass die Ungleichheit ein Ausmaß erreicht hatte, wie es seit dem frühen zwanzigsten Jahrhundert nicht mehr vorgekommen war."

[6] Die Ursache für diese Überlegung, lässt sich an der Tatsache festmachen, dass „ein scheinbar geringer Abstand zwischen der Kapitalrendite und der Wachstumsrate langfristig sehr große und destabilisierende Auswirkungen auf Struktur und Dynamik der Ungleichheit in einer Gesellschaft haben kann. Das alles ergibt sich in gewisser Weise aus dem Gesetz des kumulativen Wachstums und der kumulativen Erträge" (Piketty, [2013] 2020: 83).

Tiefenstruktur des Kapitals im Verhältnis zur Arbeit nicht verloren gegangen.[7] In jedem Fall ist die Definition dessen, was zum Humankapital gehört und was nicht, entscheidend für die Beantwortung der Frage nach der säkularen Entwicklung des Arbeitseinkommens.

Auf der Grundlage einer Analyse der Daten zum Volkseinkommen und zum Anlagevermögen aus den Jahren 1999 und 2013 des U.S Bureau of Economic Analysis (BEA) kommen Koh, Santaeulália-Llopis und Zheng (2015: 2; meine Hervorhebung) zu dem Schluss, dass „der anhaltende säkulare Rückgang des LS [Arbeitsanteils] von IPP [intellectual property products capital] angetrieben wird […] Wenn wir die Auswirkungen von IPP auf die Gesamtkapitalakkumulation, die Abschreibung und den Preis von Investitionen in einem einfachen Investitionsmodell im buchhalterischen Sinne herausrechnen, erhalten wir ein LS, das von 1947 bis heute trendlos ist. Das heißt, dass die Verschiebung der Geschwindigkeit, mit der das Gesamtkapital akkumuliert und abgeschrieben wird, aufgrund der *zunehmenden Bedeutung des IPP-Kapitals* in der US-Wirtschaft den beobachteten Rückgang der LS vollständig erklärt".[8] In Anbetracht von Pikettys empirischen Beobachtungen über den sinkenden Anteil des Arbeitseinkommens sickern die Vorteile des immateriellen Kapitals jedoch nicht nach unten durch. Sie sickern zu denjenigen hinauf, die die rechtliche Kontrolle über immaterielle Güter haben (vgl. Pistor 2019: 20).

Florian Hoffmann und seine Kollegen (Hoffmann et al. 2020: 53) bestätigen empirisch die Beobachtung über den sinkenden Anteil des Arbeitseinkommens in

---

[7] David Autor und seine Kollegen (2020: 650) bezweifeln nicht nur den Trend eines allgemein sinkenden Arbeitsanteils, sondern kommen aufgrund ihrer empirischen Analyse auf Unternehmensebene zu dem Schluss, dass „der Rückgang des Arbeitsanteils größtenteils auf die Umverteilung von Umsatz und Wertschöpfung zwischen den Unternehmen zurückzuführen ist und nicht auf einen allgemeinen Rückgang des Arbeitsanteils für das Durchschnittsunternehmen". Der Wettbewerb hat sich dahingehend verändert, dass nun große Unternehmen mit überlegener, innovativer Qualität von Waren und Dienstleistungen und niedrigeren Kosten im Vergleich zu früheren Marktbedingungen unverhältnismäßig große Vorteile haben. Superstar-Firmen haben höhere Gewinnspannen und einen geringeren Anteil an Arbeitskosten im Verhältnis zum Umsatz und zur Wertschöpfung, was den allgemeinen Rückgang des Arbeitsanteils erklärt (Autor et al. 2022: 702–703). Gilbert Cette et al. (2020) äußern ebenfalls Zweifel an der Gültigkeit des rückläufigen Arbeitsanteils, die auf drei Überlegungen beruhen: 1) die Nichtberücksichtigung von Immobilieneinkommen, 2) die Berücksichtigung von Selbständigkeit und 3) der Ausgangspunkt der statistischen Rechnung.

[8] In der Zwischenzeit ist weitere Literatur entstanden, die versucht, den Rückgang des Anteils der Arbeit am Volkseinkommen zu messen und zu erklären, der in letzter Zeit nicht nur in den Vereinigten Staaten, sondern auch in anderen Ländern zu beobachten ist (siehe Grossman und Oberfield 2021).

seiner Auswirkung auf die soziale Ungleichheit:[9] „Das Kapitaleinkommen [insbesondere nach 2000] hat das Wachstum der Einkommensungleichheit in den USA im Laufe der Zeit verstärkt, da das Verhältnis von Kapital- zu Arbeitseinkommen bei Hochverdienern überproportional anstieg." Die Gleichzeitigkeit des Ungleichzeitigen bestätigt jedoch, dass das Arbeitseinkommen in den letzten Jahrzehnten die Haupttriebkraft der Ungleichheit war. Hinter diesen Statistiken und Studien zur sozialen Ungleichheit verbirgt sich ein anhaltender Rückgang des *Realeinkommens* von Arbeitnehmern mit niedrigen Bildungsabschlüssen in Ländern mit hohem Einkommen (u. a. Deutschland, Vereinigtes Königreich und Vereinigte Staaten) in den letzten vier Jahrzehnten.

Zu den Produkten des geistigen Eigentums gehören Software, Forschung und Entwicklung sowie künstlerische Produkte. IPP-Produkte sind daher in hohem Maße wissensbasiert und arbeitsintensiv. In den Vereinigten Staaten ist der Anteil der IPP an den Gesamtinvestitionen von 8 % im Jahr 1947 auf 26 % im Jahr 2013 gestiegen (vgl. Koh et al. 2015). Es ist etwas irreführend, wie diese Autoren zu folgern, dass der Anstieg der IPP-Kapitalerträge im Laufe der Zeit den gesamten säkularen Rückgang der LS erklärt, der in den späten 1940er Jahren begann. Schließlich sind die Produkte des geistigen Eigentums unmittelbar und in vollem Umfang eine Funktion des Humankapitals, eines Kapitals, das mit

---

[9] Guvenen et al. (2022: 40, 15) bieten „einen Überblick über GRID, das *Global Repository of Income Dynamics,* eine neue länderübergreifende, frei zugängliche Datenbank mit einer Fülle von Mikrostatistiken über Einkommensungleichheit, die Verteilung von Einkommensveränderungen und die Mobilität der Einkommensränge über den Lebenszyklus". Die Ergebnisse für die Jahre 1987–2007 zeigen, dass „Frankreich und Kanada bescheidene Veränderungen in der Gesamtungleichheit erfahren, die in Frankreich leicht abnimmt und in Kanada leicht zunimmt. Allerdings nimmt die Ungleichheit in Frankreich nach der Großen Rezession zu, während sie in Kanada zurückgeht. In den nordischen Ländern (Dänemark, Norwegen und Schweden) nimmt die Ungleichheit ausgehend von einem extrem niedrigen Niveau in bescheidenem Umfang zu. In den angelsächsischen Ländern (Vereinigtes Königreich und USA) ist ein positiver Trend zu beobachten, wenngleich der Anstieg in den USA recht gering ist. Dieses Ergebnis mag zunächst überraschen, wenn man bedenkt, dass der Anstieg der Einkommensungleichheit in früheren Arbeiten gut dokumentiert wurde. Der Grund dafür ist, dass die Zeitspanne der US-Daten im GRID von 1998 bis 2019 reicht, wohingegen der starke Anstieg der US-Einkommen der Grund dafür ist, dass die Zeitspanne der US-Daten im GRID von 1998 bis 2019 reicht, wohingegen der starke Anstieg der US-Einkommen ein Teil dieses Rückgangs könnte auf die Zusammensetzung der Daten zurückzuführen sein, da – wie oben erwähnt – in den Verwaltungsdaten dieser drei Länder die informell Beschäftigten nicht erfasst sind und das Ausmaß der Informalität im Laufe der Zeit aufgrund des wirtschaftlichen Entwicklungsprozesses zurückgegangen sein könnte. Die verbleibenden kontinentaleuropäischen Länder (Deutschland, Italien und Spanien) schließlich sind diejenigen, die während des Untersuchungszeitraums die stärkeren Aufwärtstrends bei der Ungleichheit aufweisen."

externer Finanzierung verbunden sein kann, zum Beispiel mit öffentlichen Geldern und natürlich mit rechtlichen Beschränkungen für den Zugang zu Wissen.[10] Zunächst beschreibe ich, was Patente sind und zweitens, was Patente tun, d. h. „in finanzielle Vermögenswerte umgewandelt und in Kraft gesetzt werden" (Kang 2020: 47).

Patente als Bündel gesetzlicher Privilegien

Zu den bedeutenden Vorläufern der Erfindung der Patente gehört, soweit ich das sehe, die so genannte Enclosure-Bewegung im England des 15. Jahrhunderts. Die Enclosure-Bewegung dauerte bis weit ins neunzehnte Jahrhundert. Die Enclosure-Bewegung bezieht sich auf den Prozess der Abtrennung von Gemeinbesitz und dessen Umwandlung in Privatland. Die Enclosure-Bewegung bietet, wie James Boyle (2002: 14) schreibt, eine „unwiderstehliche Ironie über das zweischneidige Schwert des 'Respekts vor dem Eigentum' und Lehren über die Rolle des Staates bei kontroversen, politiklastigen Entscheidungen zur Definition von Eigentumsrechten in einer Weise, die später sowohl natürlich als auch neutral erscheint".

Kritiker der vielfältigen sozio-kulturellen und sozio-ökonomischen Kosten der Enclosure-Bewegung, von denen einige nur schwer zu klassifizieren waren, weisen auf „den Verlust einer Lebensform und die unerbittliche Macht der Marktlogik hin, die neue Gebiete erobert und traditionelle soziale Beziehungen, Vorstellungen vom Selbst und sogar die Beziehungen der Menschen zur Umwelt zerstört" (Boyle 2002: 14).

Aus der Sicht eines Ökonomen der damaligen Zeit funktionierte die Bewegung jedoch und rettete Leben. Sie funktionierte, weil das neuartige System der Eigentumsrechte ein nie dagewesenes Wachstum der Produktionskapazitäten ermöglichte. Ein Standpunkt, der bis heute von vielen Ökonomen vehement vertreten wird (vgl. Wajsman et al. 2022: 3) und daher ebenfalls für die Einschließung *geistigen Eigentums* spricht. Die Übertragung von Eigentum in die Hände eines einzelnen oder eines Unternehmens vermeidet sowohl die Überbeanspruchung des Bodens – und damit die „Tragödie der Allmende" – als auch eine Unterinvestition. Zugleich gilt, dass die Begrenzung geistigen Eigentums,

---

[10] Thomas Piketty ([2019] 2020: 665) betont, dass der Wert der börsennotierten Technologieunternehmen „Patente und Know-how umfasst, die ohne die mit öffentlichen Geldern finanzierte und über Jahrzehnte hinweg aufgebaute Grundlagenforschung nicht existieren würden. Eine solche Aneignung von Allgemeinwissen könnte im kommenden Jahrhundert dramatisch zunehmen".

insbesondere durch das TRIPS Abkommen der Uruguay Verhandlungsrunde auf den Weg gebracht, heute weltweit dominiert.

Die *Rentabilität* heutiger wissensintensiver Unternehmen hängt von der Kontrolle des Umfangs (sowohl der Quantität als auch der Qualität) der ausschließbaren geistigen Eigentumsrechte (Patente, Urheberrechte, Warenzeichen, Marken) ab und nicht – wie in den Industriegesellschaften – von den materiellen Produktionskosten.[11] Das Rechtssystem, d. h. der Staat, definiert, schafft und erzwingt die Ausschließbarkeit. Daraus folgt, dass die Entwicklung des Patentrechts von zentraler Bedeutung für die Entwicklung der Wirtschaft und der Sozialstruktur von Wissensgesellschaften ist, z. B. für die Ungleichheitsbildung in diesen Gesellschaften.

Die während der Pandemie geäußerte Besorgnis, dass das vorherrschende internationale System der Rechte an geistigem Eigentum den Patentinhabern einen übermäßigen Schutz bietet, wurde nicht zum ersten Mal geäußert; aber angesichts der Notwendigkeit, die Weltbevölkerung schnell zu impfen, wurde die Forderung, das Know-how über Impfstoffe in der Öffentlichkeit zu belassen, immer lauter und nachhaltiger. Das globale Patentregime begünstigt nicht nur die Patentinhaber; der größte Teil des Nutzens aus den Patenten geht in der Regel an Unternehmen in den reichen Ländern, daher

> In einer global integrierten Wirtschaft – von der die Entwicklungs- und Schwellenländer in vielerlei Hinsicht enorm profitiert haben – sind globale Regeln wichtig. Die globalen Regeln wurden immer so festgelegt, dass sie Länder mit hohem Einkommen begünstigen; sie werden weitgehend von den großen mächtigen Ländern und häufig von mächtigen Sonderinteressen innerhalb dieser Länder festgelegt, während die Entwicklungsländer keinen Sitz am Tisch haben oder zumindest unterrepräsentiert sind (Korinek und Stiglitz 2021: 341).

Eine ähnlich kontroverse Diskussion wird sich in den kommenden Jahren an der Frage entzünden, inwieweit die verbreitete Patentierung von technischen

---

[11] Wajsman et al. (2022: 29) fassen die heute gültigen rechtlichen Voraussetzungen und Standards der Patentierbarkeit zusammen: „Patentschutz gibt es für Erfindungen, die neue Lösungen für technische Probleme bieten. Um patentierbar zu sein, müssen Erfindungen neu, nicht naheliegend (d. h. mit einem ‚erfinderischen Schritt' verbunden sein) und gewerblich anwendbar sein. Das Erfordernis der Neuheit bedeutet, dass die Erfindung am Anmeldetag der Öffentlichkeit noch nicht bekannt sein darf. Um das Erfordernis der erfinderischen Tätigkeit zu erfüllen, darf die Erfindung für einen Fachmann auf dem betreffenden Gebiet nicht naheliegend sein … Nur von einer Patentbehörde erteilte Patente sind voll gültig und durchsetzbar." Diese Standards sind natürlich interpretationsgeladen.

(und anderen) Innovationen im Bereich des Klimaschutzes und des Schutzes der Gesellschaft vor dem Klimawandel gerechtfertigt ist. Dies wiederum macht die Frage nach rechtlichen Zugangsbeschränkungen zu diesem Wissen zu einem Streitthema, bei dem dann wieder vertraute politische, wirtschaftliche und juristische Positionen aufeinanderprallen werden.

Hannes Siegrist (2019: 32; auch Machlup 1958) schreibt zur Geschichte des Rechts des geistigen Eigentums, dass das „Konzept des geistigen Eigentums aus den formativen Perioden der modernen Kultur, Wissenschaft und Wirtschaft stammt. Es wurde im 18. und 19. Jahrhundert in den amerikanischen und europäischen Kulturstaaten mit dem Ziel entwickelt, die individuelle kreative und kommerzielle Arbeit bestimmter Gruppen des wohlhabenden und gebildeten Bürgertums zu schützen und ihre besonderen Ansprüche und ihre Sonderstellung beim Übergang von der traditionellen aristokratischen und berufsständischen Gesellschaft zur modernen Klassengesellschaft zu sichern." Die wirtschaftliche Begründung von Patenten beruht, kurz gesagt, auf einer zeitlichen Ex-post- und Ex-ante-Begründung. Es wird davon ausgegangen, dass Patente im Prinzip eine Belohnung für frühere Anstrengungen und Vorteile für spätere Innovationen ermöglichen (Kang 2020: 48). Doch ob die aus dem analogen Zeitalter stammende Patentgesetzgebung in dieser Hinsicht ihre Funktion im digitalen Zeitalter noch erfüllen kann, ist eine spannende und offene Frage.

Arnold Plant (1934: 31)[12] hat einige der wesentlichen Merkmale von Patenten wirkungsvoll zusammengefasst:

> Es ist eine Besonderheit der Eigentumsrechte an Patenten (und Urheberrechten), dass sie nicht aus der Knappheit der Objekte entstehen, die sich angeeignet werden […] Sie sind die bewusste Schöpfung des Gesetzes […] Während man erwarten könnte, dass öffentliche Maßnahmen, die das Privateigentum betreffen, normalerweise auf die Verhinderung von Preiserhöhungen abzielen, besteht in diesen Fällen der Zweck der Gesetzgebung darin, die Befugnis zur Preiserhöhung zu verleihen, indem sie die Schaffung von Knappheit ermöglicht. Der Begünstigte wird zum Eigentümer des gesamten Angebots einer Ware, für die es möglicherweise keinen leicht erhältlichen Ersatz gibt. Es ist die Absicht des Gesetzgebers, ihn in die Lage zu versetzen, sich ein Einkommen aus dem ihm übertragenen Monopol zu sichern, indem er das Angebot einschränkt, um den Preis zu erhöhen.

Das durch das Gesetz geschaffene Monopol rechtfertigt sich zum Teil – und dies wird zu einer entscheidenden Frage – aus der Theorie der öffentlichen Güter

---

[12] Arnold Plant (1934: 50) eigene Bewertung von Patenten im Marktprozess fand wenig, „was Patente von der Verurteilung als Auferlegung mit unbeabsichtigten, für den Marktprozess schädlichen Folgen befreien könnte" (Oakman 1986: 77).

und der Erwartung, dass die Vorteile der Nutzung des in einem Patent enthaltenen Wissens Spillover-Effekte ermöglichen, die nicht nur den Patentinhabern, sondern der Gesellschaft insgesamt zugutekommen. Im Gegensatz dazu fördern wettbewerbsorientierte Märkte die Unterproduktion von Wissen, da die Produktion von Wissen in der Regel kostspielig, aber „billig" zu kopieren ist. Kurz gesagt, in einer wissensbasierten Wirtschaft stellen Patente einen *strategischen Vorteil* für Unternehmen und Einzelpersonen dar. Die Erteilung eines Patents bedeutet in der Regel, dass die soziale Kontrolle über das Wissen in den Unternehmen aus der Sphäre des Erfinders in die Welt des Managements verlagert wird. Patente unterscheiden sich „von anderen Formen des geistigen Eigentums dadurch, dass eine unabhängige Erfindung kein Einwand gegen die Verletzung ist" (Maurer und Scotchmer 2002: 535).

Darüber hinaus neigen politische Entscheidungsträger, Manager und Unternehmen dazu, die Erfolgsgeschichte des erweiterten globalen Schutzes des Patentsystems zu betonen. Tatsächlich hat gerade der Erfolg des Schutzes von patentierbarem Wissen zu entscheidenden asymmetrischen wirtschaftlichen und politischen Ergebnissen geführt, die das Entstehen eines Wissenskapitalismus ermöglicht haben, der die globale Kluft zwischen den Mächtigen und den weniger Mächtigen vergrößert. Nur wenige Patente sind rentabel. Daher ist die *bloße Anzahl* der Patente, die ein Land, ein Unternehmen oder eine Universität besitzt, in den meisten Fällen eher eine Frage der Öffentlichkeitsarbeit und nicht der wirtschaftlichen Bedeutung von Paternten.[13]

Gewinnbringende Patente ermöglichen es dem Inhaber, außerordentliche Gewinne zu erzielen, während er sich Verbesserungen der Produktqualität widersetzt. Solche Asymmetrien begünstigen zum Beispiel die Konzentration von Forschung und Entwicklung in den Händen einiger weniger großer Unternehmen und Gesellschaften gegenüber kleinen Firmen, Start-ups und kleineren Nationen.

Für Unternehmen, die in der Regel Inhaber von Patenten sind, manifestiert sich der strategische Charakter von Patentvermögen darin, so viele Patente wie möglich zu erhalten, auch wenn einige oder viele der Patente im Wesentlichen

---

[13] Scott und Spadavecchia (2023) untersuchen beispielsweise „die Bedeutung der Kontrolle über ‚breite' oder ‚grundlegende' Patente und Patentpools für die Schaffung von Monopolmacht und den Aufstieg riesiger Unternehmen in einer Reihe von hauptsächlich maschinenbasierten Sektoren im späten neunzehnten und frühen zwanzigsten Jahrhundert in Amerika" und wie das Patentsystem eher als eine Innovationsbremse als ein Innovationsförderer gelten kann.

wertlos sind[14], obwohl die Anzahl der Patente nicht völlig irrelevant ist.[15] Die zehnmillionste Patentanmeldung im Jahr 2018 in den Vereinigten Staaten (die USA begannen im Juli 1790 mit der Zählung von Patenten; das erste Patent wurde Samuel Hopkins für eine „Methode zur Herstellung von Pottasche" erteilt) verdeutlicht die quantitative Bedeutung von Patenten (Khan 2020: 399–400).

Das Patentsystem mit seinen vielen Patenten „kann ein Patentdickicht entstehen lassen, ein komplettes Netz von Patenten, das jeden Innovator dem Risiko von Rechtsstreitigkeiten und Überfällen aussetzt" (Stiglitz und Greenwald 2014: 456). Im Bereich komplexer Technologien, wie z. B. dem Smartphone, macht ein großer Strauß von Patenten es für ein konkurrierendes Unternehmen praktisch unmöglich, in den Mobiltelefonmarkt einzutreten, da die Kosten unerschwinglich sein können. Die Inhaber einer großen Anzahl von Patenten, z. B. auf dem Bluetooth-Markt, können mit Verletzungsklagen drohen.[16] In den Vereinigten

---

[14] Aus diesem Grund ist eine Bertelsmann-Studie (Overdiek et al. 2020) über „Weltklasse-Patente" von geringem oder gar keinem Wert. Die Autoren konzentrieren sich ausschließlich auf die Anzahl der erteilten Patente. Die gewählte Methode spiegelt nicht den wirtschaftlichen Wert der Patente, d. h. ihren Markterfolg, wider. Wie ich bereits festgestellt habe, wird die Hälfte aller erteilten Patente nie vermarktet. Darüber hinaus haben Fred Block und Matthew Keller (2012: 81) darauf hingewiesen, dass „Patentraten ein problematischer Ersatz für effektive Innovation sind, und es besteht die Gefahr, dass das Vertrauen auf diesen Ersatz zu einem verzerrten Verständnis der Umstände führt, unter denen Innovation stattfindet, und der Regelungen für geistiges Eigentum, die diese Innovation am besten erleichtern könnten". Eine Patentpolitik, die sich an den Ergebnissen der Bertelsmann-Studie orientiert, ist zwangsläufig unwirksam.

[15] Die wachsende Zahl der weltweit erteilten Patente wirft zum einen ein Licht auf die Ausweitung des Bereichs der Patentierbarkeit und zum anderen auf das, was man als Patentpolitik bezeichnen könnte; so weisen Dosi und Stiglitz (2014: 11–12) darauf hin: „Ein Nebenprodukt des jüngsten Anstiegs der Patentierung ist, dass das Wissen in einigen Bereichen so fein in separate, aber komplementäre Eigentumsansprüche unterteilt wurde, dass die Kosten für die Wiederzusammensetzung der einzelnen Teile/Eigenschaften, um weitere Forschung zu betreiben, eine schwere Belastung für den technologischen Fortschritt darstellen." Es dürfte sehr schwierig sein, diese Ursachen für den Anstieg der Zahl der Patente statistisch zu trennen und getrennt zu erfassen.

[16] Ein einträgliches und zuweilen höchst profitables Unterfangen sind Patentstreitigkeiten geworden, die auch als „Patenttrolle" oder „Patenthaie" bekannt sind: Der Begriff Patent-Trolle ist, wie Posner andeutet, „ein umgangssprachlicher Ausdruck, der das bezeichnet, was die Trolle selbst lieber als ‚patent-assertion entities' bezeichnen". Ein Patent-Troll oder eine nicht praktizierende Einheit kauft Patente (manchmal Tausende) mit dem Ziel, nicht das patentierte Produkt oder Verfahren herzustellen oder anderen eine Lizenz zur Herstellung zu erteilen, sondern Unternehmen oder einzelne Erfinder zu finden, von denen der Troll mit mehr oder weniger Plausibilität behaupten kann, dass sie eines oder mehrere seiner

Staaten können sich die Kosten für die Verteidigung gegen eine Verletzungsklage auf drei Millionen US-Dollar belaufen und so dafür sorgen, dass potenzielle Konkurrenten sich der Forschung widersetzen und natürlich vom Markteintritt abgehalten werden. Darüber hinaus können „Verletzer", die einen Prozess verlieren, in den Vereinigten Staaten zu Strafschadensersatz verurteilt werden, was den Anreiz, in einen mit Patenten gesättigten Markt einzutreten, weiter verringert.[17]

Was genau sind immaterielle Güter oder wissensbasiertes Kapital, von dem ein Teil in Form von Patenten festgehalten wird? Im allgemeinsten Sinne handelt es sich bei immateriellen Gütern um eine Eigenschaft und nicht um einen Gegenstand. Trotz der Tatsache, dass immaterielle Güter eine Fähigkeit darstellen, ist Wissenskapital eine Form von Kapital. Im nächsten Abschnitt werde ich mich auf die ersten Bemühungen konzentrieren, wissensbasiertes Kapital zu „operationalisieren".

Vorteile eines Wissensmonopols

Im folgenden Abschnitt wende ich mich einer der weitgehend unterbelichteten Folgen der Wissensgesellschaft zu. Die fraglichen Folgen stehen nicht in direktem Zusammenhang mit Wissensfortschritten und akkumuliertem Wissenskapital, sondern vielmehr mit einer ungleichen Akkumulation von Wissenskapital und den

---

Patentbestände verletzen. Der Troll verlangt von jedem solchen angeblich patentverletzenden Unternehmen oder Erfinder eine Lizenzgebühr (Posner 2013 – aus dem Becker Posner Blog; http://uchicagolaw.typepad.com/beckerposner/).

[17] Das Patentamt der Vereinigten Staaten ist, wie Dean Baker (2018) in seinem Papier über geistiges Eigentum und Ungleichheit feststellt, „notorisch lax in den Standards, die es auf Patente anwendet". Dies wiederum stärkt die Patentinhaber, zum Beispiel in der Pharmaindustrie: Wenn ein Pharmaunternehmen ein zweifelhaftes Patent auf einen Aspekt eines Medikaments beansprucht, das kurz davor steht, den Schutz seines Hauptpatents zu verlieren, würde ein Generikakonkurrent ein erhebliches Risiko eingehen, um auf den Markt zu kommen. Es ist auch wichtig, die grundlegende Asymmetrie in dieser Art von Wettbewerb zu erkennen: Der Markenhersteller kämpft darum, das Medikament weiterhin zum Monopolpreis verkaufen zu können, während der Generikakonkurrent versucht, das Recht zu erhalten, es zum Preis des freien Marktes zu verkaufen. In den letzten Jahren wird die künstliche Intelligenz immer häufiger eingesetzt, um Medikamente zu finden, die genauso wirksam sind wie bestehende patentierte Medikamente, sich aber von diesen unterscheiden. Dies ist insofern von Bedeutung, als ein Unternehmen nach dem Auslaufen eines Arzneimittelpatents möglicherweise noch Patente auf zahlreiche chemische Schritte besitzt, die zur Herstellung des Medikaments erforderlich sind, und dann Zahlungen an das ursprüngliche Unternehmen verlangt (Joshia Howgego, „AI knows to bust drug patents", *New Scientist*, 29. Januar 2019, 15).

Vorteilen, die die Eigentümer aus ihrer *Monopolstellung* oder aus der Verhinderung der produktiven Nutzung desselben oder verwandten Wissens durch andere Akteure ziehen können; wenn die „Monopolmacht der Unternehmen zunimmt, wird sich dies in einem Anstieg des Einkommens [des Eigentümers] des Kapitals zeigen" (Stiglitz 2015: 24) oder, genauer gesagt, das Einkommen aus dem „Humankapital", das – vielleicht paradoxerweise – die Verwirklichung einer seit langem erhobenen politischen Forderung darstellt, nämlich „eine Umverteilung des Sozialprodukts zugunsten der Arbeit" (Touraine [2010] 2014: 3). Wie Susan Lund und Laura Tyson (2018: 137; Hervorhebung hinzugefügt) betonen, „steigt mit dem Aufkommen digitaler Ströme der Wettbewerb in wissensintensiven Sektoren, die Bedeutung des geistigen Eigentums nimmt zu und führt zu *neuen Formen des Wettbewerbs um Patente.*"

Ich behaupte, dass diese Entwicklung auf einen *Wissensmonopolkapitalismus* hinausläuft, oder kürzer gesagt, auf einen *Wissenskapitalismus,* ein „winner-take-all"-Phänomen (vgl. Frank und Cook 2010). Ugo Paganos (2014) Konzept der jüngsten Umwandlung der Weltwirtschaft in einen *„intellektuellen Monopolkapitalismus"* steht der Idee des Wissenskapitalismus recht nahe:[18] Die Entstehung und Legitimität des Wissensmonopolkapitalismus beruht weniger auf technologischen Innovationen. Er ist abhängig von politischem und rechtlichem Handeln des Staates oder mehrstaatlichem Handeln, das die Entstehung von Monopolen ermöglicht.

> Das Hauptmerkmal des intellektuellen Monopolkapitalismus besteht darin, dass das Monopol nicht nur auf der Marktmacht aufgrund der Konzentration von Fähigkeiten in Maschinen und Management beruht, sondern auch ein *rechtliches Monopol* über einige Wissensgüter darstellt, das weit über die nationalen Grenzen hinausgeht. In dieser Hinsicht unterscheidet sich ein Kapitalismusmodell, das auf dem Eigentum an Wissen basiert, grundlegend von dem Modell, auf das sich Marx und Braverman in ihrer Analyse konzentrierten (Pagano 2014: 1413).

---

[18] Ein anderes, vielleicht konkurrierendes Konzept ist das des „technowissenschaftlichen Kapitalismus", das von Kean Birch (2020) entwickelt wurde: „Der technowissenschaftliche Kapitalismus ist durch die (Neu-)Konfiguration einer Reihe ‚Dingen' (z. B. Infrastruktur, Daten, Wissen, Körper) als kapitalisiertes Eigentum gekennzeichnet. [...] der technowissenschaftliche Kapitalismus wird zunehmend durch Rentiership oder die Aneignung von Wert durch Eigentums- und Kontrollrechte gestützt." Das Konzept des technowissenschaftlichen Kapitalismus erbt, so scheint es, die Schwierigkeiten der Perspektive des technologischen Determinismus, das Versäumnis, zwischen Information (Daten) und Wissen sowie zwischen materiellem und immateriellem Eigentum zu differenzieren. Wirtschaftshistoriker haben bekanntlich seit langem und wiederholt die Rolle des technologischen Wandels für die wirtschaftliche Entwicklung hervorgehoben.

Erst Mitte der 1990er Jahre wurden diese intellektuellen Monopole in der globalen Wirtschaft klar definiert und durchsetzbar, und „seither ist der intellektuelle Monopolkapitalismus zur dominierenden Organisationsform des Großkapitals geworden" (Pagano 2014: 1410; auch Bajgar et al. 2019).

Im Wissenskapitalismus entsteht eine größere Anzahl von (Superstar) Unternehmen, die über eine Produktionstechnologie mit konstanten Erträgen, Fixkosten und einen zumindest teilweise automatisierten Produktionsprozess verfügen. Die Grenzkosten für eine zusätzliche (fast unbegrenzte) Produktionseinheit sind praktisch gleich Null. Der Wissensmonopolkapitalismus ist eng mit dem Kontext des internationalen Handels und der Handelsabkommen verknüpft und in diesen eingebettet (vgl. Durand und Milberg 2020). Innerhalb des Wirtschaftssystems läuft der Wissenskapitalismus auf eine wachsende Zahl von Großunternehmen in Europa, Japan und den Vereinigten Staaten hinaus (vgl. Affeldt et al. 2021). Die Konzentration in der Industrie „steht in engem Zusammenhang mit intensiven Investitionen in immaterielle Güter, insbesondere in innovative Vermögenswerte, Software und Daten, und diese Beziehung wird in stärker globalisierten und digital-intensiven Branchen noch verstärkt" (Bajgar et al. 2021: 1). Der Wissensmonopolkapitalismus erzeugt eine gesellschaftliche Ungleichheit, die sich nur sehr schwer auflösen lässt; infolgedessen hat der Wissenskapitalismus erhebliche soziale und politische Auswirkungen auf das gesellschaftliche Engagement, die ideologische Verhärtung und die Politikverdrossenheit in einer Gesellschaft.

Wissenskapitalismus begünstigt die produktivsten Unternehmen einer Branche. Begünstigung bedeutet oft, dass diese „Superstar-Firmen" (Autor et al. 2022: 648) das relevante Wissen kontrollieren, das zur Herstellung ihrer Produkte benötigt wird. Durch die rechtliche Kodierung von Wissen steigen die Unternehmen zum Superstar auf und können andere von der Nutzung der von ihnen entwickelten und geschützten Innovation ausschließen. Mit anderen Worten: Der Aufstieg von Superstar-Unternehmen wird durch Patentgesetze gefördert und in der Folge gestärkt. Wie Herman Mark Schwartz (2019: 511–512) feststellt, ist die

> Die rechtliche Infrastruktur ermöglicht es US-Firmen, globale Warenketten aufzubauen, in denen sie die gewinnbringenden, humankapitalintensiven Teile der Produktionskette betreiben, während sie die physisch kapitalintensive Produktion an Firmen aus reichen Ländern außerhalb der USA delegieren (die ihrerseits beträchtliches Kapital in diese immobile, vermögensspezifische und daher anfällige physische Basis absorbieren) und arbeitsintensive Montageschritte an Entwicklungsländer delegieren [...] Andererseits birgt die Konzentration auf die Umwandlung von Ideen in geistige Eigentumsrechte auch ein gewisses Risiko des Verlusts tatsächlicher Produktionskapazitäten und treibt die zunehmende Einkommensungleichheit in der US-Innenwirtschaft voran.

Es ist jedoch bezeichnend, dass der Superstar-Status der US-Konzerne durch eine günstige Migrationsbilanz von Erfindern in die Vereinigten Staaten messbar verstärkt wird (vgl. Kerr et al. 2016). Die Geopolitik der wissensbasierten Wirtschaft erstreckt sich mit anderen Worten auf den Wettbewerb bzw. die Anwerbung hochqualifizierter Arbeitskräfte zwischen Ländern und Unternehmen und nicht nur auf den Wettbewerb um die nationale, regionale oder globale Vorherrschaft unter den von Staaten und Unternehmen kontrollierten Wissensformen (siehe Kerr 2020).

Der wissensbasierte Kapitalismus enthält jedoch bedeutende Merkmale des Territorialstaates, z. B. die Bemühungen staatlicher oder regionaler Rechtssysteme wie der EU, große multinationale Unternehmen wie Google zu kontrollieren. Ebenso üben nicht alle, aber bestimmte Nationen, z. B. die Vereinigten Staaten, weiterhin ein erhebliches Maß an Kontrolle über den Außenwert ihrer Währungen aus und behalten damit die zentrale Stellung ihres Währungssystems als Weltmacht. Nicht unbedeutend in diesem Zusammenhang, zum Beispiel als Managementstrategie und Machtmittel, mag auch die Tatsache sein, dass Patente nicht das Recht oder die Verantwortung für die tatsächliche Ausübung der durch die Patente bescheinigten Erfindung vermitteln.

Eine weitere Managementstrategie besteht darin, Unternehmen nicht im Sinne eines Kartells, sondern im Sinne einer gemeinsamen Nutzung von Softwarestandards und Daten zu verbinden und so einen Schlüsselbereich des Internets zu kontrollieren. Ein wichtiges Beispiel dafür ist die Zusammenarbeit zwischen den Superstars Google und Apple. Die Vereinbarung zwischen den beiden Unternehmen erstreckt sich darauf, dass die Suchmaschine von Google auf Apple-Geräten als *Voreinstellung angezeigt wird*. Laut einer Untersuchung der *New York Times*[19] erhält Apple inzwischen geschätzte 8 bis 12 Mrd. US-Dollar an jährlichen Zahlungen (gegenüber 1 Mrd. US-Dollar im Jahr 2014) von Google. Diese sogenannten „Lizenzeinnahmen" belaufen sich auf 14 bis 21 % des Jahresgewinns von Apple.

Der wesentliche Unterschied zwischen Wissenskapitalismus und *Monopolkapitalismus* besteht darin, dass die unternehmerische Monopolstellung *nicht* primär auf die Marktmacht eines Unternehmens[20] zurückzuführen ist, sondern auf die *rechtlich* abgesicherte grenzüberschreitende Kontrolle über Wissen; Wissen wird

---

[19] „Apple, Google und ein Deal, der das Internet kontrolliert", *New York Times,* 25. Oktober 2020.

[20] Obwohl Marktmacht und Monopolmacht miteinander verbunden sind, sind sie nicht dasselbe. Die herkömmliche Definition von Marktmacht umfasst die Fähigkeit, Preise zu erzielen, die höher sind als diejenigen, die auf einem Markt mit uneingeschränktem Wettbewerb erzielt würden. Unter Monopolmacht wird üblicherweise die Macht verstanden, marktweite Preise zu kontrollieren oder andere vom Wettbewerb auszuschließen. Mit anderen Worten: Marktmacht kann als Macht über den eigenen Preis definiert werden, während Monopolmacht als Macht über die Marktpreise definiert werden kann.

zur *Ware*. Die ökonomische Bedeutung der Verrechtlichung von Wissen in Form von Patenten und die Konzentration von Patenten, insbesondere von profitablen Patenten in den Händen weniger Unternehmen, wird auch durch die Selektivität der Patentierung deutlich. Die meisten Unternehmen in den USA haben keine Patente und haben nie ein Patent angemeldet. Dies ist eine Entwicklung, die die klassische marxistische Gesellschaftstheorie nicht vorausgesehen hat oder nicht voraussehen konnte.[21] Ein herausragendes Beispiel ist die Kontrolle über gentechnisch veränderte Produkte und die damit einhergehenden Düngemittel, Saatgut und Herbizide, die jedoch in ihrer Anwendung umstritten sind und in den Händen einiger weniger Biotech-Konzerne wie Bayer, DuPont und Syngenta liegen.

Die Bedeutung der rechtlichen Kontrolle (rechtliche Kodierung) des geistigen Eigentums wird angesichts des allgemeinen, massiven Anstiegs des Anteils von Wissen an neuen Produkten in den letzten Jahren noch deutlicher: Eine Studie der OECD (2013: 25–26) macht auf folgenden Zusammenhang aufmerksam:[22]

---

[21] Und in dieser Hinsicht ist der Wissensmonopolkapitalismus eine neuartige Entwicklung des Kapitalismus, die sich deutlich von dem Kapitalismusmodell unterscheidet, das von Karl Marx oder in jüngerer Zeit von Harry Braverman (1974) analysiert wurde. In meinem Modell des Wissensmonopolkapitalismus werden Patente (Wissenskapital) als Schwert eingesetzt. So drohte eine Führungskraft 2008 einer anderen Führungskraft während eines Streits über Spracherkennungssoftware: „Ich habe (Spracherkennungs-)Patente, die Sie daran hindern können, auf diesem Markt tätig zu sein." Das Unternehmen verteidigte sich vor Gericht und gewann den Prozess. Es war jedoch zu spät, denn die Kosten des Rechtsstreits in Höhe von 3 Mio. US-Dollar trieben das Unternehmen in den finanziellen Ruin und das Unternehmen wurde an den Gegner verkauft. (*New York Times*, „Tech Giants' Legal Warfare Takes Toll on Innovation", 8. Oktober 2012).

[22] Nach Berechnungen japanischer Wissenschaftler beträgt der *Wissensvorsprung* des Autokonzerns TESLA gegenüber seinen wichtigsten Konkurrenten VW und Toyota ca. sechs Jahre: Das Modul – das im vergangenen Frühjahr auf den Markt kam und in allen neuen [Tesla] Model 3, Model S und Model X Fahrzeugen zu finden ist – umfasst zwei maßgeschneiderte, 260 Quadratmillimeter große KI-Chips. Tesla hat die Chips selbst entwickelt, zusammen mit einer speziellen Software, die die Hardware ergänzen soll. Der Computer steuert die Selbstfahrfähigkeiten des Fahrzeugs sowie das fortschrittliche Infotainment-System im Fahrzeug. Der „Full Self-Driving Computer" des Model 3 besteht aus zwei Platinen: einer mit speziellen KI-Chips für das autonome Fahren und einer Mediensteuerungseinheit für das „Infotainment"-System. Zwischen den beiden Platinen ist ein wassergekühlter Kühlkörper installiert. (Nikkei xTech). Diese Art von elektronischer Plattform mit einem leistungsstarken Computer als Herzstück ist der Schlüssel zur Bewältigung der großen Datenmengen in den intelligenteren, autonomeren Autos von morgen. Branchenkenner gehen davon aus, dass sich diese Technologie frühestens 2025 durchsetzen wird. Das bedeutet, dass Tesla seine Konkurrenten um sechs Jahre schlägt (*Quelle:* https://asia.nikkei.com/Spotlight/Most-read-in-2020/Tesla-teardown-finds-electronics-6-years-ahead-of-Toyota-and-VW).

Viele Produkte werden selbst immer wissensintensiver. In der Automobilbranche beispielsweise haben schätzungsweise 90 % der neuen Funktionen in Autos eine bedeutende Softwarekomponente (innovative Start-Stopp-Systeme, verbesserte Kraftstoffeinspritzung, On-Board-Kameras, Sicherheitssysteme usw.). Wertvolle Geschäftsgeheimnisse liegen heute in den elektronischen Steuerungen, die den Betrieb von Motoren, Generatoren und Batterien regeln. Hybrid- und Elektrofahrzeuge erfordern riesige Mengen an Computercode: Der Plug-in-Hybrid des Chevrolet Volt verwendet etwa 10 Millionen Zeilen Computercode. Und ein großer Teil der Entwicklungskosten für völlig neue Fahrzeuge entfällt ebenfalls auf Software (die Hersteller halten sich zwar mit genauen Zahlen zurück, aber Schätzungen von rund 40 % sind nicht ungewöhnlich).

Die OECD (2013: 163) hält auf der Grundlage dieser Überlegungen eine starke Gesetzgebung zu den Rechten des geistigen Eigentums (IPR) als integralen Bestandteil der Entwicklung und Nutzung von wissensbasiertem Kapital für unverzichtbar.

Patente als Schwerter

Im Jahr 1742 erfand Benjamin Franklin einen neuartigen Ofen, für den ihm ein Patent angeboten wurde. Franklin lehnte es ab und argumentierte in seiner Autobiografie: „Da wir große Vorteile aus den Erfindungen anderer ziehen, sollten wir froh sein, wenn wir die Gelegenheit haben, anderen mit einer unserer Erfindungen zu dienen".[23]

Bei den heute typischen und dann patentierten Innovationen handelt es sich nicht um „revolutionäre", eigenständige Erfindungen, sondern um kumulative Technologien, die mit bestehenden Technologien und deren Umsetzung in der Produktion zusammenhängen. Unternehmen neigen dazu, sich auf die Geschäftsfelder zu spezialisieren, in denen sie historisch gesehen erste Vorteile haben – in Form von bestehenden Patenten. Der Inhaber eines Patents kann somit Konkurrenten und Interessenten an der Nutzung dieser (komplexen) Technologie hindern. Darüber hinaus stellt ein international durchsetzbares Patentrecht sicher, dass

Länder, die reich an Rechten des geistigen Eigentums sind, können Länder, die arm an Rechten des geistigen Eigentums sind, daran hindern, ihr Wissen für die Produktion zu nutzen, mit der möglichen Folge, dass eine „Schneeballeffekt-Dynamik" entsteht, bei der Länder, die reich an Rechten des geistigen Eigentums sind, größere Investitionsmöglichkeiten nutzen und neues (geschütztes) Wissen erwerben, während Länder, die arm an Rechten des geistigen Eigentums sind, dazu neigen, in einem Gleichgewicht mit geringen Investitionen und geringen Patenten zu stagnieren (Belloc und Pagano 2012: 445).

---

[23] Aus *The Economist*, „Patente, die töten", 8. August 2014.

Gesellschaften ohne Kontrolle über ausreichendes geistiges Eigentum haben keine andere Wahl, als sich durch niedrige Löhne wirtschaftliche Vorteile gegenüber Ländern zu verschaffen, die ein umfangreicheres Wissenskapital angehäuft haben. Länder und Unternehmen mit einem hohen Anteil, vielleicht sogar einem Beinahe-Monopol an lukrativen, weltweit geschützten Patenten werden einen unverhältnismäßig hohen Anteil an den globalen Gewinnen und einen unverhältnismäßig hohen Anteil am nationalen wirtschaftlichen Nutzen erzielen.

Die weltweiten Gewinne der letzten Jahre werden von US-Firmen mit starken geistigen Eigentumsrechten dominiert. Die erzielten Gewinne sind im Vergleich zum Anteil der Vereinigten Staaten an der Weltwirtschaft überproportional hoch; der Anteil deutscher und chinesischer Unternehmen ist dagegen gering: „Auf US-Firmen entfallen 33,9 % der kumulativen Gewinne, die von den 3795 Unternehmen, die von 2006 bis 2018 auf der Forbes-Global-2000-Liste standen, erwirtschaftet wurden, und auf Unternehmen in Sektoren, die sich durch robuste geistige Eigentumsrechte auszeichnen, entfallen überproportionale 26,6 % dieser Gewinne. Dieser überproportionale Anteil an den globalen Gewinnen sorgt dafür, dass US-Firmen – wenn auch nicht unbedingt die durchschnittlichen US-Einkommen oder noch weniger die Arbeitnehmereinkommen – im Vergleich zu ausländischen Konkurrenten ein differenziertes Wachstum aufweisen" (Schwartz 2019: 507).

Die Zunahme des *kollektiven* Reichtums einer Gesellschaft kann unter bestimmten Umständen überproportional zur Zunahme des *privaten* Reichtums einer Gesellschaft führen. In jedem Fall ist eine solche Entwicklung nicht auszuschließen. Privater Wohlstand, der durch die Entwicklung der Rechts- und Steuersysteme in einer Gesellschaft begünstigt und geschützt wird. Diese Entwicklung kann den privaten Erwerb von Wissensvorsprüngen einschließen.[24]

Soweit sich nachweisen lässt, dass sich Einkommen aus Kapital (nichtmenschliche Faktoren) und Einkommen aus Arbeit (menschliche Faktoren) gegenläufig zugunsten des Kapitalvermögens entwickeln, wirft dies ein skeptisches Licht auf die sogenannte Kuznets-Hypothese (1955: 1), die sich dem „Charakter und den Ursachen langfristiger Veränderungen in der persönlichen Einkommensverteilung" widmet. Die mit ausdrücklicher Vorsicht formulierte Kuznets-Hypothese besagt, dass sich die Einkommensungleichheit in kapitalistischen Gesellschaften auf einem akzeptablen Niveau stabilisieren wird, unabhängig von den nationalen Merkmalen. Zu Beginn der Industrialisierung nimmt

---

[24] Zu den wichtigsten Übernahmen von Patentpools gehören der (defensive) Kauf von rund 17.000 Patenten von Motorola Mobility durch Google für 12,5 Mrd. $ und die Übernahme der Nokia-Patente durch Microsoft für 5,4 Mrd. $.

die Einkommenskonzentration zu, um dann mit der Entwicklung der Wirtschaft abzunehmen und sich einzupendeln. Der Verlauf der Ungleichheit folgt also einer Art Glockenkurve. Die Entwicklung ist zum Beispiel das Ergebnis der Verlagerung von Arbeitskräften aus dem allgemein schlecht bezahlten Agrarsektor in den besser bezahlten Industriesektor: „In gewissem Sinne kann Kuznets' Theorie als eine verfeinerte Formulierung der üblichen Trickle-Down-Ansicht der Entwicklung betrachtet werden: Innovationen kommen zunächst einigen wenigen Individuen zugute und sickern schließlich auf die Masse der Menschen durch" (Piketty 2006: 64). Thomas Piketty hat die Erklärung von Kuznets kritisiert.[25] Er beobachtet eine wachsende soziale Ungleichheit seit den 1970er Jahren in wirtschaftlich entwickelten Ländern. Piketty ist der Überzeugung, dass der Kapitalismus einen natürlichen, systemimmanenten Trend zu wachsender Ungleichheit aufweist. Der Trend, der bis zum Ersten Weltkrieg typisch war, besteht darin, dass die Profitrate nicht nur die Wachstumsrate der Wirtschaft übersteigt, sondern zunehmend größer wird als die Wachstumsrate. Diese Bewegung wird sich in den kommenden Jahrzehnten wahrscheinlich wiederholen, behauptet Piketty ([2013] 2014: 358), und sie könnte sich sogar noch verstärken.

Was bedeutet das für unsere Frage nach der Verteilung des Gewinns, den das Wissen erzeugt? Nicht sehr viel. Es sei denn, wir vermuten, dass der Anstieg der Profitrate des Kapitals zu einem mehr oder weniger großen Teil auf den Einsatz von eingekreisten zusätzlichen Kenntnissen und hochspezialisierten Fähigkeiten zurückzuführen ist und dass die Gewinne der Profitrate ungleich verteilt sein könnten. Gleichzeitig kann der Faktor Wissen auch in die ausgewiesene (statistische) Wirtschaftswachstumsrate einfließen, was die Sache verkompliziert.

Patente und Wissenskapitalismus

Patentgesetze, die die Eigentumsrechte an Wissen regeln, spielen im Kontext der Transformation von Wissensgesellschaften in einen Wissenskapitalismus eine entscheidende Rolle. Dies gilt in besonderem Maße für die internationalen rechtlichen Regelungen des geistigen Eigentums und die Entstehung bedeutender

---

[25] Thomas Piketty ([2013] 2014: 14–15) widerspricht der Kuznets-These und argumentiert, dass „die Theorie der ‚Kuznets-Kurve' ein Produkt des Kalten Krieges" sei und erklärt stattdessen, dass „der starke Rückgang der Einkommensungleichheit, den wir in fast allen reichen Ländern zwischen 1914 und 1945 beobachten, vor allem auf die Weltkriege und die damit verbundenen heftigen wirtschaftlichen und politischen Schocks (insbesondere für Menschen mit großem Vermögen) zurückzuführen ist. Sie hatte wenig mit dem von Kuznets beschriebenen ruhigen Prozess der intersektoralen Mobilität zu tun."

Verwaltungsstrukturen (Kang 2012), die sich seit den 1980er Jahren entwickelt haben. Ein wesentlicher Teil der Transformation ist die Entwicklung eines weltweiten Netzwerks von Patentämtern, das zunehmend im Sinne von „Geschäftsmöglichkeiten und weniger im Sinne der Bereitstellung öffentlicher Güter" (Drahos 2010: 303) agiert.

Volumen der Patente

Auch wenn die schiere Zahl der Patente nur begrenzte Informationen über die Art des Wandels bietet, den Patente für die Entwicklung des Wissenskapitalismus darstellen: Ein kurzer Hinweis auf das Volumen der in den letzten Jahrzehnten weltweit erteilten Patente und die Zahl der jüngsten „aktiven" Patente ist nützlich:[26] die Zahl der 2005 erteilten Patente lag bei etwa 700.000; 2019 ist sie auf 1.400.000 gestiegen. Im Jahr 2019 wurden weltweit 3.224.200 Patente angemeldet;[27] fast die Hälfte davon aus China (43,4 %).[28] Die asiatischen Patentämter erhielten 65 % aller Patentanmeldungen. Im Jahr 2019 waren weltweit 15 Mio. Patente „aktiv"; die meisten davon in den USA (3,1 Mio.), gefolgt von China (2,7 Mio. Japan (2,1 Mio.) und Südkorea (1 Million). Mehr als die Hälfte der in den USA aktiven Patente stammen von ausländischen Patentinhabern; die

---

[26] Die folgenden Zahlen stammen alle aus dem Jahresbericht der *Weltorganisation für geistiges Eigentum* (WIPO 2020).

[27] Es sei darauf hingewiesen, dass der von der WIPO verwaltete internationale Vertrag über die Zusammenarbeit auf dem Gebiet des Patentwesens (PCT) es den Anmeldern ermöglicht, eine Erfindung durch Einreichung einer einzigen internationalen PCT-Anmeldung diese gleichzeitig in einer Vielzahl von Ländern zum Patent anzumelden. Die Erteilung von Patenten unterliegt weiterhin der Kontrolle der nationalen und regionalen Patentämter und erfolgt in der sogenannten „nationalen Phase" oder „regionalen Phase". Die über den PCT eingereichten internationalen Patentanmeldungen nahmen 2019 um 5,2 % (265.800 Anmeldungen) zu, was das zehnte Jahr in Folge ein Wachstum bedeutet. Anmelder mit Sitz in China (58.990) reichten 2019 die meisten PCT-Patentanmeldungen ein, dicht gefolgt von Anmeldern aus den USA (57.840) und Japan (52.660). Deutschland und die Republik Korea lagen mit 19.353 bzw. 19.085 Anmeldungen an vierter bzw. fünfter Stelle (Weltorganisation für geistiges Eigentum 2020: 20).

[28] Wie Zorina Khan (2020: 408) erklärt, „spiegelt der rasche Anstieg der Patentstatistiken [in China] nicht ausschließlich marktorientierte Prozesse wider. Vielmehr sind die Muster zu einem großen Teil den staatlichen Bemühungen zu verdanken, die Zahlen durch eine breite Palette von Anreizen zu steigern, die man als ‚Preise für Patente' bezeichnen kann" (siehe auch Wu et al. 2022).

vergleichbare Zahl für China lag 2019 bei 72,1 % aller aktiven Patente. Amerikanische Staatsbürger/Unternehmen meldeten die Mehrheit aller Patentanmeldungen außerhalb ihres Heimatlandes an.[29]

Patente haben in der Regel eine Laufzeit von zwanzig Jahren. Patentinhaber müssen eine Gebühr entrichten, um ein Patent aufrechtzuerhalten. Nach Angaben der *Weltorganisation für geistiges Eigentum waren* nur 18,6 % aller Patente über die volle Laufzeit von 20 Jahren geschützt. Angesichts der zunehmenden wirtschaftlichen Bedeutung von Wissen und des massiven Anstiegs der Zahl aktiver Patente überrascht es nicht, dass die Rechtsstreitigkeiten über geistige Eigentumsrechte in den letzten Jahren explodiert sind: „Kein Rechtsgebiet ist in größerer Aufregung. Und in keinem anderen Rechtsgebiet haben Richter und Wissenschaftler in letzter Zeit mehr Schwierigkeiten gehabt, sich zurechtzufinden" (Posner 2002: 5).

Eine einfache Auflistung der Anzahl der an der Patentierung beteiligten Anwälte gibt keinen Aufschluss darüber, welche Rolle sie tatsächlich spielen. Dennoch ist es erwähnenswert, dass im Jahr 2020 die Anzahl der Patentanwälte in den Vereinigten Staaten 47.228 betragen soll; in Deutschland sind 4022 Anwälte als Patentanwälte registriert. Es ist spekulativ, aber die Zahl der erteilten Patente könnte auch teilweise eine Funktion der Anzahl der Patentanwälte in der Welt sein.

Leben eines Patents

Eine einfache Definition eines Patents wäre, wie bereits angedeutet, dass es dem Erfinder (zur Zeit in fast allen Ländern ein Mensch) für einen begrenzten Zeitraum (17 Jahre in den USA, 20 Jahre in Deutschland) und ein bestimmtes geografisches Gebiet Eigentumsrechte gewährt, analog zu den gesetzlichen Regelungen, die allgemein für Eigentum gelten.[30] Der Inhaber der Erfindung erwirbt einen Rechtstitel, der andere daran hindert, die Erfindung herzustellen,

---

[29] Bis etwa Mitte der 1980er Jahre war die Zahl der angemeldeten Patente in den USA weitgehend stabil. Im Jahr 2015 haben sich die Zahl der Patentanmeldungen und die Zahl der erteilten Patente in den USA versechsfacht. Diese explosionsartige Entwicklung der Patentzahlen, die wahrscheinlich auf das TRIPS zurückzuführen ist, gilt auch für viele andere Länder (siehe auch Tabelle). Jeffrey Funk (2018: 50) schätzt, dass die Kosten für die Anmeldung eines Patents in den Vereinigten Staaten bis zu 50.000 US-Dollar betragen können – was viele Unternehmen vielleicht davon abhält, es überhaupt zu tun.

[30] Es überrascht vielleicht nicht, dass es – abgesehen von der Möglichkeit in bestimmten Ländern, die eine regelmäßige Verlängerung des Patents zulassen – (clevere), seit langem praktizierte Wege gibt, die Lebensdauer von Wissen über die im Patentrecht festgelegten

zu benutzen oder zu verkaufen, der ihm aber gleichzeitig das Recht einräumt, sein „immaterielles" Gut gegen Geld zu verkaufen. Ein Patent – oft erst nach einem langwierigen Verwaltungsverfahren, an dem hochspezialisierte Experten beteiligt sind – gibt seinem Inhaber das Recht, die im Patent beschriebene Erfindung praktisch zu nutzen. Die Zeit, die für den Erwerb eines Patents benötigt wird, beispielsweise im Bereich der Arzneimittel[31], bedeutet, dass die Zeit bis zur Markteinführung eines neuen Medikaments sehr lang sein kann. Daher die im Fall des Corona-Impfstoffs häufig geäußerte Forderung, dass das Wissen bzw. die Technologie stärker verbreitet werden sollte, um die Produktion des Impfstoffs kurzfristig und die Entwicklung ähnlicher Arzneimittel langfristig zu beschleunigen. Doch selbst im Falle einer weltweiten Corona-Gesundheitskrise waren die Patentinhaber in der Regel nicht bereit, auf die Gewinne aus den Patenten, die sie besaßen, zu verzichten und das erforderliche Wissen zu teilen. Ein Patent schützt eine neue Erfindung, nicht eine Entdeckung (Gene können nicht patentiert werden). Im Gegenzug für die rechtliche Absicherung muss der Patentinhaber das geschützte Wissen offenlegen. Patente verringern den Wettbewerb.

In vielen Ländern ist der Patentinhaber verpflichtet, während der Laufzeit des Patents Patentsteuern zu zahlen. In der Folge wird das Wissen des Patents von der Wissensallmende *abgekoppelt,* obwohl das Wissen des Patents in vielen Fällen in erheblichem Maße auf öffentlich finanziertem Wissen beruht. Die Genealogie der Produktion neuer Entdeckungen in der pharmazeutischen Industrie macht zum Beispiel immer wieder deutlich, dass große, multinationale Konzerne bei der Entwicklung neuer Medikamente spät dran sind (siehe Pfizer und der Corona-Impfstoff). Die großen Pharmakonzerne konzentrieren ihre Aktivitäten in der Regel nicht auf die Grundlagenforschung, sondern auf die letzten Phasen der Entwicklung neuer Medikamente, d. h. auf die Erprobung in großem Maßstab (z. B. die dritte Phase und das Antragsverfahren für den Marktzugang). Die schnelle,

---

Beschränkungen hinaus rechtlich zu kodieren (vgl. Pistor 2019: 108; auch als „Zombie"-Patente bekannt); zum Beispiel durch ein sogenanntes „Kettenpatent": In einer Studie über „Kartelle, Patente und Politik" aus dem Jahr 1945 (Hamilton 1945: 587–588) heißt es: „Wenn die Erfindungen knapp werden, gleichen Zahlen einen Mangel an Neuheit aus, und durch das ‚Kettenpatent' wird der rechtlichen Sanktion eine Kontinuität verliehen. In Bezug auf das Telefon, die Schuhmaschine und die Musikaufnahme sind die Gründungspatente vor 17 Jahren mehrmals abgelaufen. Aber durch die Anhäufung von Verbesserungen auf Verbesserungen auf Verbesserungen sind diese Produktionsprozesse angemessener geschützt als je zuvor."

[31] Bis vor kurzem war „die Zulassung pharmazeutischer Patente weltweit die Ausnahme und nicht die Regel […] Viele Länder des ‚Globalen Südens' wehrten sich dagegen, Patente für pharmazeutische Produkte zur Verfügung zu stellen […] Arzneimittelhersteller und ihre Vertreter gehörten zu den führenden Befürwortern von TRIPS" (Shadlen et al. 2020: 78–79).

viel gepriesene Markteinführung des Corona-Impfstoffs basierte auf jahrzehntelanger Forschung an mRNA-Wirkstoffen in öffentlich finanzierten universitären Forschungseinrichtungen.

Die Auswirkungen von Patenten

Die Auswirkungen von Patenten auf die Gesellschaft sind vielfältig. Die Art der Auswirkung kann als schädlich für das öffentliche Wohl angesehen werden oder, wie die grundsätzlich umstrittene Debatte über die Rolle des Patents zeigt, als höchst vorteilhaft für das öffentliche Wohl, zumindest als höchst profitabel für die Inhaber von Rechten an geistigem Eigentum. Thorstein Veblens (1908: 116) Urteil vor mehr als einem Jahrhundert hat sich seitdem ebenso wiederholt wie sein Kontrapunkt: „Unmittelbar und direkt muss das Patentrecht als Nachteil für die Allgemeinheit angesehen werden, da sein Zweck darin besteht, die Allgemeinheit daran zu hindern, von der patentierten Neuerung Gebrauch zu machen, was auch immer ihre positiven Auswirkungen oder ihre ethische Rechtfertigung sein mögen." Eine widersprüchliche Behauptung über die Funktion von Patenten besagt, dass „ohne rechtlichen Schutz vor Nachahmung der Anreiz zur Schaffung [von Erfindungen] geistigen Eigentums untergraben wird" (Landes 2003: 11).

Obwohl jeder der unten aufgeführten Punkte nicht unumstritten ist, umfassen die Auswirkungen von Patenten als Wissenskapazitäten die folgenden Effekte: Patente gewähren

1. *Marktmacht* – Märkte mit *Ausschluss* sind keine Märkte[32] (Abschöpfung von [Monopol-]Renten; Konzentration,[33] Rückgang des Wettbewerbs, gleichbleibendes oder sinkendes Produktivitätswachstum; Konzentration von Forschung und Entwicklung; erhebliche gleichzeitige Vorteile; globale Ungleichgewichte); Patente können

---

[32] David Autor und seine Kollegen (2020: 703) berichten, dass die Zunahme der Marktkonzentration am stärksten „in Branchen zu beobachten ist, die einen schnelleren technologischen Wandel erleben, gemessen an der Zunahme der Patentintensität."

[33] Eine triadische Patentfamilie ist definiert als eine Reihe von Patenten, die in verschiedenen Ländern (d. h. Patentämtern) zum Schutz derselben Erfindung bei drei dieser großen Patentämter angemeldet wurden: dem Europäischen Patentamt (EPA), dem Japanischen Patentamt (JPO) und dem Patent- und Markenamt der Vereinigten Staaten (USPTO). Die Anzahl der triadischen Patentfamilien wird dem Wohnsitzland des Erfinders und dem Datum der Erstanmeldung des Patents zugeordnet. Dieser Indikator wird als Zahl gemessen. Die Anzahl ist seit 1985 stetig und deutlich angestiegen (vgl. die Berechnung der OECD: https://data.oecd.org/rd/triadic-patent-familieS.htm).

2. die Fähigkeit, *neues Wissen* zu produzieren, behindern, indem sie den Marktzugang effektiv blockieren, indem sie relevantes, benötigtes Wissen durch Patente schützen, d. h. indem sie Wissen privatisieren (siehe Drahos und Braithwaite 2002).
3. Die Marktmacht beeinflusst das *Risikoverhalten und die Investitionen* in Forschung und Entwicklung dieser Unternehmen. Darüber hinaus können Patente
4. Einfluss auf den Arbeitsmarkt bis hin zur Möglichkeit von *Monopolen* nehmen, d. h., es gibt nur einen Abnehmer für bestimmte Spezialkenntnisse (z. B. in der Biotechnologie, Informatik, künstlichen Intelligenz). Die Macht über den Arbeitsmarkt hat wiederum eine Reihe wirtschaftlicher und sozialer Folgen, die von der Bestimmung des Einkommens der Arbeitnehmer bis hin zu Auswirkungen auf das Bildungssystem reichen können. Patente können
5. den Grad der Marktkonzentration und den Mangel an Wettbewerb erhöhen, z. B. unter den Bedingungen eines gesundheitlichen Notfalls wie der Pandemie von 2020 und 2021, die Durchsetzung von Patenten die Fähigkeit ärmerer Länder einschränken, rechtzeitig Zugang zu Impfstoffen zu gelangen und Impfstoffe vor Ort herzustellen.[34]
6. Patente haben Auswirkungen auf den *Wirtschaftszyklus:* Schrumpfende Investitionsmöglichkeiten durch den wachsenden Einfluss der Wissensprivatisierung trugen zur Finanzkrise 2008 bei (siehe Pagano 2014: 1419–1420);

---

[34] Die Vereinigten Staaten, Großbritannien, Kanada, die Schweiz, Norwegen und die Europäische Union blockieren einen Vorschlag der *Welthandelsorganisation (WTO)* vom Oktober 2020, der von Indien und Südafrika im Oktober eingebracht wurde und der die WTO auffordert, Mitgliedsländer von der Durchsetzung einiger Patente, Geschäftsgeheimnisse oder pharmazeutischer Monopole im Rahmen des Übereinkommens der Organisation über handelsbezogene Rechte des geistigen Eigentums (TRIPs) auszunehmen. Wie von Achmal Prabbala, Arjun Jayadev und Dean Baker berichtet, „Want vaccines fast? Suspend intellectual property rights", *New York Times,* 7. Dezember 2020): „Der US-Handelsbeauftragte soll gesagt haben, dass der Schutz der Rechte an geistigem Eigentum und die Erleichterung von Innovations- und Wettbewerbsanreizen" der beste Weg sei, um die „schnelle Lieferung" von Impfstoffen und Behandlungen zu gewährleisten. Die Europäische Union hat argumentiert, dass es „keine Anzeichen dafür gibt, dass Fragen des geistigen Eigentums ein echtes Hindernis in Bezug auf Covid-19-bezogene Medikamente und Technologien darstellen". Die britische Vertretung bei der WHO stimmt dem zu und bezeichnet den Vorschlag für eine Ausnahmeregelung als „eine extreme Maßnahme zur Lösung eines unbewiesenen Problems".

7. Patente stellen einen *finanziellen Vermögenswert* dar;[35] Patente erhöhen die Differenzierung individueller Einkommen; die Einkommensungleichheit zwischen Lohnempfängern und Besitzern von Unternehmensanteilen nimmt zu (vgl. Korinek und Ng 2017: 3); in dem Maße, in dem der internationale Handel mit Sachgütern zum Erliegen kommt oder zurückgeht, wie es seit 2008 der Fall ist, gewinnt das durch Patentbesitz generierte Volumen globaler Finanzanlagen an Bedeutung für die Globalisierung;
8. International sanktionierte Patente tragen dazu bei, die Ungleichheit *des Wohlstands* in der modernen Gesellschaft durch *unverdientes Einkommen* mitzubestimmen. Die wohlhabenden Gesellschaftsschichten verdienen einen erheblichen Teil ihres Einkommens nicht durch ihre Arbeit, sondern durch ihr Vermögen. Die Bedeutung dieser Einkommen hat nach dem Jahr 2000 zugenommen (Piketty et al. 2018). Ein vermögensabhängiges Einkommen, das stärker verzerrt ist als das Arbeitseinkommen und daher die wirtschaftliche Ungleichheit verstärkt (vgl. Hoffmann et al. 2020: 56–60).[36]

Zu den verschiedenen Folgen der Verrechtlichung von Wissen in Form von Patentrechten kommt die soziale Mobilisierungsfunktion hinzu, die sich in sozialen Bewegungen des Widerstands gegen eine Monopolisierung von Wissen ausdrückt (z. B. Open Source und Open Access Aktivitäten). Im folgenden Abschnitt wird versucht, den Vermögenswert von Patenten zu schätzen, d. h. den Tauschwert und nicht den Gebrauchswert (des patentierten Elements) des Patents. Die Behandlung von Patenten als Investitions- und Einkommenswert widerspricht der oft vorgebrachten Rechtfertigung der Einkreisung von Wissen in erster Linie (vgl. Khan 2020: 53).

---

[35] Was im Falle von Patenten als Finanzvermögen zählt, ist das Eigentumsrecht selbst als Finanzvehikel und nicht so sehr die patentierte Erfindung, d. h. „die erwartete künftige Rendite des geistigen Eigentumsrechts als zukunftsorientiertes Investitionsvehikel […] Die Investitionslogik trennt ausdrücklich den Patentbesitz von der Arbeit oder der tatsächlichen Nutzung der patentierten Erfindung durch andere. Was im Hinblick auf den finanziellen Vermögenswert eines Patents zählt, ist das Eigentumsrecht selbst als finanzielles Vehikel und nicht das kommerzielle Potenzial einer Erfindung" (Kang 2020: 53; Risch 2013).
[36] Die Steuerdaten von Saez und Zucman (2016) zeigen, dass 90 % des Vermögens (oder Kapitaleinkommens) in den Vereinigten Staaten den obersten zehn Prozent und etwa 50 % den obersten 1 % der Steuerzahler gehören.

Die materiellen Folgen der immateriellen Rechte

Nicht nur unsere wissenschaftlichen Erkenntnisse zu den komplexen materiellen Folgen der immateriellen Rechte, sondern auch die Patentpolitik, die sich mit den vielfältigen realen gesellschaftspolitischen Folgen der Allmende des Geistes auseinandersetzen muss, stehen erst am Beginn der Bemühungen der ökonomischen Forschung und der Patentpolitik in Wissensgesellschaften. Die staatliche Patenpolitik sollte sich nicht zuletzt auf Erkenntnisse über die materiellen Folgen der immateriellen Rechte beziehen. Studien des Europäischen Patentamtes[37] und das Amt der Europäischen Union für geistiges Eigentum,[38] unter dem Titel „IPR-intensive industries and economic performance in the European Union" sind erste Beispiele für eine Sammlung solcher Information. Der Bericht wird seit 2013 regelmäßig aktualisiert.

Zusammenfassend urteilen die Autoren des Berichts, dass ihre Informationen die zunehmende Bedeutung des geistigen Eigentums in modernen Volkswirtschaften bestätigen: „IPR-intensive Industrien sind das Rückgrat des EU-Binnenmarktes: Sie erwirtschaften drei Viertel des EU-internen Handels und sind ein wichtiger Motor für die Schaffung grenzüberschreitender Arbeitsplätze" (Wajsman et al. 2022: 3).

Die Untersuchung aus dem Jahr 2022 beruft sich zunächst auf die oberste wirtschaftspolitische Prämisse der Europäischen Union, eine wettbewerbsfähigere Wirtschaft mit mehr Beschäftigung zu schaffen.[39] Der Bericht betont zwar, dass

---

[37] https://www.epo.org/index_de.html
[38] https://euipo.europa.eu/ohimportal/en/web/guest/home.
[39] Eine Recherche amerikanischer Journalisten (Alex Blumberg und Laura Sydell, When patents attack, NPR, https://www.npr.org/sections/money/2011/07/26/138576167/when-patents-attack) zu der Firma *Intellectual Ventures*, deren Funktion es ist, Patente aufzukaufen, kommt zu dem entgegengesetzten Schluss: „Patente sind in der Softwarebranche derzeit ein großes Thema. Die Klagen häufen sich. Große Technologieunternehmen geben Milliarden von US-Dollar aus, um riesige Patentportfolios aufzukaufen, um sich zu verteidigen. Computerprogrammierer sagen, Patente würden die Innovation behindern." Christina Mulligan und Timothy Lee (2012: 291) machen auf ein Kriterium eines gut funktionierenden Patentsystems aufmerksam, das sie die „Recherchekosten" (*discovery cost*) nennen: Recherchekosten beziehen sich auf „Ressourcen, um sich über potenziell relevante Patente zu informieren. In der Regel bedeutet dies die Beauftragung von Patentanwälten mit der Durchführung von Patentrecherchen [...] die Recherchekosten müssen so niedrig sein, dass es für die Unternehmen wirtschaftlich vertretbar ist, sich die Informationen zu beschaffen, die sie für die Einhaltung der Rechtsvorschriften benötigen." In der Praxis stellt sich heraus, dass diese Kosten bei Software-Patenten besonders hoch sind.

dieses Ziel von einer Reihe von Faktoren abhängig ist, es sei nur auf die demographische und geopolitische Entwicklung verwiesen, und betont aber im Vorwort insbesondere, dass „ein *effizientes System von Rechten* an geistigem Eigentum (IPR) gehört zweifellos zu den wichtigsten, da IP in der Lage ist, Kreativität und Innovation in der gesamten Wirtschaft zu fördern" (Wajsman et al. 2022: 3; meine Betonung).[40]

Interessen-geleitete Informationen des Berichtes über den wirtschaftlichen Stellenwert der Allmende des Geistes sind deshalb nicht überraschend. Der generelle Stellenwert von Patenten in der Europäischen Union wird in dem Bericht des Europäischen Patentamtes und des Amtes der Europäischen Union für geistiges Eigentum überschätzt. Die empirische Definition von Patent-intensiven Wirtschaftszweigen steht auf einer schwachen methodischen Basis und lässt den Inhalt der Patente völlig außer Acht. Die negativen Folgen der Eingrenzung neuer Erkenntnisse werden ausgeblendet. Dennoch lohnt es sich, einen Blick auf die empirischen Erkenntnisse des Berichts zu werfen.

Der Fokus des Berichts betont die Folgen der geistigen Eigentumsrechte für wirtschaftliches Wachstum, Beschäftigungsniveau und Handel in Europa. Industriezweige, die nur ein einziges aktives Patent aufzuweisen haben, werden von den Autoren des Berichts als IPR-intensiver Wirtschaftszweig eingestuft.[41] (Tab. 8.1).

Der Beitrag der IPR-intensiven Wirtschaftszweige innerhalb der Europäischen Union beträgt nach der Berechnung des Berichtes (Tab. 8.2) mehr als 61 Mio. Arbeitsplätze oder 29,7 % der Gesamtbeschäftigung.

---

[40] Die Autoren des Berichts loben in ihrem Vorwort die Mitgliedstaaten der Europäischen Union, dass sie „eine wichtige Rolle bei der Gestaltung eines modernen und ausgewogenen Systems der Rechte des geistigen Eigentums gespielt [haben], dass nicht nur den Innovatoren die ihnen gebührende Belohnung garantiert, sondern auch einen wettbewerbsfähigen Markt fördert. In der heutigen Welt der globalisierten Märkte und der wissensbasierten Wirtschaft muss unbedingt sichergestellt werden, dass dieses System für die Umsetzung neuer innovationspolitischer Maßnahmen wirksam bleibt."

[41] Lässt man den Inhalt eines Patents völlig außer Acht und gibt sich damit zufrieden, dass schon ein einziges Patent dem Anspruch genügt, eine patentintensive Firma zu sein, bleibt nicht aus, dass man ohne Antwort auf die generelle skeptische Beobachtung von David Martin (dem Manager der Firma *M-Cam*) ist: „Etwa 30 % der US-Patente beziehen sich im Wesentlichen auf Dinge, die bereits erfunden wurden. Im Jahr 2000 erteilte das [U.S.] Patentamt zum Beispiel ein Patent auf die Herstellung von Toast – Patentnummer 6080436, ‚Bread Refreshing Method'." (Quelle: https://www.npr.org/sections/money/2011/07/26/138576167/when-patents-attack).

Tab. 8.1 Direkter und indirekter Beitrag der IPR-intensiven Industrien zur **Beschäftigung**, Durchschnitt 2017–2019

IPR-intensive industries	Employment (direct)	Share in total employment (direct)	Employment (direct and indirect)	Share in total employment (direct and indirect)
TM-intensive	43 606 597	21.1%	59 705 627	28.9%
Design-intensive	26 768 543	12.9%	40 142 839	19.4%
Patent-intensive	22 824 753	11.0%	36 076 680	17.4%
Copyright-intensive	12 924 552	6.2%	16 917 340	8.2%
GI-intensive *	n/a	n/a	n/a	n/a
PVR-intensive	1 933 519	0.9%	2 541 175	1.2%
All IPR-intensive	**61 499 614**	**29.7%**	**81 592 215**	**39.4%**
Total EU employment			206 899 343	

* Not calculated due to gaps in employment statistics for agriculture (farm structure statistics).

Note: Due to overlapping use of IPRs, the sum of the shares of the individual IPRs exceeds the total share of IPR-intensive industries.

Quelle: Wajsman et al. (2022: 66)

Tab. 8.2 Beitrag der IPR-intensiven Wirtschaftszweige zum **Bruttoinlandsprodukt**, Durchschnitt 2017–2019

IPR-intensive industries	Value added/GDP (€ million)	Share in total EU GDP
TM-intensive	5 217 903	38.5%
Design-intensive	2 101 305	15.5%
Patent-intensive	2 361 457	17.4%
Copyright-intensive	934 176	6.9%
GI-intensive	15 011	0.1%
PVR-intensive	187 774	1.4%
All IPR-intensive	**6 375 796**	**47.1%**
Total EU GDP	13 541 581	

Note: Due to overlapping use of IPRs, the sum of the figures for the individual IPRs exceeds the total figure of IPR-intensive industries.

Quelle: Wajsman et al. (2022: 66)

Der Bericht kommt zu dem Ergebnis, dass „mehr als 47 % der gesamten Wirtschaftsleistung in der EU in patentintensiven Branchen erwirtschaftet wird. Die Trademark-intensiven Wirtschaftszweige tragen 38,5 % zum Bruttoinlandsprodukt bei, während die design- und patentintensiven Wirtschaftszweige 15,5 %

bzw. 17,4 % beisteuern und die urheberrechtsintensiven (6,9 %), Pflanzenschutzmittel und GI (ein Name, der ein Produkt an ein bestimmtes geographisches Gebiet koppelt) -intensiven Wirtschaftszweige einen geringeren Beitrag leisten" (Wajsman et al. 2022: 6868). Der Beitrag der IPR-intensiven Wirtschaftszweige zum Exportergebnis der EU beträgt achtzig Prozent.[42] Ein Vergleich dieser Zahlen mit denen aus vergangenen Jahren (2013, 2016) zeigt, dass sich die Gewichte nur unwesentlich verschoben haben.

Die Daten des folgenden Abschnitts zu Vermögenseinkommen, die sich aus der Nutzung von Eigentumsrechten durch Dritte ergeben, sind dagegen zuverlässiger und gültiger als Ausweis des ökonomischen Stellenwerts von Patentrechten.

Vermögenseinkommen

> „Es ist [...] eines der wichtigsten Anliegen der Regierung, die extreme Ungleichheit der Vermögen zu verhindern [...] nicht durch den Bau von Krankenhäusern für die Armen, sondern durch die Garantie, dass die Bürger nicht arm werden".
>
> Jean-Jacques Rousseau *Discourse on Political Economy* ([1755] 1994)

Die Hoffnung Jean-Jacques Rousseaus hat sich noch nicht erfüllt. Die wirtschaftliche Bedeutung der modernen Rechte des geistigen Eigentums macht sie weiterhin unwahrscheinlich. Das finanzielle Gewicht der Rechte an geistigem Eigentum und ihre Schichtung nach Ländern, d. h. die Vermögenserträge aus Patentrechten, die vom Humankapital, das in die patentierte Erfindung geflossen ist, und den Vorteilen aus der Nutzung der Patente abgekoppelt sind, können der Tab. 8.3 entnommen werden, die die sehr ungleichen Vorteile dokumentiert, die Unternehmen in verschiedenen Ländern aus dem Tauschwert der von ihnen gehaltenen Rechte an geistigem Eigentum ziehen. Die Vereinigten Staaten waren 2010 der bei weitem größte Nutznießer, während Russland (in der Tabelle nicht vertreten) kaum Mittel aus dem Ausland für das geistige Eigentum erhielt, das das Land kontrolliert. Die Vereinigten Staaten erhielten 2010 mehr als die Hälfte der

---

[42] „Die EU insgesamt verzeichnete im Zeitraum 2017–2019 einen jährlichen Handelsbilanzüberschuss von rund 294 Mrd. EUR, was 2,2 % des Bruttoinlandsprodukts entspricht. Der Handelsüberschuss der patentintensiven Branchen betrug 224 Mrd. EUR und trug damit zu mehr als drei Vierteln zum gesamten EU-Handelsüberschuss bei. Dieser Überschuss wird in erster Linie von den patent- und designintensiven Industrien erwirtschaftet und gleicht geringe Defizite in den Trademark-, urheberrechts- und Pflanzengeschützten Industrien aus" (Wajsman et al. 2022: 70).

weltweiten Einnahmen aus Eigentumsrechten. Es ist jedoch bemerkenswert, dass die US-Einnahmen in weniger als einem Jahrzehnt – relativ gesehen – auf dreißig Prozent der weltweiten Gewinne zurückgegangen sind. In absoluten Zahlen haben sich ihre Einnahmen jedoch verdreifacht.

Tab. 8.3 zeigt außerdem, dass sich die weltweiten Einnahmen aus den Rechten an geistigem Eigentum innerhalb eines Jahrzehnts verfünffacht haben. Zu den besonderen Nutznießern gehören China, Deutschland, Korea und Kanada. Die Daten für die Jahre 2019–2021 zeigen die Auswirkungen der Pandemie: ein rapider Rückgang der Einnahmen im Jahr 2020 und ein starker Umschwung im Jahr 2021. Einerseits ist das international durchgesetzte Patentrecht einer der Motoren der heutigen wirtschaftlichen Globalisierung. Andererseits sind die Auswirkungen der wirtschaftlichen Globalisierung in ihren Vorteilen sehr ungleichmäßig. Patentrechte haben einen wichtigen Einfluss auf die Verbreitung von Innovationen in der ganzen Welt (Cockburn et al. 2014).

Der Patentinhaber muss dafür sorgen, dass sein Patent nicht „missbraucht" wird. Die Kosten für den Schutz der Rechte an geistigem Eigentum können recht hoch sein. Im Prinzip ist dies unter den Bedingungen der Globalisierung besonders schwierig. Eine nachhaltige rechtliche Durchsetzung von Patentrechten war bis in die 1980er Jahre nicht möglich. Mit dem TRIPS-Abkommen *(Trade-Related Aspects of Intellectual Property Rights),* das am 15. April 1994 in Marrakesch, Marokko, unterzeichnet wurde und eine jahrzehntelange globale Wirtschaftsordnung verbindlich für alle Mitglieder der WTO (Welthandelsorganisation) festschrieb, rückte das Patentrecht als Paradebeispiel für die Ausweitung gesellschaftlichen Handelns[43] aus dem Bereich des Arkanrechts und der juristischen Analyse in den Vordergrund der globalen *Politik* und sollte auch in den Mittelpunkt der gesellschaftlichen Analyse von Geopolitik, Ungleichheit und Globalisierung rücken (vgl. Sinnreich 2019).

---

[43] Aram Sinnreich (2019: 155–156) listet die wichtigsten rechtlichen Erweiterungen des Patentrechts auf, die das TRIPS-Abkommen mit sich brachte, sowie die Durchsetzungsmaßnahmen und Sanktionen, die Teil des Abkommens sind: „Zu den neuen Gesetzen, die durch TRIPS eingeführt wurden, gehörten neue Formen des geistigen Eigentums (z. B. Rechte an Halbleiterchips), neue Kategorien geschützter Äußerungen (z. B. Software, Datenbanken und Tonaufnahmen für das Urheberrecht und „praktisch alle Gegenstände" außer lebenden Organismen für Patente), längere Mindestlaufzeiten sowohl für Urheberrechte (Leben plus fünfzig Jahre) als auch für Patente (zwanzig Jahre), obligatorische Durchsetzungsprotokolle innerhalb der Mitgliedstaaten und an den Grenzen sowie obligatorische strafrechtliche Sanktionen, einschließlich Haftstrafen, für einige Formen der Verletzung (in der Vergangenheit wurde geistiges Eigentum eher als ein Thema für das Zivilrecht betrachtet, das eher eine Entschädigung als eine Bestrafung derjenigen vorsieht, die es verletzt haben)."

Tab. 8.3 Einnahmen aus Gebühren für die Nutzung von geistigem Eigentum (Zahlungsbilanz, in Mio. US-Dollar), 2021

	2000	Δ	2010	Δ	2019	Δ	2020	Δ	2021
Welt	80.965,65	193%	237.489,50	69%	400.386,32	-2%	393.403,63	13%	444.481,37
Korea	701,50	355%	3.188,40	143%	7.752,00	-11%	6.895,20	17%	8.069,50
Schweden	1.414,42	311%	5.812,96	49%	8.670,67	-3%	8.376,83	1%	8.499,35
Frankreich	3.973,97	243%	13.625,13	14%	15.521,11	-5%	14.667,82	6%	15.493,26
Deutschland	2.535,82	226%	8.276,54	349%	37.150,94	-1%	36.882,65	59%	58.520,31
China	80,35	934%	830,48	695%	6.604,71	30%	8.582,87	37%	11.740,19
UK	6.766,39	114%	14.454,58	82%	26.355,25	-9%	23.904,67	-2%	23.476,31
Japan	10.227,35	161%	26.680,32	77%	47.149,93	-8%	43.315,52	11%	48.173,86
Niederlande	2.170,47	1051%	24.971,59	66%	41.345,17	9%	45.025,45	-17%	37.155,79
Kanada	2.323,90	21%	2.813,94	141%	6.785,72	6%	7.217,75	18%	8.543,76
USA	43.476,00	118%	94.968,00	22%	115.529,00	-2%	113.779,00	10%	124.827,00
RoW*	7.295,48	474%	41.867,56	109%	87.521,83	-3%	84.755,86	18%	99.982,06

*(ROW = Rest der Welt; Welt minus Summe der Gebühren der aufgeführten, ausgewählten Länder)

Quelle: Weltbank https://data.worldbank.org/indicator/BX.GSR.ROYL.CD
Gebühren für die Nutzung von geistigem Eigentum sind Zahlungen und Einnahmen zwischen Gebietsansässigen und Gebietsfremden für die genehmigte Nutzung von Eigentumsrechten (z. B. Patente, Warenzeichen, Urheberrechte, gewerbliche Verfahren und Geschmacksmuster einschließlich Geschäftsgeheimnisse und Franchise) und für die Nutzung von produzierten Originalen oder Prototypen (z. B. Urheberrechte an Büchern und Manuskripten, Computersoftware, Kinofilmen und Tonaufnahmen) und verwandten Schutzrechten (z. B. für Live-Auftritte und Fernseh-, Kabel- oder Satellitenübertragungen) durch Lizenzvereinbarungen. Die Daten sind in laufenden Millionen U.S.-Dollar angegeben.

Für diejenigen, die Rechte an geistigem Eigentum von den Eigentümern patentierten Wissens erwerben, sind die *Transaktionskosten* für die Übertragung des Wissens nicht zu vernachlässigen, zu denen auch die Kosten für den Erwerb von Humankapital gehören könnten, das zur Erzielung einer wirtschaftlichen Rente erforderlich ist. Im Allgemeinen sind „Rechte an geistigem Eigentum tendenziell kostspieliger ... als Rechte an materiellem Eigentum" (Landes und Posner 2003: 21).

TRIPS: Allmende des Geistes

Insofern ein wachsender Teil der Wertschöpfung einer Gesellschaft eine Funktion neuer Erkenntnisse ist, und dieser Zusammenhang insbesondere für Wissensgesellschaften gilt, wird das Argument, dass unter diesen Bedingungen eine *Stärkung* und *Ausweitung* intellektuellen Eigentumsrechts gerechtfertigt ist, zu einer signifikanten und anscheinend legitimen rechtpolitischen Perspektive. Das TRIPS-Abkommen, so kann man argumentieren, entspricht daher genau den Anforderungen einer fortschrittlichen globalen Wissensgesellschaft.

Die Verabschiedung des TRIPS-Abkommens als multilaterales, durchsetzbares, globales System zum Schutz des geistigen Eigentums kann zu Recht als „einer der dramatischsten Fälle internationaler Marktregulierung im zwanzigsten Jahrhundert" bezeichnet werden (Sell 2010: 762). Der Vertrag ist auch über das vergangene Jahrhundert hinaus von wachsender Bedeutung. Einer der höchst umstrittenen Punkte des TRIPS-Abkommens besteht darin, dass es die Länder lediglich dazu verpflichtet, „Mindeststandards" für den Schutz des geistigen Eigentums zu gewährleisten.[44] Dies bedeutete, dass die Unterzeichner des Abkommens in der Lage waren, die Durchsetzung flexibel zu unterstützen. Um einen strengeren Schutz der Rechte an geistigem Eigentum zu erreichen, wurden in bilaterale und regionale Präferenzhandelsabkommen zunehmend Bestimmungen über geistiges Eigentum aufgenommen. Diese Angelegenheit ist jedoch nach

---

[44] In Artikel 7 (Ziele) des TRIPS-Übereinkommens heißt es: „Der Schutz und die Durchsetzung der Rechte des geistigen Eigentums sollen zur Förderung der technologischen Innovation und zum Transfer und zur Verbreitung von Technologie zum beiderseitigen Vorteil der Erzeuger und der Nutzer von technologischem Wissen und in einer Weise beitragen, die dem sozialen und wirtschaftlichen Wohlergehen dient, sowie zu einem ausgewogenen Verhältnis von Rechten und Pflichten." Artikel 8.2. fügt hinzu: „Geeignete Maßnahmen können, sofern sie mit den Bestimmungen dieses Abkommens vereinbar sind, erforderlich sein, um den Missbrauch von Rechten des geistigen Eigentums durch die Rechtsinhaber oder den Rückgriff auf Praktiken zu verhindern, die den Handel unangemessen beschränken oder den internationalen Technologietransfer nachteilig beeinflussen.

wie vor sehr umstritten, nicht zuletzt deshalb, weil es bei dem Thema Wissen um unterschiedliche Wertverpflichtungen geht.[45]

Während der Uruguay-Runde (von 1986 bis 1994 mit 123 Vertragsparteien) haben gut organisierte Gruppen von (multinationalen) Unternehmen, die sich auf die Rhetorik der „Piracy" beriefen und die die am ehesten von dem Vertrag profitieren würden, in Europa und Japan sowie in den Vereinigten Staaten bei den politischen Entscheidungsträgern nachdrücklich dafür geworben, dass die Rechte des geistigen Eigentums (IPR) Teil des Abkommens sein sollten.[46] Geistige Eigentumsrechte seien nichts anderes als Eigentumsrechte. Der Unternehmenslobby gelang es auch, einen Großteil der Überwachung des Abkommens in private Hände zu legen. Mehr als einhundert Länder unterzeichneten den Vertrag. Heute haben die meisten Länder der Welt, auch wenn sie noch so klein sind, Patentämter. Die Ausarbeitung und Verabschiedung des TRIPS-Abkommens verdeutlicht den Einfluss des Nationalstaats als Motor der Globalisierung.

Die Entwicklungsländer unterzeichneten das TRIPS-Abkommen als Gegenleistung für das Versprechen, den Welthandel zu liberalisieren. Trotz der breiten Zustimmung zu den TRIPS-Regeln sind die Standards nach wie vor umstritten. Kritiker aus Randstaaten beklagen beispielsweise, dass die wirtschaftlichen und politischen Sonderinteressen der entwickelten Welt und ihrer multinationalen Konzerne geschützt werden und nicht die globale Gesundheit und der wirtschaftliche Wohlstand.

Wichtig ist außerdem, dass das TRIPS-Abkommen die Laufzeit eines Patents über das hinaus verlängert, was viele Länder festgelegt haben; der Patentschutz wird für 20 Jahre gewährt. Wie Maggi und Ossa (2020: 5) in Bezug auf die

---

[45] Eine Entscheidung, die in ihrer Bedeutung für das Patentrecht vielleicht fast mit dem TRIPS-Abkommen vergleichbar ist, war das Rechtsgutachten des Obersten Gerichtshofs der USA aus dem Jahr 1988 zur Erteilung von Patenten auf Leben, die sogenannte „Onko-Maus" (siehe Shiva 2001: 1–3). Die Kriterien für die Patentierbarkeit sind in den letzten vierzig Jahren allgemein gelockert worden. In den Vereinigten Staaten öffnete sich das System der geistigen Eigentumsrechte einerseits für Softwarepatente und Geschäftsmodelle und andererseits für lebende Materie.

[46] Joseph Stiglitz (2006: 105) ist sehr deutlich in seinem Urteil darüber, wessen Interessen bei der Aushandlung des TRIPs-Abkommens auf dem Spiel standen: TRIPs „wurde lange Zeit von den Vereinigten Staaten und anderen fortgeschrittenen Industrieländern angestrebt, um andere Länder zu zwingen, ihre Patente und Urheberrechte anzuerkennen […] TRIPs wurde entwickelt, um höhere Preise für Medikamente zu gewährleisten." Ein Beamter des US-Konsulats in China, der es vorzog, anonym zu bleiben, wird in einem Aufsatz in der *New York Times* zitiert: „Nichts hat in unserer Handelspolitik eine höhere Priorität als der Kampf zum Schutz des amerikanischen geistigen Eigentums. Er ist für uns genauso wichtig wie der Kampf gegen Massenvernichtungswaffen" (Ted Fishman, „Manufaketure", *New York Times*, 9. Januar 2005, S. 40).

zeitgenössische Politik des TRIPS feststellen: „Eine verbreitete Sorge ist, dass stärkere Rechte des geistigen Eigentums den Industrieländern auf Kosten der Entwicklungsländer und möglicherweise auf Kosten der Effizienz zugutekommen, indem sie es Unternehmen aus Industrieländern ermöglichen, höhere Preise zu verlangen und Unternehmen aus Entwicklungsländern daran hindern, aufzuholen. Einige Beobachter sehen in TRIPS sogar einen Hauptgrund für die derzeitige Pattsituation in der WTO."

Die Entstehungsgeschichte des TRIPS-Abkommens veranschaulicht das eiserne Prinzip, dass globale Regeln tendenziell Länder mit hohem Einkommen begünstigen und oft in Übereinstimmung mit den besonderen Interessen großer mächtiger Länder festgelegt werden. Die Entwicklungsländer sind von einer effektiven Beteiligung an der Ausarbeitung globaler Regeln ausgeschlossen (vgl. Korinek und Stiglitz 2021: 31–32). Der transnationale Zusammenschluss der größten Patentämter der Vereinigten Staaten, Europas und Japans hat ein globales Netzwerk der Wissensverwaltung geschaffen, das zu einer „heimlichen" Angleichung des Patentrechts führt (Drahos 2010). 1996 wurde die *Weltorganisation für geistiges Eigentum* (WIPO) der UN als „Anhängsel" der WTO gegründet. Die WIPO entwickelte ein Urheberrechtsabkommen auf der Grundlage des TRIPS-Abkommens, das die Urheberrechtsbestimmungen weiter verschärfte.

Die Bedeutung der TRIPS-Regeln kann kaum überschätzt werden; Vandana Shivas (2001: 3) umfassende Klassifizierung der Folgen globaler Verträge ist daher zutreffend: „Die Universalisierung von Patenten auf alle Gegenstände, einschließlich Lebensformen, hat dazu geführt, dass Patente in unsere Wälder und Bauernhöfe, unsere Küchen und unsere medizinischen Gärten eindringen. Patente werden jetzt nicht nur für Maschinen, sondern auch für Lebensformen und biologische Vielfalt erteilt; nicht nur für neue Erfindungen, sondern auch für das Wissen unserer Großmütter."

Die schiere Anzahl der Patente liefert nur begrenzte Informationen: Dennoch ein kurzes Wort zum Umfang der in den letzten Jahrzehnten weltweit erteilten Patente und zur Zahl der aktuellen „aktiven" Patente (Patente in Kraft):[47] Die Zahl der 2005 erteilten Patente lag bei rund 700.000; 2009 ist sie auf 1.400.000 gestiegen. Im Jahr 2019 wurden weltweit 3.224.200 Patente angemeldet, fast die Hälfte davon aus China. Bei den asiatischen Patentämtern gingen 65 % aller Patentanmeldungen ein. 2019 waren weltweit 15 Mio. Patente „aktiv"; die meisten davon in den USA (3,1 Mio.), gefolgt von China (2,7 Mio.). Japan (2,1 Mio.) und Südkorea (1 Mio.). Mehr als die Hälfte der in den USA aktiven Patente

---

[47] Die folgenden Zahlen stammen alle aus dem Jahresbericht der *Weltorganisation für geistiges Eigentum* (WIPO 2020).

stammen von Ausländern; die vergleichbare Zahl für China lag 2019 bei 72,1 % aller aktiven Patente. Amerikanische Bürger/Unternehmen meldeten die Mehrheit aller Patente außerhalb ihres Heimatlandes an. Patente haben in der Regel eine Laufzeit von zwanzig Jahren. Patentinhaber müssen eine Gebühr entrichten, um ein Patent aktiv zu halten. Nur 18,6 % aller Patente waren über die volle Laufzeit von 20 Jahren geschützt.

Die für mich relevante Frage, die sich aus den Folgen des TRIPS-Abkommens sowie nachfolgender Abkommen ergibt, ist, welche Folgen ein global wirksames Patentrecht bzw. die Einhegung der Wissensallmende (Boyle 2003), d. h. die Privatisierung des Wissenskapitals, der Wissensasymmetrien für die Verteilung des Nutzens aus den Rechten am Wissenskapital hat. Eine Annahme wäre, dass sich aus der Einhegung von geistigem Eigentum und den (Verwertungs-) Renten, die ein solches Patentregime ermöglicht, eine massive Ungleichheit bei Einkommen/Vermögen, aber auch bei anderen Vorteilen, wie dem individuellen und kollektiven Zugang zu Wissen, ergeben kann. Die Einhegung von zusätzlichem Wissen führt zu einer Steigerung des Wohlstands derjenigen, denen die Kontrolle über die Eigentumsrechte übertragen wurde. Seit den 1980er Jahren stammt ein erheblicher Teil des Reichtums großer Konzerne, die in der Regel die Hauptnutznießer des neuen globalen Patentsystems sind, „nicht so sehr von ihren Maschinen und Gebäuden, sondern von ihren geistigen Monopolen". Patente, Urheberrechte und Marken machen heute den Großteil des Vermögens der großen Unternehmen aus (Pagano 2018).

Mit der Einführung von TRIPS ist eine erhebliche Ausweitung des Handels mit globalen Wertschöpfungsketten (GVC; z. B. Gereffi 2014; Durand und Milberg 2020) verbunden. Strengere internationale Eigentumsrechte ermöglichen nicht nur mehr und mehr GVC-Handel, sondern auch, dass die Renten aus der Ausweitung größtenteils an die großen Unternehmen gehen; das heißt, das Einschließen von zusätzlichem Wissen führt zu einem Anstieg des Wohlstands derjenigen, die die Kontrolle über die Eigentumsrechte erhalten haben. Dies gilt auch für die Beschäftigten von Unternehmen, die überproportional von Wissensmonopolen profitieren:

> Unternehmen, die über eine größere Menge an intellektuellem Kapital verfügen, erzielen nicht nur viel höhere Renditen auf das investierte Kapital, sondern zahlen auch höhere Löhne, da sie mehr in die firmenspezifischen Fähigkeiten ihrer Arbeitnehmer investieren. Die Möglichkeit, unternehmensspezifische Investitionen in Humankapital zu tätigen, ist wiederum ein wichtiger Grund für die hohe Rendite auf das investierte Kapital (Pagano 2018: 363).

Eine breit angelegte Antwort auf die Frage nach den gesellschaftlichen Merkmalen des Wissenskapitalismus wird dadurch verstärkt, dass der Patentschutz nicht nur eine technische, rechtliche oder wirtschaftliche Angelegenheit ist, sondern dass Patentrechte globale, soziale, wirtschaftliche und politische Auswirkungen haben, insbesondere in erheblichem Maße auf die soziale Ungleichheit und das Kräfteverhältnis zwischen Unternehmen, Regionen und Ländern. Dieses Problem der Ungleichheit kann durch eine umfassendere Definition dessen, was grundsätzlich patentierbar ist, noch verstärkt werden, z. B. Geschäftspraktiken, Geschmacksmuster oder biotechnologische Produkte (lebende Materie).

Der Schutz des geistigen Eigentums im Sinne des Rechts des geistigen Eigentums (Urheberrecht und verwandte Schutzrechte; Intellectual Property Rights, IPR) sollte, wenn dies tatsächlich der Fall ist, Anreize für Innovationen schaffen (Stiglitz und Greenwald 2014: 429–456). Das Gegenstück zum urheberrechtlich geschützten geistigen Eigentum ist die Public Domain, das geistige Eigentum als Allgemeingut oder, wie ich es genannt habe, als Teil der globalen Allmende des Wissens. Es besteht jedoch der nicht unberechtigte Verdacht oder gar die Befürchtung, dass Unternehmen ein Interesse daran haben, genau das Gegenteil zu fördern (Stiglitz 2002: 245), nämlich die zunehmende Monopolisierung von Wissensvorsprüngen. Dieser Verdacht wird dadurch verstärkt, dass zusätzliches Wissen die wichtigste Ressource für zukünftige Erfindungen und Gewinne im Wissenskapitalismus ist.

Kurz gesagt, Patente, Patentrecht und Patentierungspraktiken sollten bei der Analyse von Wissensgesellschaften, die sich in wissensbasierte Monopole verwandeln, eine zentrale Rolle spielen; und sowohl innerhalb als auch zwischen Wissensgesellschaften sollten Patente eine entscheidende Rolle bei der Analyse der wissensbasierten Wirtschaft, der sozialen Ungleichheit, der Geopolitik, der Innovation, der Motivstruktur von Wissensgesellschaften und der Politik von Wissensgesellschaften spielen.

Eines der wichtigsten moralischen und politischen Dilemmata, mit denen der Wissenskapitalismus konfrontiert ist, besteht darin, dass Patente als Ausdruck von Handlungsfähigkeit Wissen viel zu rigoros kodieren und infolgedessen die Rechte von Gesellschaften und Einzelpersonen, die das kodierte Wissen unbedingt nutzen müssen, außer Acht lassen können; der Kontext einer Pandemie wäre ein Paradebeispiel dafür, aber auch die Bedrohung durch Umweltschäden und die Zurückhaltung von Wissen und technologischen Erfindungen, die sich als wesentlich für Anpassungsmaßnahmen erweisen könnten. Auf der anderen Seite war der tatsächliche finanzielle Nutzen, der einer Organisation oder einer Einzelperson aus Erfindungen erwuchs, die unser Leben veränderten, gering, z. B. im Falle der Erfindungen, die zur Computertechnik, zur grünen Revolution, zum

Fernsehen oder zu Antibiotika führten. Die Hauptmotive der Erfinder waren, so scheint es, nicht finanzieller Natur (vgl. Kay 2003: 258). Viele der folgenreichsten Entdeckungen wurden von staatlichen Stellen und aus öffentlichen Mitteln initiiert, unterstützt und entwickelt. Daraus folgt, dass die Frage, die nicht neu ist, aber auf soliden Füßen zu stehen scheint, lautet: Ist es an der Zeit, das Patentrecht zu reformieren? Doch zunächst ein kurzer Hinweis auf einen blinden Fleck und die Gründe für den blinden Fleck in der üblichen Erzählung von der Macht des Wissens und damit der Macht der Patente; diese Ansicht lässt sich in einer Art magischem Dreieck verorten: Macht, Wissen und Patente.

Dennoch ist die Macht der immateriellen Rechte nicht zwangsläufig und unbegrenzt. Man kann sich, und in der Tat stemmt sich politisch und zivilgesellschaftlich gegen die vielfältigen materiellen und immateriellen Folgen von Patenten.

Ein blinder Fleck

„Gegenwind" gegen die Macht der immateriellen Rechte durch Patente kommt aus ganz unterschiedlichen Richtungen: aus der Wissenschaft, der Politik, und der Zivilgesellschaft; der Widerstand gegen Monopole greift ineinander, verstärkt sich gegenseitig und kann sogar zum Auseinanderbrechen von Monopolen führen:

1. Die These von der wünschenswerten Rückkopplung zwischen Patentschutz und privatwirtschaftlicher Innovation wird infrage gestellt. Das bestehende System des Schutzes geistigen Eigentums wurde institutionalisiert, als das Innovationssystem anders strukturiert war als heute: Es greift ineinander, verstärkt sich gegenseitig und kann sogar zum Aufbrechen von Monopolen führen: „Innovation findet heute in kollaborativen Netzwerken statt, die häufig den öffentlichen und den privaten Sektor miteinander verbinden", im Gegensatz zu einer Ära, in der „Innovationen von Unternehmenslabors oder einzelnen Erfindern produziert wurden" (Block und Keller 2012: 98). Darüber hinaus spielt der öffentliche Sektor eine wachsende Rolle bei der Finanzierung kommerziell wertvoller Innovationen (siehe Vallas et al. 2011).
2. Die Monopolprivilegien der Großkonzerne werden von der Politik in den Nationalstaaten und international (z. B. durch die EU) skeptischer gesehen.

Politische Maßnahmen in der Steuergesetzgebung, eine Lockerung des Patentrechts[48] oder des Datenschutzes[49] gehören zu den Forderungen, die immer häufiger erhoben werden und letztlich zu einer Begrenzung der Macht und der privaten Gewinnmargen von Großkonzernen führen können. Auf jeden Fall ist das Problembewusstsein auf der globalen politischen Ebene angekommen. Infolgedessen bemühen sich die Wettbewerbsbehörden in den Vereinigten Staaten und Europa um nationale, aber auch konzertierte Maßnahmen gegen die wirtschaftliche Macht der großen Technologiekonzerne. Auch die chinesische Regierung nimmt ihre Technologiekonzerne ins Visier, um ihre verlorene Macht wiederzuerlangen.

3. Der zivilgesellschaftliche Widerstand gegen die asymmetrische Macht der Konzerne, die der Patentgesetzgebung geschuldet ist, wird immer typischer und führt in der Regel zu „Moralischen Märkten" (Stehr [2007] 2008).

Ist es daher an der Zeit, das Patentrecht zu reparieren?

---

[48] Vgl. Nico Stehr, „Wie das globale Impfstoff-Wissen das Ende der Pandemie beeinflusst", *Frankfurter Allgemeine Zeitung*, 30. April 2021; https://www.faz.net/aktuell/feuilleton/debatten/wie-das-globale-impfstoff-wissen-das-ende-der-pandemie-beeinflusst-17318991.html „EU-Ratspräsident sieht in Patentfreigabe für Impfstoffe ‚keine Wunderlösung'", *Der Standard*, 8. Mai 2021; https://www.derstandard.at/story/2000126498480/eu-ratspraesident-sieht-in-patentfreigabe-fuer-impfstoffe-keine-wunderloesung.

[49] Man sollte nicht unterschätzen, wie flexibel große Technologieunternehmen – als Eigentümer der technischen Infrastruktur – angesichts der Forderung der Zivilgesellschaft nach mehr Datenschutz sind, wenn es darum geht, mithilfe von KI Wege zur Umgehung von Datenschutzmaßnahmen zu finden, um weiterhin profitabel zu sein, während sie ihren Kritikern scheinbar entgegenkommen.

Politische Herausforderungen der Wissensgesellschaften 9

> *Daher stellt sich die Menschheit immer nur Aufgaben, die sie lösen kann, denn genauer betrachtet wird sich stets finden, daß die Aufgabe selbst nur entspringt, wo die materiellen Bedingungen ihrer Lösung schon vor- handen oder wenigstens im Prozeß ihres Werdens begriffen sind.*
>
> Karl Marx ([1859] 1971: 9)

Im Vorwort zu *„Ein Beitrag zur Kritik der politischen Ökonomie"* bemerkt Karl Marx, dass die politischen Probleme, die die Gesellschaft aufnimmt, auf diejenigen beschränkt sind, die sie lösen kann. Es hat den Anschein, dass wir in ein anderes Zeitalter eintreten, wenn die von Marx gestellte Diagnose überhaupt für die Zeit, die er im Sinn hatte, angemessen war.

Im folgenden Kapitel untersuche ich ausgewählte politische Merkmale der Dynamik von Wissensgesellschaften, die sich zur *Gestalt* des Wissenskapitalismus zu entwickeln beginnen, insbesondere die zentralen und neuartigen Politikfelder von Wissensgesellschaften, die der optimistischen Beobachtung von Marx zu trotzen scheinen. Eines der grundlegenden Merkmale der Wissensgesellschaften ist ihre wesentliche *Zerbrechlichkeit* aufgrund des erratischen Charakters ihrer kapitalistischen Wirtschaftsformation und ihrer wichtigsten sozialen Institutionen, die sich kollektiv durch Krisenzirkel bewegen, die wiederholt Fragen der sozialen Gerechtigkeit aufwerfen. Die grundsätzliche Fragilität von Wissensgesellschaften ist der wichtigste gesellschaftliche Rahmen, in dem die politischen Herausforderungen der Wissensgesellschaft, wie etwa die Wissenspolitik, stattfinden.

Zu den politischen Problemen, mit denen sich Wissensgesellschaften heute konfrontiert sehen, gehören häufig „böse" Probleme, d. h. Probleme, die nicht „gelöst" werden können.[1] Aus theoretischer Sicht stelle ich die Frage, wie sich eines der hervorstechenden Merkmale der Wissensgesellschaft, nämlich die Tatsache, dass sich die *Handlungsfähigkeit* von Einzelpersonen und kleinen Gruppen von Einzelpersonen, z. B. den Managern von Superstar-Unternehmen, Kleinanlegern, politischen Aktivisten, einzelnen Politikern in demokratischen Gesellschaften oder der Führung neuer sozialer Bewegungen, erheblich ausgeweitet hat, auf die politischen Prozesse von Wissensgesellschaften auswirkt. Eines der wichtigsten entstehenden politischen Betätigungsfelder von Wissensgesellschaften ist ein praktisch neues Politikfeld, nämlich die *Wissenspolitik,* d. h. die *Bemühungen um die nationale und/oder internationale Kontrolle von zusätzlichem oder inkrementellem Wissen.*

Die Zerbrechlichkeit von Wissensgesellschaften

Nicht nur angesichts des bevorstehenden Klimawandels ist man gut beraten, sich die angeborene Schwäche des Menschen im Vergleich zu den gewaltigen Kräften der Natur vor Augen zu halten (vgl. Braudel [1979] 1992: 50). Es ist auch die wesentliche Zerbrechlichkeit sozialer Strukturen, insbesondere wenn man sie vor dem Hintergrund der weithin imaginierten und versprochenen Stabilität unserer auf die Maximierung von Vorhersage und Kontrolle durch und für die Mächtigen ausgerichteten Entwürfe beurteilt, die nicht ignoriert werden darf.

Der Grad der Fragilität sozialer Strukturen und menschlicher Schöpfungen nimmt in Wissensgesellschaften generell zu. Soziale Fragilität bezieht sich auf eine Eigenschaft sozialer Strukturen, die in ihrer wesentlichen Stabilität verletzlich und brüchig sind. Wichtige soziale Institutionen sowie viele soziale Prozesse sind nicht in der Lage, den *Status quo* ohne weiteres aufrechtzuerhalten, was einen

---

[1] „Wicked" Probleme sind in verschiedene soziale Systeme eingebettet (nicht nur in das Wirtschaftssystem). Ursprünglich von C. West Churchman (1967) beschrieben und später von Horst Rittel und Melvin Webber (1973) im Kontext der Stadtplanung umfassender erläutert, handelt es sich bei „Wicked Problems" um Probleme, die oft so formuliert werden, als ob sie einer einfachen, unilinearen Lösung zugänglich wären, obwohl sie es in Wirklichkeit nicht sind (vgl. auch Prins et al. 2010; Bisin und Verdier 2017). Ich danke B. Guy Peters für den Hinweis auf C. West Churchmans ursprünglich veröffentlichte Diskussion des Themas „Wicked Problems". Churchman (1967: B141) macht in seinem Beitrag darauf aufmerksam, dass der erste Hinweis auf „wicked problems" auf eine mündliche Veröffentlichung von Horst Rittel in einem Architekturseminar an der University of California, Berkeley, zurückgeht.

säkularen Rückgang ihrer Fähigkeit widerspiegelt, ihre Funktionen und Ziele effektiv zu verfolgen (Lachmann 2020). Staaten können beispielsweise übermäßig viele Schulden angehäuft haben, die ihre Handlungsfähigkeit schwächen. Die Macht der Eliten in den sozialen Institutionen schrumpft, oft als unbeabsichtigte Folge von Maßnahmen der Eliten, die das Gegenteil bewirken sollen. Die Handlungsmöglichkeiten der sozialen Akteure sind breiter gestreut. Soziale Fragilität verhindert, dass soziale Prozesse zum *Status quo ante* zurückkehren, nachdem ein sozialer Wandel eingetreten ist, z. B. aufgrund einer ungleichmäßigen wirtschaftlichen Entwicklung und einer gesellschaftlichen Krise. Die Fragilität von Wissensgesellschaften hat ihren politischen Ausdruck im Aufstieg des Populismus und der Macht einzelner politischer Akteure gefunden, die wiederum durch die Ausweitung der sozialen Medien angeheizt wird.

Die Ausweitung der sozialen Fragilität ergibt sich bereits aus der Beobachtung, dass Wissensgesellschaften zunehmend menschliche Konstrukte mit ihren massiven selbstverursachten Risiken und Gefährdungen sind.[2] Eine der ersten Charakterisierungen, die man für unseren gegenwärtigen gesellschaftlichen Zustand geben kann, ist eine rein quantitative Diagnose: Der Überbau der Gesellschaft ist inzwischen so immens, dass der größte Teil der gesamten gesellschaftlichen Aktivität nicht Produktion, sondern Reproduktion ist; insbesondere die Reproduktion des Wissens selbst, und zwar der Bedingungen, die bestimmte Effekte und Prozesse erst möglich machen. Gleichzeitig steigt der allgemeine Wissensstand jedes Einzelnen in der Gesellschaft, während die Verteilung des Wissens weit weniger konzentriert ist. Eines der besseren Bilder, die den Wandel von der Industrie- zur Wissensgesellschaft symbolisieren und zusammenfassen, wäre daher, erstere als pyramidenförmig organisierte und kontrollierte Gemeinschaften und Gesellschaften zu bezeichnen, während letzterer Gesellschaftstyp eher einem filigranen Mosaik ohne eindeutige Zentren ähnelt. Und damit verlagert sich die Quelle der Risiken moderner Gesellschaften bzw. die Ursachen für die wachsende Fragilität von Wissensgesellschaften. Zunehmend sind es die unbeabsichtigten Folgen eines gewollten gesellschaftlichen Handelns. Die neuen Politikfelder der Wissensgesellschaft sind daher oft Antworten auf die Ergebnisse intentionalen sozialen Handelns, die zu unvorhergesehenen Gefahren und Risiken führen; man denke in diesem Zusammenhang vor allem an die globale Erwärmung. Die Anerkennung und Interpretation der neuen politischen Handlungsfelder bringt neue Akteure und Bewegungen auf die politische Bühne und trägt zu einem Rückgang der Deutungshoheit der großen gesellschaftlichen Institutionen bei, Doch zunächst ein kurzer Blick zurück auf den Entwurf und die

---

[2] Zum Begriff und Unterschied von Risiko und Gefahren siehe Luhmann ([1991] 2017).

Struktur des *Zeitgeistes* der postindustriellen Gesellschaften, wie er von Daniel Bell skizziert wurde. Daniel Bells *The Coming of Post-Industrial Society* zeigt einen starken Optimismus in Bezug auf unsere Fähigkeit, kollektive Beziehungen von oben zu konstruieren, zu planen und zu kontrollieren, und zwar durch Regierungs- und Verwaltungsstellen auf allen Ebenen sowie durch Unternehmen und andere wichtige soziale Institutionen. Genauer gesagt ist Bells Darstellung der postindustriellen Gesellschaft von Erwartungen beseelt, die in den 1960er und 1970er Jahren nicht unüblich waren, und von der Verheißung der Möglichkeit eines viel besseren und effektiveren „Managements der organisierten Komplexität" in der fortgeschrittenen Gesellschaft.

Die kognitiven Techniken in der Sozialwissenschaft, die darauf abzielen, ein großes Bündel von Variablen zu manipulieren, anstatt nur auf Variablen zuzugreifen, stellen das Aufkommen einer *intellektuellen Technologie* dar. Intellektuelle Technologien sind definiert als die Ersetzung intuitiver Urteile durch Algorithmen. Problemlösungsregeln können, wie Bell (1973: 29–30) erklärt, in „einer automatischen Maschine oder einem Computerprogramm oder einer Reihe von Anweisungen auf der Grundlage einer statistischen oder mathematischen Formel" verkörpert sein. Intuitive Urteile werden durch formalisierte Entscheidungen ersetzt. Kennzeichnend für die intellektuelle Technologie ist für Bell die klare Trennung von Mitteln und Zielen im sozialen Handeln und damit die Kalkulation der mit alternativen Mitteln verbundenen Risiken und Kosten und letztlich die präsituelle Zuordnung bestimmter Mittel zu vorgegebenen Zielen. Was Bell also mit seinem Begriff der intellektuellen Technologie im Sinn hat, ist lediglich eine Neuformulierung lang gehegter Ambitionen (oder Befürchtungen), Entscheidungen zu „automatisieren", bei denen Mittel (mehr oder weniger unabhängig von Zielen) und Ziele im Voraus bekannt sind. Mit anderen Worten: Bells Metapher einer intellektuellen Technologie läuft auf einen gesteigerten „Rationalisierungs"-Prozess in der modernen Gesellschaft hinaus, wie wir ihn aus Max Webers ausführlicher Diskussion kennen, nur dass der Computer nun als ein *Werkzeug* einer solchen „Technologie" ins Spiel kommt, das vermutlich ihre Effizienz vervielfacht.

In deutlichem Kontrast und im Gegensatz zu diesen Bildern sind Wissensgesellschaften Gesellschaften, die sich in einem noch nie dagewesenen Ausmaß durch selbstgeschaffene soziale Beziehungen und eine selbstproduzierte Zukunft auszeichnen, was natürlich auch die Fähigkeit einschließt, sich selbst zu zerstören. Dies bedeutet jedoch nicht, dass diese Fähigkeiten, wie auch immer man solche kumulativen oder additiven Ergebnisse darstellen mag, nicht zu einer größeren und effizienteren Fähigkeit zur Kontrolle und Manipulation sozialen Verhaltens führen können, wie die Entstehung des Wissenskapitalismus und die technologiegestützten Überwachungsaktivitäten des Staates zeigen. Im Gegenteil, die größere Handlungsfähigkeit kann auch die umgekehrte Folge haben, indem sie beispielsweise die Fähigkeit von Verwaltungsorganen zur Planung, Umgestaltung und Unterdrückung verringert oder, aus der Perspektive der potenziellen Ziele von Planung und Manipulation, die Fähigkeit zum Widerstand gegen eben diese Bemühungen erhöht.

Wissen ist sowohl eine ständige Quelle des Wandels als auch ein Prinzip der sozialen Organisation. Wissensgesellschaften bieten beispiellose Mittel und Instrumente, die es den sozialen Akteuren ermöglichen, die Fähigkeit der Gesellschaft zur Selbstveränderung zu erhöhen (erhöhte „Historizität" der Gesellschaft, siehe Touraine [1984] 1988: 11). Die Fähigkeit der Gesellschaft, in sich selbst einzugreifen und zu handeln, ist außergewöhnlich. Auch als politische Gebilde scheinen Wissensgesellschaften eher fragil zu sein. Sie sind politisch fragil, nicht weil sie liberale Demokratien sind, wie manche behaupten, sondern weil sie Wissensgesellschaften sind. Wissensgesellschaften können den demokratischen Charakter liberaler Demokratien potenziell stärken. Doch mit der Ausweitung des Potenzials für eine sinnvolle politische Beteiligung werden einige traditionelle Attribute des politischen Systems, insbesondere seine Fähigkeit, „Dinge durchzusetzen" oder seinen Willen durchzusetzen, zunehmend beeinträchtigt.

Im Folgenden möchte ich die These von der ungleichen Steigerung der Handlungsfähigkeit in Wissensgesellschaften näher beleuchten. Zunächst werde ich sie vor allem aus der Perspektive des Einzelnen oder kleiner Gruppen von Akteuren untersuchen. Das heißt, aus der Perspektive einer Reihe von Subjekten, die in der bisherigen Gesellschaftsanalyse vor allem als Objekte des Handelns großer Institutionen und Konzerne behandelt wurden, denen es gelingt, sie zu Opfern, Zuschauern oder anderweitig Entmündigten zu machen.

Die Regierbarkeit von Wissensgesellschaften

Die These von der ungleichmäßigen Entwicklung der Handlungsfähigkeit in Wissensgesellschaften ist zentral für diese Analyse, aber sie ist eine Idee, die leicht missverstanden werden kann, nämlich dass die „Vorteile" der ungleichen Ausweitung der Handlungsfähigkeit immer die Macht der Mächtigen stärken. Um ein solches Missverständnis zu vermeiden, folgt aus der allgemeinen These von der zunehmenden Kontingenz der sozialen Wirklichkeit nicht, dass die sozialen Beziehungen auf ein Zentrum hin zusammenwachsen. Im Gegenteil, soziale Konflikte beispielsweise werden verallgemeinert, das heißt, sie verlieren ihre bisherige Identität als primär ökonomische Konflikte. Die Formbarkeit und Zerbrechlichkeit der sozialen Beziehungen dürfen nicht dazu führen, dass sich die Mängel der sozialen Ungleichheit verschärfen, die Formen der sozialen Kontrolle noch wirksamer werden und die Anforderungen an die soziale Disziplin steigen. Symptomatisch und repräsentativ für die gegenteilige Sichtweise ist die Befürchtung, dass fortgeschrittene technologische Institutionen Agenturen einer hochgradig zentralisierten und intensiven sozialen Kontrolle sind, dass ihre Logik alle anderen Werte herausfordert und verdrängt, dass Technologie daher ihre eigene Politik schafft, gegen Interventionen unter anderen Bedingungen resistent ist, ihre eigenen Rollen und Werte auferlegt und in letzter Instanz den Interessen einer herrschenden Elite dient (die in der Lage zu sein scheint, sich ihren eigenen Zwängen zu widersetzen; z. B. McDermott 1979).

Die zunehmende Kontingenz der sozialen Realität geht – vielleicht paradoxerweise – mit einem starken Gefühl der mangelnden Formbarkeit oder sogar der Hilflosigkeit und Ohnmacht einher, statt mit emanzipatorischen Möglichkeiten gegenüber den bestehenden gesellschaftlichen Arrangements. Johannes Berger (1986: 91) hat diese Assoziation zutreffend beschrieben:

> In modernen Gesellschaften ist alles hochgradig kontingent geworden, aber gleichzeitig derart in interessenbesetzte ›systemische‹ Zusammenhänge eingebettet, dass scheinbar ›nichts mehr geht‹. Was lässt sich noch ändern: der Automobilverkehr, die Einkommensverteilung oder wenigstens Ladenschlussgesetze? Die Erfahrung der Unverrückbarkeit sozialer Verhältnisse ist jedenfalls auf verwirrende Weise mit dem Kontingenzbewusstsein verwoben.

Das relevante Problem ist jedoch nicht nur oder sogar hauptsächlich die Frage des egozentrischen Funktionierens gesellschaftlicher Teilsysteme, z. B. die Vernachlässigung anderer Ziele als wirtschaftlicher Interessen durch die Wirtschaft. Selbst innerhalb von Teilsystemen kann es trotz einer Zunahme der verfügbaren Optionen, der Fähigkeit zur Mobilisierung von Ressourcen für das Handeln und der Fähigkeit zur Antizipation von Ergebnissen zu einer viel größeren Autonomie kommen. Die Handlungsfelder und Handlungsumstände, die von den Akteuren beeinflusst oder kontrolliert werden können, erweitern sich; und damit auch die „Macht" der Akteure, Wissen als Handlungsfähigkeit zu realisieren. Und das gilt natürlich auch für die Chefetagen der großen Technologieunternehmen.

Das Ausmaß und die Folgen, in denen soziales Handeln im Bewusstsein vieler Bürger formbar geworden ist, sind ein Ausfluss der Verfügbarkeit von reflexivem Wissen über die Natur der sozialen Realität und die Natur und darüber, wie man beides zu Zwecken umgestalten kann, die sozial konstruiert und bekanntermaßen menschengemacht sind. Dies hat jedoch ganz andere Auswirkungen als die, die von Wissenschaftlern erwartet wurden, die vor dem Anbruch des technischen Staates oder ähnlichen eisernen Käfigen für soziale Beziehungen gewarnt haben, die durch die sozialen Auswirkungen von Wissenschaft und Technologie entstehen.

Natürlich schaffen Wissenschaft und Technik weiterhin Käfige, aber sie sind von einer ganz anderen Art, als es die Gesellschaftstheorien der 1960er Jahre erwarten ließen. Die Verbreitung von wissenschaftlichem und technischem Wissen bedeutet heute, dass die Fähigkeit traditioneller Institutionen, Disziplin oder Einhaltung durchzusetzen, abnimmt. Oder aber, was dasselbe ist, die Ressourcen nehmen zu, um sich den zentralen gesellschaftlichen Zwangsbehörden wirksam zu widersetzen. Die Beobachtung von Hermann Lübbe (1987: 95) über unsere Fähigkeit, zukünftige Bedingungen zu antizipieren, ist daher ziemlich zutreffend. Das heißt, die Ungenauigkeit von Vorhersagen hat sich durch den Wissenszuwachs vervielfacht: „Jede frühere Gegenwart genoß im Verhältnis zu unserer eigenen kulturell ungemeinen Vorzug, über ihre Zukunft ungleich Genaueres sagen zu können als wir es heute vermögen." Die Gründe für unsere Unfähigkeit, zukünftige Zustände zu antizipieren, und für die zunehmende Fragilität der gesellschaftlichen Verhältnisse in diesem Sinne, führt Lübbe direkt auf die Zunahme der Wissensmenge zurück. Obwohl sich Lübbe hauptsächlich auf technisches Wissen konzentriert, behauptet er, dass die Menge der Ereignisse, die die strukturellen Bedingungen des Lebens verändern, direkt mit der Menge des verfügbaren technischen und wissenschaftlichen Wissens wächst. Die Wahrscheinlichkeit, die Zukunft zu antizipieren und zu kontrollieren, sinkt, anstatt mit dem Wissenszuwachs zu steigen. Die These von der Fragilität sozialer Strukturen im Sinne der Unvorhersehbarkeit zukünftiger Bedingungen ist aber mehr als eine bloße Wiederholung des Popperschen Theorems, dass man nicht wissen kann, was man in der Zukunft wissen wird.

Nichtsdestotrotz ist die Ausweitung der Handlungsfähigkeit bei Einzelpersonen und kleinen Gruppen beträchtlich, zumal die Erweiterung der Handlungsmöglichkeiten recht gering sein und dennoch große Auswirkungen haben kann, beispielsweise in Konfliktsituationen mit unternehmerischen Akteuren. Wie Dorothy Nelkin (1975: 53–54) in ihrer Studie über den konkurrierenden Einsatz von technischem Fachwissen bei zwei großen umstrittenen politischen Entscheidungen über den Ausbau eines Großflughafens und den Standort und die Entwicklung eines Kraftwerks in den Vereinigten Staaten gezeigt hat, „müssen die Gegner einer Entscheidung nicht die gleichen Beweise vorlegen". Das heißt, „es reicht aus, Fragen aufzuwerfen, die das Fachwissen eines Projektträgers untergraben, dessen Macht und Legitimität auf seinem Monopol an Wissensansprüchen oder Ansprüchen auf besonderes Fachwissen beruht". In ähnlichem Sinne beschreibt

Adolph Lowe (1971: 576) mit Begriffen, die vielleicht eher in eine andere Zeit passen, dass es darum geht, dass

> Wachsender Wohlstand, zunehmende Technologie, staatliche Eingriffe und vor allem die Erweiterung und Vertiefung der Kenntnisse über die soziale Wirklichkeit haben den Elementen, aus denen das soziale System besteht, eine neue „Freiheit" verliehen, d. h. die Fähigkeit, ihre Verhaltensmuster, ihre Reaktionen auf Reize und ihre Ziele selbst zu bestimmen.

Der Verlust der Angst – vor allem in Bezug auf den Staat, den staatlichen Verwaltungsapparat und andere Autoritäts- und Machtpositionen – fällt zusammen mit einem beträchtlichen Zuwachs an Angst, insbesondere in Bezug auf Umweltprobleme, die Auswirkungen technologischer Artefakte, die Erkenntnis, dass nicht alle Handlungen einer rationalen Planung und Kontrolle unterworfen werden können, und das Element der unvorhergesehenen Folgen sozialen Handelns, das von Mitmenschen initiiert wird. Im sozialen Kontext dieses Vertrauensverlustes in staatliche Institutionen sowie in die Wissenschaft, die als Handlanger des Staates angesehen wird, haben Verschwörungstheorien besonders großen Erfolg und sind eine der offensiven Antworten auf die wissenschaftlichen und staatlichen Narrative, wie beispielsweise im Fall der Corona-Impfung. Das Misstrauen kann so tief verwurzelt sein, dass jeder Nachrichtenquelle geglaubt wird, die nicht der Regierung nahesteht. Dieser Zusammenhang gilt sowohl für Entwicklungsländer als auch für weniger entwickelte Gesellschaften.[3] Der Zuwachs an Angst und Besorgnis kann jedoch zuweilen zu einer verstärkten Entschlossenheit führen, die gewonnene Fähigkeit zu sozialem Handeln einzusetzen, um das Gleichgewicht von Risiken und Gewinnen positiv zu beeinflussen.

Der Gewinn an Handlungsfähigkeit, den viele Individuen erfahren, bedeutet nicht, dass die gesellschaftliche Verteilung von Wissen in Wissensgesellschaften gleich ist oder ein höheres Maß an Gleichheit aufweist, als dies in der Industriegesellschaft der Fall war. Die Verteilung von Wissen ist Grund und Ergebnis sozialer Ungleichheiten. Wer mächtig ist, hat weniger Schwierigkeiten, Zugang zu Wissen, insbesondere zu „zusätzlichem Wissen" zu erhalten und Kontrolle über relevante Handlungsbedingungen zu erlangen. Von besonderem Interesse ist jedoch, dass in den letzten Jahren das Wissen, etwa in der Rolle von wissensbasierten Berufen oder Experten, „immer mehr zur Unterstützung von Interessengruppen an der Basis und anderen Teilen der Öffentlichkeit und der

---

[3] Siehe Nesrine Malik, „Vaccine hesitancy is a symptom of people's broken relationship with the state", The Guardian, August 15, 2021; https://www.theguardian.com/commentis free/2021/aug/15/vaccine-hesitancy-broken-relationship-state-conspiracy-theorists.

lokalen Gemeinschaften" geworden ist. Und es ist ebenso wahr, dass die Basis gelernt hat, wie man Fachwissen einsetzt, und es mit einigem Erfolg genutzt hat, um ihre Interessen zu fördern und das Establishment in Verlegenheit zu bringen (Barnes 1985: 111). Zusammenfassend lässt sich sagen, dass der Anstieg des allgemeinen Wissensniveaus, das größeren Teilen der Bevölkerung als je zuvor zugänglich und verfügbar ist, gleichzeitig zu einer Vergrößerung der Fragilität der modernen sozialen Strukturen beiträgt.

Emanzipation durch Wissen

Einen Schritt zurückgehen: Eine Besonderheit der bisherigen Diskussion über die Rolle des Wissens, der Information und der Fähigkeiten in der modernen Gesellschaft besteht darin, dass sie oft schräg verläuft, d. h. die Überlegungen sind sehr oft auf die Sorge um das repressive Potenzial des wachsenden menschlichen Wissens ausgerichtet, insbesondere dann, wenn es in den „Dienst" mächtiger Agenten gestellt wird, sei es eine soziale Klasse, der Staat, eine multinationale Kooperation, die Intellektuellen, der militärisch-industrielle Komplex, die freien Berufe, der Stand der Wissenschaft, die Mafia, politische Parteien, die Managerklasse und so weiter.

Am anderen Ende des Spektrums, aus der Sicht der Opfer der repressiven Macht des Wissens, befassen sich die Überlegungen zur sozialen Verteilung des Wissens in der modernen Gesellschaft eher mit der Enteignung des Individuums vom Zugang zu Fachwissen und technischer Kompetenz, die es auf die Rolle des hilflosen Opfers, des ausgebeuteten Konsumenten, des entfremdeten Touristen, des kolonisierten Zuschauers, des gelangweilten Studenten, des Schreibtischarbeiters und des gelenkten Wählers reduziert.

Zygmunt Bauman (2000: 76) beispielsweise vertritt nachdrücklich die Idee, dass die postmoderne Gesellschaft hauptsächlich von manipulierten und machtlosen Konsumenten bevölkert ist: „Das um den Konsum herum organisierte Leben [...] muss ohne Normen auskommen: Es wird von Verführung, ständig steigenden Begierden und flüchtigen Wünschen geleitet – nicht mehr von normativen Regelungen". Benjamin Barber (2007) bietet in seinem weit verbreiteten Buch *Consumed* die gleiche düstere Sichtweise darüber, wie Märkte Kinder korrumpieren, Erwachsene infantilisieren und die Bürger ganz verschlingen. Baumans und Barbers düstere Beschreibung einer regulierten Konsumgesellschaft untergräbt jede Hoffnung auf demokratische Verhältnisse. Es wäre in der Tat mehr als kurzsichtig, die Ausweitung der RePression in modernen Gesellschaften und das Ausmaß, in dem die RePression auf einer Ausweitung der Handlungsfähigkeit großer sozialer Institutionen beruht, zu übersehen. Aber es wäre ebenso unvorsichtig, die gesellschaftspolitische Emanzipation der einfachen Bürger zu übersehen, die durch die Erweiterung der Handlungsmöglichkeiten ermöglicht wird.

Die Betonung der repressiven Wirkung von Wissen ist eine der Arten, in denen die gesellschaftlichen Auswirkungen von Wissen in den Vordergrund gestellt werden. Die gegenteilige Betrachtung betont Wissen als unmittelbare Grundlage demokratischer Verhältnisse und erfolgreicher kurz- und langfristiger politischer Maßnahmen im Sinne einer politischen Planung in demokratischen Gesellschaften. Höhepunkt eines solchen utopischen Gesellschaftsentwurfs ist das Bild einer wissenschaftlichen Zivilisation. Sowohl die pessimistische als auch die optimistische Einschätzung der Macht des Wissens behandeln das Wissen als eine Black Box. Die Grenzen der Macht des wissenschaftlichen Wissens, die es tatsächlich gibt, sind kein relevantes Thema. Unsere Fähigkeit, mit dem Instrumentarium der Wissenschaften die Zukunft der wichtigsten Merkmale der Gesellschaft zu planen, ist eher begrenzt, und Vorhersagen über den bevorstehenden Aufstieg des Wissens zu einem nahezu unangreifbaren Machtinstrument haben sich bisher als falsch erwiesen, wie die Geschichte bis zu diesem Punkt zu zeigen scheint. Die Diskussionen über die gesellschaftliche Rolle des Wissens waren größtenteils staatszentriert, klassenzentriert, berufszentriert, wissenschaftszentriert usw.

Viele neuere Überlegungen zur gesellschaftlichen Rolle des Wissens berufen sich selten auf die Tradition der Aufklärung, die im Wissen eine starke und besondere Kraft zur Befreiung des Einzelnen, des Bürgers, des Arbeiters, der Frau und des Mannes sah. Wenn es z. B. stimmt, dass die Menschen, wie Hans Morgenthau (1970: 38) feststellt, das Gefühl haben, in „einer fast kafkaesken Welt zu leben, unbedeutend und unveränderlichen und unsichtbaren Kräften ausgeliefert [...] eine Scheinwelt, ein gigantischer Schwindel", dann ist das Projekt der Aufklärung, das dem Wissen bisher befreiende Qualitäten zugeschrieben hat, kläglich gescheitert und bestenfalls eine utopische Verheißung, die der Verwirklichung kaum näher sein dürfte als in der fernen Vergangenheit. Eine realistische Einschätzung, eine Einschätzung ohne Illusionen, muss jedoch akzeptieren, dass die Erweiterung unserer Handlungsfähigkeit für einige nicht nur Elemente der Befreiung, sondern auch bedrohliche und risikoreiche Attribute für dieselben Individuen wie auch für andere hervorgebracht hat, wie die Kritiker der wachsenden Rolle von Wissenschaft und Technologie seit langem aufzählen können.[4] Das Haupthindernis für eine realistische Einschätzung der Auswirkungen des Wissens in der modernen Gesellschaft war sein selbstverständliches Image als ein Instrument, das „natürlich" die Macht zentralisiert, das praktisch unbestrittene Eigenschaften hat, die jede Chance auf wirksamen Widerstand unterdrücken, und das lokales Wissen aussiebt und das Vakuum leicht auszufüllen vermag.

Dieses Bild von Wissen als leicht kontrollierbarem Wissen unterschätzt den Einfluss verschiedener Faktoren auf die Wissensproduktion und die Schwierigkeiten, auf die Wissen auf seinem Weg durch soziale und kulturelle Kontexte stößt. Solche Schwierigkeiten sind jedoch eine Chance für Akteure, die mit autoritativem Wissen oder „Expertise" konfrontiert werden (vgl. Smith und Wynne 1989). Das heißt, allein die Notwendigkeit, sich Wissen immer wieder neu anzueignen, hinterlässt Spuren beim Wissen und bei den Akteuren, die an der Wiederaneignung beteiligt sind. In dem Maße, in dem die Akteure mehr und mehr Fähigkeiten zur Wiederaneignung von Wissen erwerben, werden sie auch handlungsfähiger. Spezifische Zwänge und Interessen erhöhen die Möglichkeiten, Wissensansprüche kritisch zu „dekonstruieren" und neu zu formulieren. Die gesellschaftliche Verteilung von Wissen ist kein Nullsummenspiel. Die Ausweitung des aggregierten Wissens kann vergleichsweise zu einer explosionsartigen Zunahme der Fähigkeit von Individuen und Gruppen führen, sich Wissen für ihre Zwecke anzueignen, und stellt daher eine Entwicklung von einer Situation dar, in der *einige wenige* die Handlungsbedingungen kontrollieren, hin zu einem Zustand, in dem *viele* einen gewissen Einfluss ausüben.

All dies bedeutet nicht, dass normale Bürger, Studenten, Wähler, Umweltaktivisten und Verbraucher ein starkes Gefühl der Kontrolle über die Umstände ihrer täglichen Existenz oder ein sicheres Gefühl des Verständnisses der Ereignisse jenseits lokaler Kontexte erlangen (vgl. Giddens 1990: 146). Der politische Protest kleiner Gruppen von Bürgern kann durchaus eine übermäßige politische Wirkung haben, da es „für die Gesetzgeber nicht nur wahrscheinlich, sondern auch strategisch ist, die Interessen der Protestierenden häufiger zu unterstützen als die der Nicht-Protestierenden" (Gause 2022: 21). Kurzum, die allgemeine Ausweitung der Handlungsfähigkeit darf nicht als Abschaffung von Angst, Risiko, Glück und vor allem von Verhaltensbedingungen missverstanden werden, über die nur eine

---

[4] Insbesondere Karl Popper ([1961] 1992: 141) äußert sich skeptisch über den Gesamtnutzen des wissenschaftlichen Fortschritts für die Menschheit: „Der Fortschritt der Wissenschaft – selbst teilweise eine Folge des Ideals der Selbstemanzipation durch Wissen – trägt zur Verlängerung und Bereicherung unseres Lebens bei; dennoch hat er dazu geführt, dass wir dieses Leben unter der Bedrohung eines Atomkrieges verbringen, und es ist zweifelhaft, ob er insgesamt zum Glück und zur Zufriedenheit des Menschen beigetragen hat."

begrenzte Kontrolle ausgeübt wird. Dies ist jedoch weit entfernt von einer faktischen Ohnmacht des Einzelnen gegenüber den Handlungsbedingungen, die von einigen wenigen Mächtigen kontrolliert werden. Wie Michel Foucault ([1976] 1990) in der Einleitung zu seiner *Geschichte der Sexualität* feststellte: „Wo es Macht gibt, gibt es Widerstand".

Zusammenfassend lässt sich feststellen: Die Ausweitung der Handlungsfähigkeit, die den Zuwachs an Wissen (Wissenskapazitäten) in der modernen Gesellschaft darstellt, hat übergreifende Folgen, die in einer sehr vorläufigen Weise als echte soziale und individuelle Fortschritte eingestuft werden (z. B. die Verlängerung der Lebenserwartung, das Wachstum der sozialen Wohlfahrt, Fortschritte in der körperlichen und geistigen Gesundheit, Genom-Editierung) oder, wie Jerald Hage (2020: 12) feststellt, „viele der [...] [der] Störungen, die das soziale Gefüge der Gesellschaft zerreißen" (Entfremdung, Machtlosigkeit, soziale Isolation und soziale Ungleichheit), hervorgebracht haben.

Die ungleiche Ausweitung der Handlungsfähigkeit

> Eine Demokratie ist mehr als eine Regierungsform; sie ist in erster Linie eine Form des Zusammenlebens, der gemeinsamen, kommunizierten Erfahrung.
>
> John Dewey (1919: 101)

Das ungleichmäßige, nicht lineare Tempo, mit dem die Handlungskapazitäten erweitert werden – mit dem Verlust eines Zentrums des Diskurses, falls es jemals eines gab – erzeugt einen neuen Widerspruch moderner Gesellschaften als Wissensgesellschaften und sollte messbare Auswirkungen auf den Zustand der Demokratie in Wissensgesellschaften haben: Ein immer größerer Teil der Öffentlichkeit in modernen Gesellschaften erwirbt politische Fähigkeiten, während die Fähigkeit des Staates und seiner Behörden, „seinen Willen durchzusetzen" oder seine Souveränität auszuüben, gebremst wird oder sogar abnimmt. Unter den vermeintlich schwachen Bürgern umfasst die Erweiterung der politischen Fähigkeiten auch die politische Fähigkeit, sich der Tagespolitik zu entziehen und sich auf ganz andere Diskursformen zu konzentrieren, etwa auf das Tagesangebot der sozialen Medien. Das heißt, dass die Wahlenthaltung in einem Land, die immer häufiger der Fall ist, nicht bedeutet, dass die Nichtteilnahme oder der Rückzug keine politische Aussage ist. Gleichgültigkeit macht einen Unterschied.

Vor mehr als vier Jahrzehnten beobachtete und untersuchte Ronald Inglehart (1977: 317–32, 1990a: 335–370, 1990b) erstmals die Erweiterung der politischen Fähigkeiten der Öffentlichkeit in den westlichen Gesellschaften im Sinne einer

Verlagerung von einer „elitengesteuerten" zu einer „die Eliten herausfordernden" Politik. Inglehart stellt fest, dass „Petitionen, Boykotte und andere Formen direkter Aktionen nicht mehr unkonventionell sind, sondern für einen großen Teil der Bürger in den postindustriellen Gesellschaften zu mehr oder weniger normalen Aktionen geworden sind". Und entgegen „einiger Annahmen, dass die Öffentlichkeit apathischer wird, haben sowohl das politische Interesse als auch die Diskussion in vielen Ländern zugenommen" (Inglehart und Catterberg 2002: 300). Die Institutionen, die in der industriellen (und vielleicht auch postindustriellen) Gesellschaft die politische Beteiligung erleichterten, wie z. B. politische Parteien, Gewerkschaften und Verbände, sind in vielen entwickelten Gesellschaften geschwächt und im Niedergang begriffen; an ihre Stelle treten, wie Inglehart feststellt, zunehmend soziale Bewegungen, die sich auf einzelne Themen beziehen, kleine spontane Organisationen, die weniger mit einer intensiven politischen Parteinahme verbunden sind, Organisationen, die mit den Berufen verbunden sind, oder bürgerliche und gemeinschaftsorientierte Kollektive.

Das Ergebnis ist, dass der traditionelle Staat oder die Regierung nicht mehr das alleinige Machtzentrum der Gesellschaft sind. Im Sinne der Gleichzeitigkeit des Ungleichzeitigen verschwinden die staatlichen Aktivitäten nicht einfach; bei einigen Aktivitäten wird der Staat „dem Gestrigen, dem Überholten, dem nicht mehr Produktiven verpflichtet", wie Peter Drucker ([1989] 2003: 59) feststellt.

Der sich entwickelnde Konflikt besteht nicht zwischen Kultur und Zivilisation, wie es in der (einseitig auf Geringqualifizierte ausgerichteten) Industriegesellschaft der Fall war, was zu einem säkularen kulturellen Rückstand führte, oder zwischen subjektiver und objektiver Kultur, was zu einer kulturellen Tragödie führte, wie Georg Simmel ([1919] 1968) in seiner berühmten Diagnose der modernen Kultur feststellte. Es handelt sich um einen Zusammenstoß zwischen individueller und kollektiver Handlungsfähigkeit. Ein Zusammenprall zwischen dem Umfang der individuellen und der kollektiven Handlungsfähigkeit führt zu einer sehr viel fragileren und unbeständigeren Form der legitimen Autorität und Macht des Staates und anderer wichtiger gesellschaftlicher Institutionen, seien es die Kirchen, die Wissenschaft, die Bildung und die Wirtschaft in der modernen Gesellschaft.

Und auch in diesem Sinne können wir feststellen, dass das Wachstum und die weitere Verbreitung von Wissen paradoxerweise eher zu mehr Unsicherheit und Kontingenz führt als zu „objektiven Wissensansprüchen" und darauf aufbauend zur Lösung gesellschaftlicher Meinungsverschiedenheiten oder zu einer erfolgreicheren Herrschaft zentraler gesellschaftlicher Institutionen in der Gesellschaft. Diese Entwicklung steht in krassem Widerspruch zu den düsteren Warnungen vor der Entstehung und der Herrschaft des sogenannten „technischen Staates" in den

1960er Jahren und später. Herbert Marcuse (1964: x), der neben anderen Gesellschaftstheoretikern, z. B. den Neomarxisten, den Anbruch des technischen Staates und damit die Übermacht des von den Eliten kontrollierten wissenschaftlich-technischen Wissens voraussah und davor warnte. Marcuse machte die folgende deprimierende Feststellung: „Die (intellektuellen und materiellen) Fähigkeiten der heutigen Gesellschaft sind unermesslich größer als je zuvor – was bedeutet, dass der Umfang der Herrschaft der Gesellschaft über das Individuum unermesslich größer ist als je zuvor." Seine Diagnose ist sowohl richtig als auch zum Glück falsch. Soziale Institutionen mögen an Handlungsfähigkeit gewonnen haben, aber auch ihre Mitglieder, und zwar in vielen Fällen mehr als das Kollektiv.

Ich interpretiere die beträchtliche moderne Zunahme der Lebenserwartung, der informellen Wirtschaft, der Gesundheit, der Kriminalität, der Korruption, den Erfolg neuer politischer Parteien und Bewegungen sowie das Wachstum des Wohlstands in der modernen Gesellschaft als Beleg für die vielfältige Fähigkeit von Individuen, Haushalten und kleinen Gruppen, sich Kontexte zunutze zu machen und davon zu profitieren, in denen das Ausmaß der sozialen Kontrolle durch größere (legitime) gesellschaftliche Institutionen erheblich abgenommen hat. Die breite Ausweitung der Handlungsmöglichkeiten und ihre Schwächung durch größere gesellschaftliche Institutionen wird als ein Gewinn für die Demokratie interpretiert. Es gibt natürlich keine Garantie dafür, dass die Erweiterung der Handlungsfähigkeit der Bürger die demokratische Regierungsführung verbessert.

Ein Großteil des sozialwissenschaftlichen Diskurses war jedoch von genau dem gegenteiligen Phänomen fasziniert, nämlich der wahrscheinlichen und gefährlichen Ausweitung der Fähigkeit moderner sozialer Institutionen, insbesondere verschiedener staatlicher Einrichtungen, aber auch großer Unternehmen/Organisationen im Wirtschafts-, Bildungs- oder Gesundheitssektor, ihren Bürgern, Arbeitnehmern, Verbrauchern, Touristen, Studenten oder Patienten immer rücksichtsloser ihren Willen aufzuzwingen. So ging es den Gesellschaftstheoretikern eher darum, die Bedingungen zu ergründen, die Herrschaft und Unterdrückung hervorbringen und reproduzieren, als um mehr Autonomie, Freiheit und Unabhängigkeit. Die moderne Wissenschaft und Technologie wurden im Rahmen solcher Analysen häufig als Handlanger dieser regressiven zivilisatorischen Entwicklungen betrachtet.

Akteure mit erweiterter Handlungsfähigkeit; Der Fall der GameStop-Rebellion

In allen Wissensgesellschaften ist eine weitreichende Ausweitung der Handlungsmöglichkeiten zu beobachten. Besonders bemerkenswert ist die Ausweitung der „Öffentlichkeit" bzw. der Zivilgesellschaft. Nicht zuletzt durch die Ausweitung der sozialen Medien, vor allem im letzten Jahrzehnt, melden sich viel mehr Menschen öffentlich zu Wort. Im Vergleich zu früher kommunizieren Viele öffentlich.[5]

Der umfassendere, überproportionale Anstieg der Handlungschancen (im Vergleich zu früheren Gesellschaftsformen) ist vor allem für die unteren Statusgruppen der Gesellschaft zu beobachten, die in früheren Gesellschaftsformen hauptsächlich Opfer waren. Die neue Realität des Politischen ist Pluralismus und Vielfalt; die Körperpolitik ist die „der neuen ‚Massenbewegungen': kleine, hoch organisierte Minderheiten, die sich auf ein einziges Anliegen oder ein einziges Interesse konzentrieren und vollkommen politisch sind" (Drucker [1989] 2003: 55). Die neue Realität des Politischen ist eine Funktion oder Folge der massiven Ausweitung der Handlungsfähigkeit der Bürger in der Gesellschaft, und die neue Realität der Politik stellt neue und andere Anforderungen an die politischen Eliten.

In diesem Zusammenhang ist es wichtig zu betonen, dass die Ausweitung der Handlungsmöglichkeiten der Individuen, z. B. im Sinne *zivilgesellschaftlicher Netzwerke/Aggregate*, nicht mit einer parallelen Zunahme der Handlungsmöglichkeiten der *großen gesellschaftlichen Institutionen* (Staat, Wirtschaft, Religion, Wissenschaft) einhergeht. Vielmehr besteht im historischen Vergleich ein Ungleichgewicht in der Entwicklungstendenz der Durchsetzungsfähigkeit von Institutionen und Individuen.

Die Beschreibung der modernen Gesellschaft mit Begriffen wie Liquidität, Kreativität, Flexibilität, Reflexivität und ähnlichem bezieht sich daher nicht in erster Linie auf die großen gesellschaftlichen Institutionen, sondern auf die Offenheit von Individuen und kleinen Akteursgruppen, die ihrerseits zu einem Rückgang des Einflusses der großen gesellschaftlichen Institutionen beiträgt. Das kann aber nicht bedeuten, dass der Staat, die Wissenschaft, die Religion oder die Wirtschaft der Gesellschaft völlig machtlos sind. Es bedeutet nur, dass ihr herkömmlicher

---

[5] Jürgen Habermas ([1962] 2022a, b) hat sich rund dreißig Jahre nach seiner zweiten Untersuchung der Öffentlichkeit und ihrer Rolle in der deliberativen Politik skeptisch über die jüngste Erweiterung der Öffentlichkeit durch die sozialen Medien geäußert. Habermas betrachtet das Aufkommen der sozialen Medien nicht als eine Bereicherung der demokratischen Politik, sondern als eine Gefahr für das politische Leben in modernen Gesellschaften.

Reichtum an gesellschaftlicher Macht erheblich beschnitten wird. Es überrascht vielleicht nicht, dass die großen gesellschaftlichen Institutionen in diesem Prozess das Vertrauen der Öffentlichkeit verloren haben. Das Vertrauen in gesellschaftliche Institutionen ist nicht zuletzt eine Funktion ihrer realen Möglichkeiten zur Gestaltung der Zukunft.

Aus der Sicht des Individuums wird die Erfahrung der Fragilität moderner Gesellschaften durch die erfahrene Tatsache gemildert, dass kollektives Handeln sicherstellt, dass die grundlegenden existenziellen Bedingungen, mit denen die Individuen konfrontiert sind, von großen gesellschaftlichen Intuitionen, dem Staat, der Wissenschaft, der Wirtschaft, der Religion oder der Bildung erfolgreich bewältigt werden. Die Erfahrungen des Scheiterns und der Grenzen der Planung bleiben dem Einzelnen oft verborgen.

Andererseits ist die Beobachtung von Zygmunt Bauman (2001: 121) nicht falsch, dass die Zuversicht, „sein Schicksal selbst in der Hand zu haben, das ist, was den Männern und Frauen in unserer Art von Gesellschaft am auffälligsten fehlt." Der Mangel an bewusster Selbstbehauptung trifft jedoch nicht uneingeschränkt auf die Gesamtheit der Individuen in der modernen Gesellschaft zu. Das Gefühl, keine Kontrolle über wichtige Elemente der eigenen Lebenswelt zu haben, ist ebenso politisch bedeutsam wie das Bewusstsein, Kontrolle über die eigene Lebenswelt zu haben.

Die Ausweitung der Handlungsfähigkeit von Individuen und kleinen Gruppen von Akteuren allein sichert noch nicht den Erfolg der angestrebten Ziele. Um in der Politik tatsächlich erfolgreich zu sein, braucht es mehr als die Erweiterung der Handlungsfähigkeit. Zwei Beispiele aus Wirtschaft, Politik und Recht mögen als Illustration für die Bedeutung und Komplexität der Erweiterung von Handlungsspielräumen für Mitglieder der Gesellschaft dienen. Die Geschichten über die Friday's for Future-Bewegung und die GameStop-Rebellion sind Geschichten über die vermeintlich Schwachen in der Gesellschaft, die sich gegen die Mächtigen der Gesellschaft organisieren.

Die Beispiele aus dem originär gesellschaftspolitischen Bereich erschöpfen jedoch nicht die Möglichkeiten, wie sich unsere verbesserte Handlungsfähigkeit auf die Gesellschaft auswirkt. Auch Entdeckungen in den Naturwissenschaften, die in der Gesellschaft aktiv werden, können aussagekräftige Beispiele sein. Die vor kurzem entdeckte, umfassend nützliche Technologie zur präzisen Veränderung des Genoms reift schnell heran, vor allem mit dem (vererbbaren) Gen-Editing-Werkzeug CRISPR *(clusters of regularly interspaced short palindromic repeats)* – für das Jennifer Doudna und Emmanuelle Charpentier 2020 den

Nobelpreis für Chemie erhielten – wäre ein solches Beispiel.[6] Gleichzeitig ist das Editierwerkzeug CRISPR ein perfektes Beispiel für das neuartige Politikfeld der Wissenspolitik, also des Drucks, die Nutzung neuer wissenschaftlicher oder technischer Erkenntnisse politisch zu regeln. Die wissenspolitischen Herausforderungen im Falle der CRISPR-Technik erstrecken sich beispielsweise auf die Frage, ob und inwieweit die Technologie patentiert werden sollte oder nicht.[7] Die Möglichkeit der gezielten molekularen Intervention, wahrscheinlich nicht nur im Falle von Krankheiten, wird gesellschaftliche Reaktionen und schließlich politisch sanktionierte Regelungen und Sanktionen für die Anwendung dieser neuen Erkenntnisse hervorrufen.[8]

---

[6] Der Patentstreit zur Frage wer CRISPR erfunden hat, dauert an. Bei einer Anhörung vor dem U.S. Patentamtes im Februar 2022 standen sich zwei Parteien gegenüber: Die eine Seite, „die die CRISPR-Erfindung für sich beansprucht, ist als CVC-Gruppe bekannt und umfasst die beiden Forscher, die für ihre bahnbrechenden CRISPR-Arbeiten den Nobelpreis für Chemie 2020 erhalten haben, Jennifer Doudna von der University of California (UC), Berkeley, und Emmanuelle Charpentier vom Max-Planck-Institut für Infektionsbiologie [und auf der anderen Seite] Feng Zhang vom Broad Institute des MIT und Harvard und andere Kollegen an diesen Universitäten. Sie berichteten am 3. Januar 2013 in einer eigenen Online-Veröffentlichung in *Science,* dass sie erfolgreich Zellen von Menschen und Mäusen editiert hatten. Zhang hat einige Preise für CRISPR erhalten, wurde aber beim Nobelpreis nicht berücksichtigt" (Cohen, Jon, „New CRISPR patent hearing continues high-stakes legal battle," *Science* Februar 2022 https://doi.org/10.1126/science.ada1007).

[7] Ein Leitartikel in *Nature* (9. September 2021) vertritt die Position, dass die Patentinhaber von CRISPR-Techniken – das sind in erster Linie Universitäten, nur ein Drittel der Patente für diese Techniken gehört dem privaten Sektor – die Techniken mit einem enormen Potenzial für gemeinnützige Zwecke kostenlos zur Verfügung stellen sollten: Es sei an der Zeit, fordert der Nature-Leitartikel, „dass alle Universitäten, die CRISPR-Patente besitzen, zusammen mit öffentlichen Geldgebern und internationalen Institutionen wie der Weltorganisation für geistiges Eigentum überlegen, wie sie ihre Kräfte bündeln können, damit das geistige Eigentum an CRISPR unter klaren und transparenten Regeln leichter und kostenlos für die Forschung zugänglich ist." Im Fall neuer wissenschaftlicher Erkenntnisse geht es nicht nur um die Frage, on neues Wissen überhaupt patentiert werden soll, sondern auch, wie umfassend die Patente sein sollten. Im Fall von CRISPR plädieren Wissenschaftler zum Beispiel auf einen Verzicht eines umfassenden Patents (siehe Rai und Cook-Deegan 2017 in *Science*).

[8] Die Zeitschrift *Nature* (29. Juni 2021) berichtet, dass „vorläufige Ergebnisse einer bahnbrechenden klinischen Studie darauf hindeuten, dass CRISPR-Cas9-Gene Editing direkt im Körper eingesetzt werden kann, um Krankheiten zu behandeln [...] Die Studie ist die erste, die zeigt, dass die Technik sicher und wirksam sein kann, wenn die CRISPR-Cas9-Komponenten – in diesem Fall gegen ein Protein gerichtet, das hauptsächlich in der Leber hergestellt wird – in die Blutbahn infundiert werden [...] Die Behandlung wurde von Intellia Therapeutics aus Cambridge, Massachusetts, und Regeneron aus Tarrytown, New York,

Der Aufstand der Kleinanleger gegen die großen Hedgefonds im Jahr 2021 bei *GameStop* ist ein prominentes Beispiel für die ungleiche Ausweitung der Handlungsmöglichkeiten in Wissensgesellschaften. Wie der Wirtschaftswissenschaftler Mohamed El-Erian betont, weist das von Reddit ausgelöste Trading-Phänomen gegen Wallstreet-Akteure alle Elemente eines viel folgenreicheren Falles auf, nämlich des Arabischen Frühlings.[9] Keiner der großen Börseninvestoren, Pensionsfonds, Banken, Hedgefonds oder wohlhabenden Einzelpersonen, geschweige denn die Regulierungsbehörden der Finanzmärkte oder die Politiker, hatten Anfang 2021 diese Entwicklung kommen sehen oder so etwas wie diesen hektischen Handel von Millionen von Händlern erlebt.[10] Das Ereignis, das weltweit für Schlagzeilen sorgte und sowohl die großen Börsenanleger als auch die Regulierungsbehörden in Aufruhr versetzte, ist ein Paradebeispiel für die Erweiterung der Handlungsfähigkeit von Einzelpersonen, *die sich* über die sozialen Medien *organisieren*. Bis vor wenigen Jahren war es kaum vorstellbar, dass Kleinanleger das Börsengeschehen mitbestimmen, geschweige denn beeinflussen können.

Die Rebellion stilisierte sich selbst als eine neue Kultur des Investierens. Eine Kultur, die im Gegensatz zu den etablierten Normen der Wallstreet steht. Wallstreet-Investitionen sind in erster Linie auf die Erzielung eines Gewinns ausgerichtet, der auf dem fundamentalen Wert der zugrunde liegenden Unternehmenstätigkeit basiert. Die Wertorientierung der Rebellion, die vielleicht durch die sozialen Folgen der Pandemie noch beschleunigt wurde, basierte vielmehr auf der Erzielung von Gewinnen durch Manipulation des Aktienmarktes und trieb die Aktienkurse nach oben oder unten, ganz unabhängig vom fundamentalen Wert eines börsennotierten Unternehmens. Das Selbstverständnis der Rebellion bestand darin, sich auf das zu konzentrieren, was man eine Demokratisierung des Investierens nennen könnte. Die Reaktion der konventionellen Anlagekultur war Verwirrung, Chaos und vielleicht auch eine Beschleunigung der Chancen für die oppositionelle Kultur.

Bis Dezember 2020 waren die Aktien von *GameStop* ein relativ lethargischer Wert auf dem US-Markt, der zwischen 15 und 20 US-Dollar pro Aktie schwankte,

---

entwickelt. Sie veröffentlichten die Studienergebnisse in *The New England Journal of Medicine*[1] und präsentierten sie auf einer Online-Tagung der Peripheral Nerve Society am 26. Juni [2021]."

[9] Zitiert in *Business Insider*, 4. Februar 2021. https://marketS.businessinsider.com/news/stocks/mohamed-el-erian-reddit-war-wall-street-elements-arab-spring-2021-2-1030042395.

[10] Dieser Bericht basiert auf einem Artikel der *New York Times* vom 29. Januar 2021, „Behind the Stock Market's Wild Ride This Week", https://www.nytimeS.com/interactive/2021/01/29/business/stock-market-gamestop-amc.html?action=click&module=Spotlight&pgtype=Homepage.

da das Unternehmen, das Videospiele verkauft, darum kämpfte, sich über Wasser zu halten, um den Konkurs zu vermeiden. GameStop war immer noch besser als einige andere angeschlagene Unternehmen, deren Geschäft nicht nur durch die Corona-Pandemie ungünstig beeinflusst wurde, z. B. Nokia oder AMC, eine Kinokette. Doch dann, im Januar 2021, begannen Kleinanleger, die kostenlose Handelsplattformen wie Robinhood (und die „Waffen" der Großanleger) nutzten, auf diesen Pool von ansonsten unscheinbaren Aktien zu setzen. Was mit GameStop geschah, war nur die Spitze des Eisbergs.

Die GameStop-Handelsmanie wurde von Mitgliedern einer beliebten Reddit-Investoren-Community ausgelöst, die sich damit gegen die Wall-Street-Eliten zur Wehr setzen wollten, die sie lange Zeit als „dummes Geld" abgetan hatten. Doch immer mehr Beweise lassen Zweifel daran aufkommen, dass die Episode hauptsächlich Kleinanlegern zugutekam.[11]

Zu einem bestimmten Zeitpunkt stieg der Aktienkurs des Unternehmens in diesem Monat um mehr als 1700 % – ein stratosphärischer Anstieg, der das Unternehmen ungefähr so viel wert machte wie die großen Unternehmen Tyson Foods und Valero Energy. Zu den spürbaren und beabsichtigten Ergebnissen gehörte ein sogenannter Short Squeeze – ein Versuch, den Aktienkurs zu erhöhen und die Investoren, die gegen das Unternehmen gewettet hatten, unter Druck zu setzen. GameStop war plötzlich eine der meistgehandelten Aktien auf dem Markt. Einige der Anleger, insbesondere Hedge-Fonds, die gegen GameStop gewettet hatten, waren gezwungen, ihre Positionen mit enormen Verlusten zu schließen. Als der Aktienkurs von GameStop in die Höhe schoss, stieg der Wert des Unternehmens auf dem Papier in die Höhe. Seine Marktkapitalisierung – im Wesentlichen der Aktienkurs multipliziert mit der Anzahl der Aktien – stieg in Milliardenhöhe. Einen Monat, nachdem das Unternehmen mit rund 2 Mrd. US-Dollar bewertet worden war, war es fast 23 Mrd. US-Dollar wert. Das Einzige, was sich wirklich geändert hatte, war das Interesse der Anleger.[12]

Während die Anlegeraktivitäten rund um GameStop und die damit verbundenen Aktien die Aktivitäten vieler Tausender Einzelpersonen signalisierten, von denen sich zahlreiche zum ersten Mal zu Spekulanten hinreißen ließen, stellte kurz darauf der Untergang des 2012 gegründeten Unternehmens *Archegos Capital Management,* einer von Bill Hwang geleiteten Investmentsparte der Familie, die immense Handlungsfähigkeit einer kleinen Gruppe von Einzelpersonen dar,

---

[11] Vgl. („How the rich got richer: Reddit Trading Frenzy profitierte von der Wall Street-Elite", *Washington Post,* 9. Februar 2021).

[12] Im vergangenen Jahr bewegte sich die GameStop-Aktie zwischen 55 EUR, Ende November 2021, 19 EUR Anfang Mai 2022 und 28,25 EUR Ende Oktober 2022.

die ihrerseits große finanzielle Auswirkungen hatte.[13] In der *New York Times* (29. März 2001)[14] heißt es dazu:

> Die Turbulenzen um ein wenig bekanntes Unternehmen, das von einem ehemaligen Starhändler geleitet wird, haben am Montag die Wall Street erschüttert, die Banken mit Verlusten in Milliardenhöhe konfrontiert und einmal mehr das Potenzial einzelner Akteure aufgezeigt, ein eng verflochtenes, aber weitgehend undurchsichtiges Finanzsystem zu behindern. [...] Die Auswirkungen des Stolperns von Archegos unterstrichen die Risiken für das Finanzsystem, die von erfahrenen Anlegern ausgehen, die mit Wall-Street-Banken zusammenarbeiten, um Wetten mit Hebelwirkung abzuschließen. Wenn es gut läuft, kann Leverage die Rendite steigern. Auf der anderen Seite kann sie aber auch relativ kleine Marktrückschläge vergrößern und eine Verkaufswelle auslösen, die sich verselbstständigt.

Die folgenden Abschnitte befassen sich mit einer Reihe besonderer gesellschaftspolitischer Herausforderungen, d. h. mit der Wissenspolitik, vor denen Wissensgesellschaften stehen. Ich beziehe mich dabei auf (1) das Patentrecht und (2) die Klimapolitik. Keines dieser politischen Themen ist immer nur die Angelegenheit einer einzigen wissenschaftlichen Disziplin. Wissenspolitik ist sowohl eine systemübergreifende als auch eine „böse" Angelegenheit.

Wissenspolitik: Ein neues Politikfeld

Es versteht sich fast von selbst, dass sich die informellen, politischen und *rechtlichen* Bemühungen in Form von Gesetzen in Wissensgesellschaften immer mehr auf die Art und Weise richten werden, wie sowohl die Entwicklung als auch in stärkerem Maße der Einsatz und die Nutzung von Wissen *gesteuert werden*. Der Schwerpunkt in diesem Abschnitt ist weniger expansiv. Ich konzentriere mich auf ein neues Feld politischer Aktivitäten, die Wissenspolitik, d. h. die *Bemühungen um die Kontrolle von zusätzlichem oder inkrementellem Wissen*,[15] zum Beispiel,

---

[13] Am 27. April 2022 wurde Bill Hwang in den Vereinigten Staaten wegen Betrugs und organisierter Kriminalität angeklagt und verhaftet.

[14] https://www.nytimeS.com/2021/03/29/business/archegos-hwang-viacomcbs-discovery.html

[15] Der Entstehung des neuen politischen Handlungsfeldes, der Wissenspolitik, habe ich eine eigene Studie gewidmet (Stehr 2005).

um in eine wahrscheinliche Zukunft zu blicken, im Labor (in einem Bioreaktor) gezüchtetes Fleisch, das, mit Verlaub, eines Tages konventionelles Fleisch ersetzen könnte.[16]

Ein Bericht der UNESCO (2016) mit dem Titel *Knowledge Societies Policy Handbook (Handbuch zur Politik der Wissensgesellschaften)* identifiziert ebenfalls – allerdings in vorauseilender Unterstützung – die Entstehung von *Wissenspolitiken* als neues Feld der öffentlichen Politik. Der Bericht (UNESCO 2016: 14–15) stellt fest, dass „Wissenspolitiken zu einem immer wichtigeren Element der Wissensgesellschaften und der Wissensökonomien werden. Solche Politiken stellen institutionelle Grundlagen für die Schaffung, Verwaltung und Nutzung von organisatorischem Wissen sowie soziale Grundlagen für die Harmonisierung der globalen Wettbewerbsfähigkeit mit der sozialen Ordnung, dem sozialen Wohlergehen, der ökologischen Nachhaltigkeit und verschiedenen kulturellen Werten bereit." Genauer gesagt, fügt der Bericht (UNESCO 2016: 15) hinzu: „Soziale Wissenspolitiken stellen ein Gleichgewicht zwischen der technologischen Entwicklung und dem Fortschritt in der Wissenswirtschaft dar, um die globale Wettbewerbsfähigkeit mit sozialen Werten wie Transparenz, Gerechtigkeit, Einheit, Meinungsfreiheit und dem Wohlbefinden der Bürger zu fördern."

In anderen Worten, die Beschreibung der UNESCO von Wissenspolitiken bezieht sich eher auf konventionelle Wissenschafts- und Technologiepolitiken, Bildungspolitiken oder Wettbewerbspolitiken und damit auf die Erweiterung öffentlicher Politiken, die in den Industriegesellschaften fest verankert sind. Die von der UNESCO beschriebenen Politiken befassen sich mit der Anreicherung von Wissen und der Bewältigung der gesellschaftlichen Folgen wissenschaftlicher und technologischer Erkenntnisse. Diese Politiken sind nicht neu und können nicht als ein neuer Bereich der öffentlichen Politik in Wissensgesellschaften bezeichnet werden. Neu, wenn auch historisch nicht völlig einzigartig, sind politische Vorschläge oder Bemühungen, zusätzliches Wissen zu regulieren und zu kontrollieren neues Wissen, das noch nicht angewendet wurde.[17] Ich beschäftige

---

[16] Wie der *Scientific American* (14. September 2018) schreibt: „Wenn es sich durchsetzt, könnte im Labor gezüchtetes Fleisch, auch sauberes Fleisch genannt, einen Großteil der grausamen, unethischen Behandlung von Tieren, die für Lebensmittel gezüchtet werden, beseitigen. Es könnte auch die beträchtlichen Umweltkosten der Fleischproduktion reduzieren; Ressourcen würden nur für die Erzeugung und Aufrechterhaltung kultivierter Zellen benötigt, nicht für einen ganzen Organismus von Geburt an." https://www.scientificamerican.com/article/lab-grown-meat/.

[17] Zur Veranschaulichung eines Beispiels, das zeigt, dass Wissenspolitik nicht völlig neu ist, beziehe ich mich auf ein Beispiel für einen Vorschlag zur Wissenspolitik aus den 1930er

mich mehr mit bestimmten politischen Themen, die sich am Horizont abzeichnen, z. B. Klimawandel, menschliches Genom und Patentpolitik.

Politik für das menschliche Genom

Ein wahrscheinlich sehr umstrittener zukünftiger Schauplatz der Wissenspolitik wird die Erfindung und mögliche Nutzung von CRISPR (Cluster of regularly interspaced short palindromic repeats) sein, die vor etwa zwei Jahrzehnten die Aufmerksamkeit der Forscher auf sich zog. Unser Wissen über das menschliche Genom wächst schnell und wird sich auch in Zukunft weiterentwickeln. Hunderttausende menschlicher Genome können im Zuge der sinkenden Kosten für die Genomsequenzierung analysiert werden, sodass sie fast zur Routine wird. Die Selektion von Embryonen auf komplexe polygene Krankheiten ist eines Tages sehr wahrscheinlich. Obwohl es viele Gründe gibt, solche vererbbaren Eingriffe nicht vorzunehmen, ist es denkbar, dass wir in Zukunft mit der CRISPR-Technologie Dutzende von Veränderungen im Genom eines menschlichen Embryos vornehmen werden (vgl. Kozubek 2017; Darnovsky 2019; Lemma 2019). Eine parallele Entwicklung in der Forschung an menschlichen Embryonen, die noch auf politische und wissenschaftliche Richtlinien wartet, ist die Stammzellenforschung, bei der es beispielsweise darum geht, welche Experimente sowohl rechtlich als auch gesellschaftlich akzeptabel sind.

Jahren: In einer Analyse der gesellschaftlichen Rolle der Technik, die an seine frühere Kritik und Distanz zur modernen Technik anknüpfte (Sombart 1911; Grundmann und Stehr 2001), forderte Werner Sombart (1934: 266) die Schaffung eines *Kulturrats*, dessen Aufgabe es sein sollte, zu entscheiden, ob „ Erfindungen kassiert, dem Museum überwiesen oder ausgeführt werden sollen" (siehe auch Lenger 1996: 366–377). Die Ingenieure sollten in der Kommission eine beratende Funktion haben. Die Wahl des Kommissionsnamens durch Sombart ist nicht zufällig, sondern programmatisch. Der Begriff „kulturell" bezieht sich natürlich auf den Unterschied zwischen bloßer Zivilisation und Kultur – was bedeutet, dass der Unterschied zwischen dem zivilisatorischen und dem kulturellen Bereich nicht symmetrisch, sondern hierarchisch ist. Obwohl von zivilisatorischen Entwicklungen bedroht, ist die Kultur überlegen und bestimmt das Schicksal der rein zivilisatorischen Produkte. Sombarts kulturpolitische Ziele waren tief eingebettet in Ideologien über die Vorzüge rein zivilisatorischer Errungenschaften, die neue technische Erfindungen regulieren sollten. Aber wurden neues Wissen und neue technische Fähigkeiten jemals in ein „Museum" verbannt und damit nicht genutzt?

Eric Lander und Françoise Baylis (2019: 165) und andere Wissenschaftler haben in der Zeitschrift *Nature* einen Aufruf zu einem weltweiten, vorübergehenden Stopp aller Anwendungen des „Moratoriums für alle klinischen Anwendungen des Keimbahn-Editierens beim Menschen – also der Veränderung der vererbbaren DNA (in Spermien, Eiern oder Embryonen), um genetisch veränderte Kinder zu erzeugen" veröffentlicht. Der Aufruf in *Nature* macht deutlich, dass die Anwendung der CRISPR-Technologie nicht automatisch oder unausweichlich ist, sondern eine gesellschaftliche Entscheidung darüber erfordert, ob das neue Wissen angewendet werden soll. Genau das ist das neue Feld der Wissenspolitik.[18] Es gilt, ethische, soziale und politische Fragen zu klären. Eine der sozialen Folgen des Genome Editing ist mit ziemlicher Sicherheit, dass es die soziale Ungleichheit verstärken und vergrößern wird. Genome Editing wird teuer sein. Eine bereits zugelassene Therapie (ohne CRISPR) zur Korrektur einer angeborenen Sehschwäche kostet 850.000 US-Dollar. CRISPR steht für eine DNA-Sequenz, die in Bakterien vorkommt und das bakterielle Immunsystem darstellt, das die Zellen vor Infektionen schützt: Es ist „ein Werkzeug, das eine echte Manipulation von krankheitsverursachenden Genen ermöglichen wird"[19] nicht nur beim Menschen, sondern auch bei Pflanzen (Davies 2020; Isaacson 2021).

Als ein Bereich der *breiteren* öffentlichen Politik berührt die Wissenspolitik viele Bereiche der öffentlichen Politik, z. B. Wirtschaftsaufsicht und -regulierung, Innovation, Wettbewerb, Wissensgenerierung und internationalen Handel. Im Kontext der neuen Arena der Politik betone ich einen Strang der Wissenspolitik, nämlich die gesetzgeberischen Bemühungen um die Kontrolle neuer wissenschaftlicher Erkenntnisse gegenüber den schwächeren Formen informeller, populärer oder spontaner sozialer Kontrolle, z. B. durch soziale Bewegungen, weil letztere einfach zum konventionellen Zustand der Wissenschaft und ihres Verhältnisses zur Gesellschaft gehört, nämlich der üblichen Selektivität, mit der Wissen entsteht, genutzt, abgelehnt und bekämpft wird. Gegen politische Bestrebungen, die beträchtliche Autonomie der modernen Wissenschaft einzuschränken und das

---

[18] Lander und Baylis (2019: 567) machen einen konkreten, eher liberalen Vorschlag, wie mit Genome Editing in der Praxis umgegangen werden soll: „Das von uns vorgestellte Governance-Modell würde absichtlich Raum für unterschiedliche Herangehensweisen und Schlussfolgerungen der Nationen lassen, die durch ihre Geschichte, Kultur, Werte und politischen Systeme geprägt sind. Das wichtigste Prinzip wäre jedoch, dass sich alle Nationen darauf einigen, mit Bedacht und unter Berücksichtigung der Meinungen der Menschheit vorzugehen."

[19] Vergleiche Ein Gespräch mit Jennifer Doudna & Walter Isaacson, *Washington Post*, 15. März 2021: https://www.washingtonpost.com/washington-post-live/2021/03/15/transcript-conversation-with-jennifer-doudna-walter-isaacson/.

Wissen zu kontrollieren, wird es ebenso heftigen Widerstand geben wie gegen Bestrebungen, die Nutzung des Eigentums oder die Art und Weise der Nutzung der Arbeitskraft durch die Eigentümer der Produktionsmittel zu kontrollieren.

Die soziale Kontrolle der Ergebnisse wissenschaftlicher und technologischer Forschung ist bereits weit verbreitet. In allen modernen Gesellschaften gibt es heute ausgeklügelte Arzneimittelzulassungsbehörden, die pharmazeutische Substanzen registrieren, testen, kontrollieren oder zulassen, dass sie als Arzneimittel auf den Markt kommen. Noch vor wenigen Jahrzehnten lag die Entscheidung über die Herstellung und Vermarktung von Chemikalien als Arzneimittel in den Händen von Unternehmen, einzelnen Apothekern oder Ärzten (vgl. Bodewitz et al. 1987). Da wissenschaftliches Wissen „angewandt" wird, wird es in soziale Kontexte außerhalb der Wissenschaft eingebettet. Als Teil einer solchen Einbettung unterliegt das Wissen den Kontrollmechanismen, die in diesen sozialen Kontexten zu finden sind. Wissen kann der Selektivität, die sich aus solchen externen Zwängen ergibt, einfach nicht entkommen, und sei es nur in dem Bemühen, Vertrauen in ein bestimmtes Artefakt oder eine Lösung zu schaffen, die durch neuartiges Wissen angeboten wird.

Der gesamte Bereich des nationalen und internationalen Schutzes des geistigen Eigentums und des Urheberrechts ist ein weiterer Bereich, in dem die Rechtsvorschriften zur Kontrolle des Einsatzes von wissenschaftlichem und technischem Wissen bereits sehr umfangreich sind. In vielerlei Hinsicht gehen solche Kontrollen zumindest auf die Pariser Übereinkunft von 1883 für Patente und verwandte gewerbliche Schutzrechte und auf die Berner Übereinkunft von 1886 für Urheberrechte zurück. Die Beschleunigung der Geschwindigkeit, mit der Erfindungen auf den Markt gelangen, ihre verkürzte wirtschaftliche Lebensdauer und das Ausmaß, in dem neuere Erfindungen, z. B. im Bereich der Mikroelektronik, der Produktionsorganisation, der medizinischen Behandlungen und der Biotechnologie, nur schwer vor Nachahmungsversuchen geschützt werden können, werden den Druck erhöhen, weitere Schutzvorschriften zu erlassen (vgl. Vaitsos 1989).

Der Versuch, den wissenschaftlichen Fortschritt gesetzlich zu regeln und genau zu kontrollieren, ist jedoch ein äußerst schwieriges, wenn nicht gar unmögliches Unterfangen. Das vielleicht größte Hindernis für weitreichende Maßnahmen zur Auferlegung externer sozialer Kontrollmechanismen für die fortschreitende Wissenschaft ist die Größe und Organisation des heutigen Wissenschaftsbetriebs sowie seine wettbewerbsfähige und internationale Beschaffenheit.[20] Die in einigen Ländern weit verbreitete Wissenschaftsverdrossenheit und die weitgehende materielle Abhängigkeit der Wissenschaft vom Staat sollten nicht zu der ebenso unrealistischen Behauptung führen, die Grenzen zwischen Politik und Wissenschaft seien spurlos verschwunden. Die Wissenschaft ist in bestimmte politische Realitäten eingebettet, und solange sie in einer bestimmten Form der zivilen und politischen Gesellschaft angesiedelt und verankert ist, insbesondere in einer Gesellschaft, die frei von totalitären Zügen ist, profitiert die wissenschaftliche Tätigkeit. Solange der Verkehr über die Grenzen der Wissenschaft und die Regeln, die diesen Verkehr regeln, prinzipiell offen und verhandelbar bleiben, profitieren sowohl die Wissenschaft als auch die Gesellschaft.

In dem Maße, in dem Wissen zum konstitutiven Prinzip der modernen Gesellschaft wird, kann sich die Produktion und Verteilung von Wissen expliziten politischen Kämpfen und Konflikten nicht mehr entziehen, wenn sie es überhaupt jemals konnte. Die Produktion und Verteilung von Wissen wird zunehmend auch zu einer Domäne explizierter Gesetzgebung und generell zum Ziel politischer und wirtschaftlicher Entscheidungen werden. Einerseits ist eine solche Entwicklung unvermeidlich, denn „da die Institutionen des Wissens Anspruch auf öffentliche Ressourcen erheben, ist ein gewisser öffentlicher Anspruch auf diese Institutionen unvermeidlich" (Bell 1968: 238). Aber darüber hinaus, und in mancher Hinsicht vielleicht noch konsequenter, wächst mit der zunehmenden Bedeutung des Wissens als zentraler Ressource in der modernen Gesellschaft auch die Forderung nach einer Regulierung der Produktion, der Nutzung und des Zugangs zu Wissen und den damit verbundenen sozialen, wirtschaftlichen und politischen Folgen für die sozialen Beziehungen im Allgemeinen.

Die politischen Herausforderungen im Bereich der Wissenspolitik sind sehr schwer vorherzusehen. Die Herausforderungen sind allein schon aufgrund ihrer Komplexität schwer zu antizipieren. Zudem hängt politisches Handeln, z. B. die Gesetzgebung, von der Entdeckung neuartiger Handlungsmöglichkeiten und dem daraus resultierenden (mitunter enormen) Handlungsdruck ab; andererseits deuten die laufenden Kontroversen über bereits gemachte Entdeckungen und die politischen Reaktionen darauf hin, dass sich politisches Handeln mit den Konturen dieser Entdeckungen nicht erschöpft, sondern weiterhin kontroverse Debatten auslösen wird:

---

[20] Die Erweiterung der wissenschaftlichen Gemeinschaft zu einer echten internationalen oder sogar globalen Gemeinschaft wird allmählich zu einem Schwerpunkt der Überlegungen und Forschungen in der Wissenschaftsforschung (z. B. Schott 1988, 1993).

- GV-Lebensmitteltechnologien und Biotechnologie; Patentierung von Pflanzen.[21]
- Geroscience[22]
- Regulierung des Einsatzes von künstlicher Intelligenz, z. B. KI-Hacking;[23] KI als „fortgeschrittener Agent", der seine Leistung in einer unbekannten Umgebung selbst bestimmt.[24]
- Konkret: Regulierung der künstlichen Intelligenz, mit der man angeblich Emotionen erkennen und messen kann; aber bisher ist die KI ohne Bewusstsein;
- Anwendung und Steuerung von CRISPR („Clusters of Regular Interspaced Short Palindromic Repeats"). CRISPR ist ein leistungsfähiges Instrument zur Veränderung der DNA in allen Arten von menschlichen Zellen und in Pflanzen. Bemühungen der Weltgesundheitsorganisation: https://www.who.int/publications/i/item/9789240030381.[25]
- (Reproduktives und therapeutisches) Klonen von Menschen

---

[21] Derzeit deckt ein Pflanzenpatent die Rechte an einer unterscheidbaren und neuen Sorte einer sich ungeschlechtlich vermehrenden Pflanze ab, wie z. B. einer Sorte eines Mandelbaums.

[22] Nach Angaben des *U.S.Nn anational Institute of Health* versucht die Gerowissenschaft, „die molekularen und zellulären Mechanismen zu verstehen, die das Altern zu einem Hauptrisikofaktor und zu einer treibenden Kraft für häufige chronische Leiden und Krankheiten des älteren Erwachsenenalters machen".

[23] Wie Bruce Schneier (2021) uns warnt, werden erstens Systeme der künstlichen Intelligenz dazu benutzt werden, uns zu hacken. Genauer gesagt, zweitens: „KI-Systeme werden selbst zu Hackern: Sie finden Schwachstellen in allen möglichen sozialen, wirtschaftlichen und politischen Systemen und nutzen sie dann in einem noch nie dagewesenen Tempo, Umfang und Ausmaß aus. Das ist nicht nur ein Unterschied im Ausmaß, sondern auch in der Art". Und drittens können KI-Systeme eingesetzt werden, um KI-Systeme zu hacken.

[24] Cohen et al. (2022). Fortgeschrittene Agenten operieren in einer unbekannten Umgebung, für die sie keinen Quellcode haben. Ihre Wahrnehmung muss daher Entscheidungen treffen, „was erfordert, dass sie lernen, welche Aktionen ihrem Ziel dienen" (Cohen et al. 2022: 1).

[25] Im Dezember 2018 richtete die WHO einen globalen, multidisziplinären beratenden Expertenausschuss ein (Expert Advisory Committee on Developing Global Standards for Governance and Oversight of Human Genome Editing, im Folgenden „Ausschuss" genannt), um die wissenschaftlichen, ethischen, sozialen und rechtlichen Herausforderungen im Zusammenhang mit dem Human Genome Editing (somatisch, Keimbahn und vererbbar) zu untersuchen. Der Governance-Rahmen für das Human Genome Editing bildet zusammen mit den Empfehlungen des Ausschusses eine Reihe von zwei Publikationen, die Ratschläge und Empfehlungen zu geeigneten institutionellen, nationalen, regionalen und globalen Governance-Mechanismen für das Human Genome Editing geben. Ein Positionspapier zum Human Genome Editing bietet eine Zusammenfassung dieser beiden Veröffentlichungen. Siehe https://www.who.int/publications/i/item/9789240030060.

- Hybride Mensch-Tier-Embryonen; „menschlich-nicht-menschliche" Kreaturen.
- Rekonstruktion der Genome ausgestorbener Arten anhand von DNA-Fragmenten aus Fossilien.[26]

Im Falle der Kodierung von Wissen ist unter den zahlreichen Themen, die unter der allgemeinen Überschrift der Wissenspolitik zusammengefasst werden können, das vielleicht grundlegendste die Frage nach der „Tragödie der Anti-Gemeinschaft" (Heller 1998), d. h. das Patentrecht und die Frage, wie die angebliche Unternutzung von Wissen im Zuge der Einhegung von Handlungskapazitäten überwunden werden kann.

Patentpolitik: Erkenntnisse für eine neue Welt

Die *Rentabilität* wissensintensiver Unternehmen hängt von der Kontrolle des Umfangs (sowohl der Quantität als auch der Qualität) der ausschließbaren geistigen Eigentumsrechte (Patente, Urheberrechte, Warenzeichen, Marken) ab und nicht – wie in den Industriegesellschaften – von den Produktionskosten. Das Rechtssystem, d. h. der Staat, definiert, schafft und setzt die Ausschließbarkeit durch. Daraus folgt, dass die Entwicklung des Patentrechts von zentraler Bedeutung für die Entwicklung der Wirtschaft und der Sozialstruktur von Wissensgesellschaften ist, zum Beispiel für die Ungleichheitsbildung oder die Gesundheit in diesen Gesellschaften.

Während der Pandemie wurde nicht zum ersten Mal die Besorgnis geäußert, dass das vorherrschende internationale System der Rechte an geistigem Eigentum den Patentinhabern einen übermäßigen Schutz bietet; aber angesichts der Notwendigkeit, die Weltbevölkerung schnell zu impfen, wurde die Forderung, das Know-how über Impfstoffe in der öffentlichen Domäne zu halten, immer lauter. Das globale Patentregime begünstigt nicht nur die Patentinhaber; der größte Teil des Nutzens aus den Patenten geht in der Regel an Unternehmen in den reichen Ländern, daher

> „In einer global integrierten Wirtschaft – von der die Entwicklungs- und Schwellenländer in vielerlei Hinsicht enorm profitiert haben – sind globale Regeln wichtig. Die globalen Regeln wurden immer so festgelegt, dass sie Länder mit hohem Einkommen

---

[26] Siehe „Ein neues Unternehmen mit einer wilden Mission: Bring back the woolly mammoth," *New York Times*, September 14, 2021; https://www.nytimeS.com/2021/09/13/science/colossal-woolly-mammoth-DNA.html.

begünstigen; sie werden weitgehend von den großen mächtigen Ländern und häufig von mächtigen Sonderinteressen innerhalb dieser Länder festgelegt, während die Entwicklungsländer keinen Sitz am Tisch haben oder zumindest unterrepräsentiert sind" (Korinek und Stiglitz 2021: 341)

Eine ähnlich kontroverse Diskussion über die Einkreisung von Wissen und „intellektuellen Nationalismus" wird sich in den kommenden Jahren an der Frage entzünden, inwieweit die verbreitete Patentierung von technischen (und anderen) Innovationen im Bereich des Klimaschutzes und des Schutzes der Gesellschaft vor dem Klimawandel gerechtfertigt ist.[27] Die Frage der rechtlichen Beschränkung des Zugangs zu Wissen wird weiterhin ein hoch umstrittenes Thema sein, bei dem bekannte politische, wirtschaftliche und rechtliche Positionen wieder aufeinanderprallen werden (siehe Biddle 2016): Wie wichtig ist das Patentrecht für zusätzliches Wissen?

Eine Initiative der Nichtregierungsorganisation *Third World Networks*[28] greift dieses Thema auf und wendet sich gegen das vorherrschende Rechtssystem des Schutzes geistigen Eigentums, indem sie die Dringlichkeit der Verbreitung relevanter Erkenntnisse betont: „Es gibt Anzeichen für ein Missverhältnis zwischen der Dringlichkeit der vom Weltklimarat dargelegten Klimaherausforderungen und der Zeit, die in der Vergangenheit für die Entwicklung von Technologiesystemen im Rahmen von Business-as-usual-Praktiken benötigt wurde. Daher ist die weitere Förderung und Befürwortung solcher Ansätze zur Erleichterung der Technologieentwicklung und des Technologietransfers im Grunde ein Rezept für eine weltweite Klimakatastrophe."

Was kann getan werden, um sicherzustellen, dass die bestehenden Ungleichheiten nicht weiter zunehmen oder sogar gleichmäßiger verteilt werden können, vielleicht sogar ohne die Beibehaltung technologischer und wissenschaftlicher

---

[27] Beispiele für Patente, die im Kampf gegen den Klimawandel eingesetzt werden könnten, wären „klimaverträgliche" veränderte Pflanzen: „Eine Handvoll der weltgrößten landwirtschaftlichen Biotechnologieunternehmen strebt Hunderte von Patenten auf genveränderte Pflanzen an, die so konzipiert sind, dass sie Trockenheit und anderen Umweltbelastungen standhalten, und die Teil eines Wettlaufs um die Vorherrschaft auf dem potenziell lukrativen Markt für Pflanzen sind, die mit der globalen Erwärmung umgehen können. Drei Unternehmen – BASF aus Deutschland, Syngenta aus der Schweiz und Monsanto aus St. Louis – haben Anträge eingereicht, um fast zwei Drittel der klimabezogenen Genfamilien zu kontrollieren, die bei den Patentämtern weltweit eingereicht wurden, so der Bericht der in Ottawa ansässigen ETC Group, einer Aktivistenorganisation, die sich für Subsistenzbauern einsetzt" (*Washington Post,* Firms Seek Patents on ‚Climate Ready' Altered Crops May 13, 2008).

[28] *Climate Change & Technology Transfer: Addressing Intellectual Property Issues* (Third World Network 2012); verfügbar über http://go.nature.com/pCOhCT.

Fortschritte im öffentlichen Bereich? Mit anderen Worten: Wie sähe die optimale (und dynamische) Form der Rechte an geistigem Eigentum (IPR) aus? Die Forderung nach Letzterem lässt sich leicht aufstellen, aber nur schwer umsetzen. Die Änderung des Patentrechts könnte jedoch an der von Michael Polanyi (1944: 63)[29] vertretenen Grundprämisse des Patentrechts festhalten: „Der Patentschutz darf nicht gänzlich aufgegeben werden", und er sollte auch nicht ohne Ausnahmen sein (wie ich weiter unten anmerke): Die folgenden rechtlich-politischen Fragen sind in der Patentpolitik in den nächsten Jahren und Jahrzehnten noch zu klären:[30]

- Verbleiben technologische Fortschritte und frühe finanzielle Vorteile im öffentlichen Bereich?[31]

---

[29] Robert K. Mertons ([1942] 1985: 95) in 1940ziger Jahren während des 2. Weltkriegs formulierte soziale Ethos der Wissenschaft, insbesondere die Norm des „Kommunismus", stand in einem grundsätzlichen Widerspruch zu einem ethischen Verhalten in der Gemeinschaft der Wissenschaftler: „Der Kommunismus des wissenschaftlichen Ethos läßt sich mit der Definition von Technik als ‚Privateigentum' innerhalb einer kapitalistischen Ökonomie nicht vereinbaren. Der Chemiker und Philosoph Michael Polanyi (1944: 65) war ebenfalls der Ansicht, dass Patente dem Geist und den Normen der Wissenschaft in der Tat grundsätzlich widersprechen. Patente stehen in einem scharfen Kontrast zu dem was Wissenschaft eigentlich ausmacht: „Damit Erfindungen von allen frei genutzt werden können, müssen wir die Erfinder von der Notwendigkeit befreien, ihre Belohnung kommerziell zu verdienen, und ihnen stattdessen das Recht einräumen, aus öffentlichen Mitteln belohnt zu werden" (siehe auch Adrian Johns [2006] Arbeit zu dem gesellschaftlichen und wissenschaftlichen Kontext – der Jahre 1920–1950 – der Debatte der Funktion von Patenten wissenschaftlicher Erkenntnisse).

[30] Die von Präsident Biden Anfang Juli 2021 unterzeichneten „weitreichenden" Durchführungsverordnungen (vgl. „Biden urges more scrutiny of big business, such as Tech Giants", *New York Times,* Juli 2021), mit denen der Wettbewerb gestärkt werden soll, werden – soweit ich sehen kann – wenig bis gar keine Auswirkungen haben, wenn sie auf der Schlüsselebene der Monopolmacht der Tech-Giganten umgesetzt werden, nämlich dem institutionellen Rahmen des internationalen Rechts des geistigen Eigentums.

[31] Ein Vorschlag von Senator Russel B. Long aus dem Jahr 1965, der vorsah, dass die Regierung die Eigentumsrechte an den von ihr finanzierten Erfindungen im Bereich der Arzneimittelentwicklung behalten sollte, fand im US-Senat nicht die erforderliche Mehrheit. Ein Vertreter des Pharmaunternehmens Eli Lilly argumentierte, dass alle Unternehmen die Rechte an Entdeckungen behalten sollten, die sie im Rahmen von Forschungs- und Entwicklungsverträgen der Regierung machen (vgl. „Exception indicate in drug patent policy", *New York Times,* 8. Juli 1965). Seit Mitte der 1960er Jahre ist die Angelegenheit noch dringlicher geworden: Fred Block und Mathew Keller (2012: 98; auch Teece 1992) betonen die Notwendigkeit, die Wissens-Governance im Falle von (vermehrt) öffentlich finanzierten Innovationen neu zu überprüfen: „Ein neues Regime der Wissensgovernance ist notwendig, um die wichtige Rolle des öffentlichen Sektors bei der Erleichterung von Innovationen

- Sollten einige Patentfragen unter Berücksichtigung moralischer und nicht wirtschaftlicher Aspekte entschieden werden? Wie definiert man einen Bedarf an Wissen (vgl. May 2002: 142–143)?
- Sollten Patente an andere Personen als „natürliche Menschen" (so die Formulierung des US-Patent- und Markenamts) vergeben werden, wie es in den meisten Rechtsordnungen vorgeschrieben ist (vgl. Rosen 2021)?
- wenn sie auf öffentlich finanzierter Forschung beruhen;[32]
- Verkürzung der Dauer des Patentschutzes (vgl. Korinek und Stiglitz 2019)[33]
- Lösung des sogenannten „Patent-Troll"-Problems z. B. die „verwehrte Durchsetzung eines Patents, das nicht innerhalb einer bestimmten Zeit nach der Patenterteilung in die Praxis umgesetzt wurde" (Posner 2013)
- Patenthaie[34]
- Definition eines Patents zu weit gefasst; was sollte nicht patentierbar sein?
- Der Zusammenhang zwischen Patenten und dem Angebot an grünen Innovationen (vgl. Reichmann et al. 2014).
- Stärkung der Patentämter (in quantitativer und qualitativer Hinsicht).
- Die Patentämter sollten verpflichtet/bevollmächtigt werden, regelmäßig eine Erklärung zu den Auswirkungen von Rechtsvorschriften abzugeben, z. B. ob Patente der Innovation eher schaden oder helfen (Lessig 2001: 259).

---

anzuerkennen und die negativen Folgen des derzeitigen restriktiven Regimes der geistigen Eigentumsrechte für den technologischen Fortschritt zu minimieren."

[32] Laut einer Untersuchung des *Guardian (15. April 2021)* (https://www.theguardian.com/science/2021/apr/15/oxfordastrazeneca-covid-vaccine-research-was-97-publicly-funded) berichten Forscher, dass „mindestens 97 % der Finanzierung für die Entwicklung des *Covid-19-Impfstoffs von Oxford/AstraZeneca von* Steuerzahlern oder wohltätigen Stiftungen stammten, so der erste Versuch, zu rekonstruieren, wer für die jahrzehntelange Forschung, die zu der lebensrettenden Formulierung führte, bezahlt hat", waren die Forscher in der Lage, die Quelle von Hunderten von Millionen Pfund an Forschungsgeldern ab dem Jahr 2000 für veröffentlichte Arbeiten über die neuartige Technologie, die dem Impfstoff zugrunde liegt, sowie für die Finanzierung des Endprodukts zu ermitteln (Hervorhebung hinzugefügt).

[33] Wie Christopher May (2002: 143) feststellt, ist „das Problem […] nicht so sehr das fehlende Gleichgewicht zwischen privaten und öffentlichen Rechten an Wissen, sondern vielmehr, dass die Beschleunigung […] der Innovation ein zuvor legitimiertes Gleichgewicht gestört hat. Indem die Befristungen dort belassen wurden, wo sie sind […], hat das derzeitige System zum Schutz des geistigen Eigentums die Vorteile für die Eigentümer im Wesentlichen verlängert und erweitert."

[34] Siehe Henkel und Reitzig (2008: 129): „Technologieunternehmen werden von *Patenthaien* angegriffen, *also von* Firmen mit verstecktem geistigem Eigentum, die auftauchen und mit Klagen drohen, wenn ihre Rechte *versehentlich* verletzt werden."

- Bestimmte Erfindungen vom Patentschutz ausnehmen, z. B. im Bereich der Klimaanpassung und des lebensrettenden geistigen Eigentums[35] (d. h. Patente zur Bewältigung globaler Notsituationen wie Pandemien oder der globalen Erwärmung; Patente [Wissensbedarf] im Zusammenhang mit globalen öffentlichen Gütern, vgl. Frow 1996)[36] oder von Erfindungen, die mit Hilfe der künstlichen Intelligenz gemacht werden?
- Steuerrecht: (a) Aushöhlung der Steuerbemessungsgrundlage[37] und (b) Besteuerung großer finanzieller Vorteile (Monopoleinkünfte) aus geschützten Patenten und Verwendung der Mittel zur Förderung von Forschung und Entwicklung, wodurch
- Trennung von Innovationsanreizen und Belohnungen aufgrund der Nutzung von zusätzlichem Wissen

---

[35] In einem Leitartikel in *Nature* (1. April 2021) heißt es: „Rund 100 Länder, angeführt von Indien und Südafrika, fordern die anderen Mitglieder der Welthandelsorganisation auf, sich auf eine zeitlich begrenzte Aufhebung der COVID-19-bezogenen Rechte des geistigen Eigentums zu einigen." Die wichtigsten Impfstofflieferanten, so argumentieren sie, sollten ihr Wissen teilen, damit mehr Länder mit der Produktion von Impfstoffen für ihre eigene Bevölkerung und für die einkommensschwächsten Länder beginnen können. Diese Idee muss ernsthaft in Erwägung gezogen werden, denn ein vorübergehender Verzicht auf geistiges Eigentum könnte dazu beitragen, das Ende der Pandemie zu beschleunigen. „Die Befürchtung ist", wie Joseph Stiglitz („A better way to crack it", *New Scientist, 16. September 2006*) anmerkt, dass „eine Konzentration der Gewinne für die reichen Unternehmen einem Todesurteil für die Ärmsten in den Entwicklungsländern gleichkommt." Eine Alternative zur Aufhebung der Beschränkung des geistigen Eigentums wäre, „dass die Unternehmen die Lizenzierung ihrer Produktentwürfe gegen Entgelt ausweiten. Dies würde die Herstellung von Impfstoffen durch viel mehr Unternehmen ermöglichen. Darüber hinaus richtet die Weltgesundheitsorganisation eine Einrichtung ein, in der Unternehmen ihre Impfstofftechnologie, ihre Fähigkeiten und ihr sonstiges Know-how teilen können" (*Nature*, „It's time to consider a patent reprieve for COVID vaccines", 1. April. 2021). Siehe auch Joseph Stiglitz (2006: 120–124) Vorschläge zur Überarbeitung des Patentrechts, insbesondere im Bereich der lebensrettenden Medikamente.

[36] Man beachte die Diskussion über die „Eindämmung des Klimawandels" als „globales öffentliches Gut" (GPG): „Zu den wichtigsten GPGs gehören die Eindämmung des Klimawandels, die Einführung universeller Regulierungspraktiken, die Ausrottung von Infektionskrankheiten, die Erhaltung des Weltfriedens, die Entdeckung wissenschaftlicher Durchbrüche und die Begrenzung von Finanzkrisen" (Buchholz und Sandler 2021: 488).

[37] Ein damit zusammenhängendes Problem ist die Schwächung der nationalen Steuerkapazitäten aufgrund der mangelnden Harmonisierung der internationalen Steuersysteme (siehe Durand und Milberg 2020: 422–423).

- Der Verdienst für Erfindungen wird vom Staat bezahlt? (vgl. Polanyi 1944: 65)[38]
- Unterschiedlicher Patentschutz in Entwicklungsländern und weniger entwickelten Ländern (vgl. Korinek und Stiglitz 2021: 33)
- Sollte die Politik zum Schutz der Rechte des geistigen Eigentums dafür sorgen, dass Superstar-Unternehmen ihre Monopolrenten verlieren?
- Innovationen sollten ein unverzichtbarer Bestandteil des gesellschaftlichen Handelns bleiben
- Das Verhältnis von Entwicklungsländern und weniger entwickelten Ländern zu den Rechten des geistigen Eigentums: Die ungleiche Verteilung von immateriellen Vermögenswerten.
- Alternativen zu Patenten (zur Förderung der Innovation; Preisgestaltung z. B.[39]

In jedem Fall steht „die Gesellschaft vor einem schwierigen Kompromiss, wenn es darum geht, das optimale Innovationsniveau zu erreichen" und die optimale Länge und den optimalen Umfang von Patenten zu bestimmen (Korinek und Stiglitz 2019: 366; Acemoglu und Akcigit 2012; Arrow 1962b).

---

[38] Michael Polanyi (1944: 65) plädiert für eine „Vergesellschaftung" der Belohnungen für Erfindungen: „Damit Erfindungen von allen frei genutzt werden können, müssen wir die Erfinder von der Notwendigkeit befreien, ihre Belohnung kommerziell zu verdienen, und ihnen stattdessen das Recht einräumen, aus der öffentlichen Kasse belohnt zu werden."

[39] Joseph Stiglitz, „A better way to crack it", *New Scientist,* 16. September 2006.

Schlussfolgerungen 10

Mehr denn je, so meine zentrale Hypothese, ist Wissen die Grundlage und Richtschnur menschlichen Handelns in allen Bereichen unserer Gesellschaft. Diese Untersuchung über Wissensgesellschaften wurde daher als Antwort auf die grundlegende Beobachtung geschrieben, dass die moderne Wissenschaft keineswegs nur, wie heute noch vielfach angenommen wird, der Schlüssel und Zugang zu den Geheimnissen der Natur und des menschlichen Verhaltens ist, sondern vor allem das Werden einer Welt.

Zugleich sind Wissensgesellschaften, wie ich zu unterstreichen versucht habe, keine soziale Formation im Stillstand. Die Dynamik des Wirtschaftssystems der Wissensgesellschaften, die mit der Verrechtlichung des Wissens als der wichtigsten Ressource der Wissensgesellschaften einhergeht, führt unmittelbar zur Transformation der Wissensgesellschaft in einen Wissenskapitalismus. Die rechtliche Einhegung der Wissensverbreitung durch nationale und internationale Gesetzgebung ist der Hebel, der den Wandel der Wissensgesellschaft zum Wissenskapitalismus ermöglicht.

Die Einhegung von Wissen hat nicht nur Auswirkungen auf die Verbreitung von Wissen, sondern auch auf dessen Produktion. Beobachter hegen den berechtigten Verdacht, dass die Einhegung von Wissen die Arbeit an zusätzlichem Wissen beeinträchtigt oder wirtschaftlich unattraktiv macht. Der Wissenskapitalismus hat auch deutliche Auswirkungen auf die inner- und zwischengesellschaftliche Ungleichheit. Obwohl der Wissenskapitalismus in erster Linie eine wirtschaftliche Entwicklung ist, besteht der begründete Verdacht, dass die digitalen Giganten, die auf dem Fahrersitz sitzen, erhebliche Auswirkungen auf die soziale Struktur und Kultur der modernen Gesellschaft haben.

In anderen Worten: Wissenschaft und Technik verändern unsere gesellschaftlichen Institutionen grundlegend: Arbeit, Bildung, Politik, Wirtschaft, Alltagsleben, physische und kulturelle Reproduktion sind davon betroffen. Im Grunde gibt es kaum noch soziale, wirtschaftliche und kulturelle Bedingungen, die gegen wissenschaftliche und technologische Erkenntnisse immun sind. Diese beispiellose Bedeutung wissenschaftlicher Erkenntnisse bedeutet jedoch nicht, dass es ihr gelingen wird, traditionelle Lebensweisen und Einstellungen einfach zu überrollen, wie immer wieder erhofft oder ernsthaft befürchtet.[1]

Dennoch ist die eher undifferenzierte Behandlung bzw. Nicht-Behandlung des Wissens selbst das größte theoretische Defizit bestehender Theorien der modernen Gesellschaft, in denen dem Wissen eine zentrale Rolle zugewiesen wird.

Ich habe Wissen als *Handlungsvermögen* definiert, als die Möglichkeit, etwas „in Bewegung zu setzen". Die besondere, geradezu herausragende Stellung des naturwissenschaftlich-technischen Wissens in der modernen Gesellschaft ergibt sich aber nicht daraus, dass etwa naturwissenschaftliches Wissen noch weitgehend als wahrhaftiger, objektiver Maßstab oder als unanfechtbare Instanz behandelt wird, sondern daraus, dass naturwissenschaftliches Wissen mehr als jede andere Wissensform permanent zusätzliche (inkrementelle) Handlungsmöglichkeiten und Sinn herstellt und konstituiert.

Wissenschaftliches Wissen stellt also Handlungsmöglichkeiten dar, die sich ständig erweitern und verändern und neue Handlungsmöglichkeiten hervorbringen, die sogar „privat angeeignet" werden können, wenn auch nur vorübergehend. Der Prozess, der Wissen in ein konkurrierendes (privates) Gut verwandelt, beruht in erster Linie auf der Einrichtung von Patenten. Kurzum: In der modernen Gesellschaft ist Wissen die Grundlage und der Motor der fortschreitenden Modernisierung als Erweiterungsprozess. Neue Realitäten erfordern eine neue Sprache. Dies gilt auch für die grundlegende Umgestaltung der Wirtschaftsstruktur der modernen Gesellschaft. Ich habe versucht, die wichtigsten Veränderungen der Wirtschaft in den Wissensgesellschaften und ihre Folgen für die Gesellschaft zu skizzieren, die sich insbesondere aus dem Aufkommen des Wissens als unmittelbare Produktivkraft ergeben.

---

[1] Niklas Luhmann (1997: 894) unterstreicht in seiner *Gesellschaft der* Gesellschaft ganz in diesem Sinn, dass „Tradition Bestandteil unserer geschichtlichen Überlieferung und in diesem Sinne orientierrelevantes Kulturgut [bleibt]. Sie kann nicht absterben – gerade weil sie offensichtlich nicht mehr paßt, gerade weil sie ständig negiert werden *und dafür zur Verfügung stehen muß.*"

Literatur

Aaron, Henry J. und Charles L. Schultze (Hrsg.), (1992), *Setting Domestic Priorities.* What Can Government Do? Washington, D.C.: The Brookings Institution.
Abbott, Andrew (2010), Varieties of ignorance, *The American Sociologist* 41:174–189.
Abiteboul, Serge und Gilles Dowek (2020), The end of employment. The hitchhiker and the pencil sharpener, S. 53–60 in *The Age of Algorithms.* Cambridge: Cambridge University Press.
Abraham, Katharine G. und Justine Mallatt (2022), Measuring human capital, *Journal of Economic Perspectives* 36:103–130.
Acemoglu, Daron und Ufuk Akcigit (2012), "Intellectual property rights policy, competition and innovation," *Journal of European Economic Association* 10:1–42.
Adkins, Lisa, Melinda Cooper und Martijn Konings (2020), *The Asset Economy.* Property Ownership and the New Logic of Inequality. Cambridge: Polity.
Adolf, Marian und Nico Stehr (2017), *Knowledge.* Is Knowledge Power? Second Edition. London: Routledge.
Affeldt, Pauline Luise, Tomaso Duso, Klaus Gugler und Joanna Piechucka (2021), Market Concentration in Europe: Evidence from Antitrust Markets, Discussion Paper No. 1930, DIW Berlin.
Ahmed, Ibrahim Elsiddig (2022), Valuation of Intellectual Capital: the Performance Contribution Model, *Journal of the Knowledge Economy* https://doi.org/10.1007/s13132-022-00942-x.
Allison, John R., Mark A. Lemley, Kimberly A. Moore and R. Derek Trunkey (2004), Valuable patents, *Georgetown Law Journal* 92:1–60. http://papers.ssrn.com/abstract=426020.
Alexander, Lewis und Janice Eberly (2018), „Investment hollowing out," *IMF Economic Review* 66:5–30.
Arendt, Hannah (1961), *Between Past and Future*: Eight Exercises in Political Thought. New York: Penguin.
Arrow, Kenneth (1962), "The economic implications of learning by doing", *Review of Economic Studies* 29:155–173.
Arrow, Kenneth (1996), The Economics of information: An exposition, *Empirica* 23:119–128.
Autor, David, David Dorn, Lawrence F. Katz, Christina Patterson und John van Reenen (2020), "The fall of the labor share and the rise of superstar firms," *The Quarterly Journal of Economics* 135:645–709.

Autor, David, Caroline Chin, Anna M. Salomons, und Bryan Seegmiller (2022), New frontiers: The origins and content of new work, 1940–2018, NBER Working Paper No. 30389.
Baker, Dean (2018), "Is Intellectual Property the Root of All Evil? Patents, Copyrights, and Inequality," Paper presented at The Great Polarization: Economics, Institutions and Policies in the Age of Inequality conference, University of Utah, Department of Economics, September 27–29, 2018.
Bajgar, Matej, Chiara Criscuolo und Jonathan Timmis. (2021), Supersize Me: Intangibles and Industry Concentration, Draft working paper. https://www.aeaweb.org/conference/2020/preliminary/paper/iGtrhyEZ.
Bajgar, Matej, Giuseppe Berlingieri, Sara Calligaris, Chiara Criscuolo und Jonathan Timmis. (2019), Industry concentration in Europe and North America, Productivity Working Paper No. 18, OECD. https://doi.org/10.1787/2ff98246-en.
Barber, Benjamin R. (2007), *Consumed*. How Markets corrupt Children, infantilize Adults, und swallow Citizens whole. New York: W.W. Norton.
Barnes, Barry (1985), *About Science*. Oxford: Blackwell.
Barnes, Barry (1988), *The Nature of Power*. Urbana and Chicago: University of Illinois Press.
Bauman, Zygmunt (1991), *Modernity and Ambivalence*. Ithaca, New York: Cornell University Press.
Bauman, Zygmunt (2000), *Liquid Modernity*. Cambridge: Polity Press.
Bauman, Zygmunt (2001), Identity in the globalising world. *Social anthropology* 9:121–129.
Beck, Ulrich ([1986] 1992), *Risk Society*. Toward a new modernity. London: Sage.
Beck, Ulrich ([2002] 2005), *Power in the Global Age*. A New Global Political Economy. Cambridge: Polity Press.
Becker, Gary S. (1994), *Human Capital*: A Theoretical and Empirical Analysis with Special Reference to Education (3rd Edition). Chicago: University of Chicago Press.
Beer, David (2017), The social power of algorithms, *Information, Communication* 20:1–13.
Belitz, Heike und Martin Gornig (2019), Deutsche Wirtschaft muss mehr in ihr Wissenskapital investieren, *DIW Wochenbericht* Nr. 31:527–534.
Belitz, Heike, Marie Le Mouel und Alexander Schiersch (2018), Produktivität der Unternehmen steigt mit mehr wissensbasierten Kapital, *DIW Wochenbericht* Nr. 85(4):63–70. Berlin: DIW. https://www.econstor.eu/bitstream/10419/174600/1/1011558696.pdf.
Bell, Daniel (1964), The post-industrial society, S. 44–59 in Eli Ginzberg (Hrsg.), *Technology and Social Change*. New York: Columbia University Press.
Bell, Daniel (1968), The measurement of knowledge and technology, S. 145–246 in Eleanor B. Sheldon und Wilbert E. Moore (Hrsg.), *Indicators of Social Change. Concepts and Measurements*. Hartford, Conn.: Russell Sage Foundation.
Bell, Daniel (1973), *The Coming of Post-Industrial Society. A Venture in Social Forecasting*. New York: Basic Books.
Belloc, Filippo und Ugo Pagano (2012), Knowledge Enclosures, forced specializations and investment crisis, *European Journal of Comparative Economics* 9:445–483.
Benoît Godin, Benoit (2008), The Knowledge Economy: Fritz Machlup's Construction of a Synthetic Concept, *Project on the History and Sociology of S&T Statistics Working Paper*, no. 37.
Berger, Johannes (1986), Gibt es ein nachmodernes Gesellschaftsstadium? Marxismus und Modernisierungstheorie im Widerstreit, S. 79–96 in Johannes Berger (Hrsg.), *Die*

Moderne. Kontinuitäten und Zäsuren. Sonderband 4 *Soziale Welt.* Göttingen: Otto Schwartz & Co.

Biddle, Justin B. (2016), Intellectual Property Rights and Global Climate Change: Toward Resolving an Apparent Dilemma, *Ethics, Policy & Environment* 19:301–319.

Birch, Kean (2020), Technoscience rent: Toward a theory of *rentiership* for technoscientific capitalism, *Science, Technology & Human Values* 45:3–33.

Birch, Kean und Fabian Muniesa, Hrsg. (2022), *Assetization*: Turning things into assets in technoscientific capitalism. Cambridge, Massachusetts: MIT Press.

Bisin, Alberto und Thierry Verdier (2017), On the joint evolution of culture and institutions, *NBER Working Paper* 23375.

Black, Sandra E. und Lisa M. Lynch (1996), „Human-Capital investments and productivity," *The American Economic Review* 86:263–267.

Block, Fred (1985), "Postindustrial development and the obsolescence of economic categories," *Politics and Society* 14:416–441.

Block, Fred und Mathew R. Keller (2012), Where do innovations come from? Transformations in the U.S. economy, 1970–2006, S. 81–103 in Burlamaqui, Leonardo et al. (Hrsg.), *Knowledge Governance.* Reasserting the Public Interest. New York: Antham Press.

Bocock, Robert (2020), *Ritual in industrial society*: A sociological analysis of ritualism in modern England. London: Routledge.

Bodewitz, Henk J.H.W., Henk Buurma and Gerard H. de Vries (1987), Regulatory science and the social management of trust in medicine, S. 243–259 in Wiebe E. Bijker, Thomas P. Hughes and Trevor Pinch (Hrsg.), *The Social Construction of Technological Systems: New Directions in the Sociology and History of Technology.* Cambridge, Massachusetts: MIT Press.

Böhme, Gernot und Nico Stehr (Hrsg.) (1986), *Knowledge Societies.* The Growing Impact of Scientific Knowledge on Social Relations. Dordrecht: D. Reidel.

Bourdieu, Pierre ([1971] 1973) Cultural reproduction and social reproduction, S. 71–112 in Richard Brown (Hrsg.), *Knowledge, Education, and Cultural Change.* London: Tavistock.

Bourdieu, Pierre ([1983] 1986) The forms of capital, S. 46–58 in John G. Richardson (Hrsg.), *Handbook of Theory and Research for the Sociology of Education.* New York: Greenwood.

Bourdieu, Pierre (1975), The specificity of the scientific field and the social conditions of the progress of reason, *Social Science Information* 14:19–47.

Bourdieu, Pierre (2005), *The Social Structures of the Economy.* Cambridge: Polity.

Boyle, James (2003), The second enclosure movement and the construction of the public domain, *Law and Contemporary Problems* 66:33–73.

Braudel, Fernand ([1979] 1992), *The Structures of Everyday Life. The Limits of the Possible.* Volume 1: *Civilization and Capitalism 15th–18th Century.* Berkeley, California: University of California Press.

Braverman, Harry (1974), *Labor and Monopoly Capital: The Degradation of Work in the Twentieth Century.* New York: Monthly Review Press.

Birch, Kean, und D. T. Cochrane (2022), "Big tech: Four emerging forms of digital rentiership." *Science as culture* 31: 44–58.

Brynjolfsson, Erik, Avinash Collis and Felix Eggers (2019), Using massive online choice experiments to measure changes in well-being, *NBER Working Paper* w24514.

Buchholz, Wolfgang and Todd Sandler (2021), Global public goods: A survey, *Journal of Economic Literature* 59:488–545.

Buckland, Michael (2017), *Information and Society*. Cambridge, Massachusetts: MIT Press.

Burke, Peter (2000), *A Social History of Knowledge*. From Gutenberg to Diderot. Oxford: Polity Press.

Caplin, Andrew, Minjoon Lee, Søren Leth-Petersen, Johan Sæverud und Matthew D. Shapiro (2022), How worker productivity and wages grow with tenure and experience: The firm perspective, NBER Working Paper 30342 http://www.nber.org/papers/w30342.

Carley, Kathleen (1986), An approach for relating social structure to cognitive structure, *Journal of Mathematical Sociology* 12:137–189.

Carnoy, Martin und Manuel Castells (2001), Globalization, the knowledge society, and the Network State: Poulantzas at the millennium, *Global Networks* 1:1–18.

Castells, Manuel ([1996] 2000), *The Information Age*: Economy, Society and Culture. Volume I: The Rise of the Network Society. Second Edition. Oxford: Blackwell.

Cette, Gilbert, Lorraine Koehl und Thomas Philippon (2020), Labor share, *Economic Letters* 188:108979.

Churchman, C. West (1967), Wicked problems, *Management Science* 14: B141–B142.

Coase, Ronald H. ([1977] 1978), "Economics and contiguous disciplines," *The Journal of Legal Studies* 7:201–211.

Cockburn, Iain M., Jean O. Lanjouw, und Mark Schankerman (2014), »Patents and the global diffusion of new drugs«, *NBER Working Paper* No. 20492 September 2014, Revised October 2014 w20492.

Cohen, Michael K., Marcus Hutter und Michael A. Osborne (2022), Advanced artificial; agents intervene in the provision of reward, *AI Magazine*. https://onlinelibrary.wiley.com/doi/10.1002/aaai.12064.

Colander, David, Richard P.F. Holt und J. Barley Rosser Jr. (2004), *The Changing Face of Economics*. Conversations with Cutting Edge Economists. Ann Arbor, Michigan: University of Michigan Press.

Collin, Mathew and David N. Weil (2020), The Effect of increasing human capital investment on]economic growth and poverty – A simulation exercise Journal of Human Capital 14:43–83.

Corrado, Carol A., Charles R. Hulten und Daniel Sichel (2005), "Measuring Capital and Technology: An Expanded Framework," S. 114–146 in John Haltiwanger, Carol A. Corado, and Daniel Sichel, (Hrsg.), *Measuring Capital in the New Economy*. Chicago: University of Chicago Press.

Corrado, Carol A., Jonathan Haskel, Cecilia Jona-Lasinio and Massimiliano Iommi (2022), Intangible capital and modern economics, *Journal of Economic Perspectives* 36:3–28.

Crary, Jonathan (2022), *Scorched Earth*. Beyond the Digital Age to a Post-Capitalist World. London: Verso.

Crawford, Susan (1981), The origin and development of a concept: The Information Society, *Bulletin of the Medical Library Association* 7:380–385.

Crouzet, Nicolas and Janice C. Eberly (2019), Understanding weak capital investment: The role of market concentration and intangibles, *NBER Working Paper* w25869.

Crouzet, Nicolas and Janice C. Eberly (2021), Intangibles. markups, and measurement of productivity growth, *NBER Working Paper* w29109.

Crouzet, Nicolas, Janice C. Eberly, Andrea Eisfeldt und Dimitris Papanikolaou (2022), A model of intangibles *NBER Working Paper* w30376.

Darnovsky, Marcy, et al. (2019), CRISPR regulation. *Issues in Science and Technology* 35: 5–12.

Darnton, Robert (2000), An early information society: News and Media in eighteenth - century Paris, *The American Historical Review* 105:1–35.

Dasgupta, Partha und Paul A. David (1994), Toward a new economics of science, *Research Policy* 23:487–521.

Davenport, Thomas H. and Steven M. Miller (2022), *Working with AI*. Real Stories of Human-Machine Collaboration. Cambridge, Massachusetts: MIT Press.

Davies, Kevin, Hrsg. (2020), *Editing* Humanity. The CRISPR Revolution and the New Era of Genome Editing. London: Pegasus.

DeMartino, George F. (2022), *The Tragic Science*. How Economists Cause Harm (Even as They Aspire to do Good). Chicago, Illinois: University of Chicago Press.

Deming, David J. (2022), Four facts about human capital, *Journal of Economic Perspectives* 36:75–102.

Derber, Charles, William A. Schwartz und Yale Magrass (1990), *Power in the Highest Degree*. Professionals and the Rise of a New Mandarin Order. New York: Oxford University Press.

Dewey, John (1916), *Democracy and Education*. New York: Macmillan.

Diamond, Larry (2019), The threat of postmodern totalitarianism, *Journal of Democracy* 30:20–24.

Dinerstein, Michael, Rigissa Megalokonomou und Constantine Yannelis (2020), Human capital depreciation, *NBER Working Paper* No. 27925.

Dosi, Giovanni und Joseph H. Stiglitz (2014), The role of intellectual property rights in the development process, with some lessons from developed countries: An introduction, S. 1–53 in Mario Cimoli, Giovanni Dosi, Keith E. Maskus, Ruth L. Okediji, Jerome H. Reichmann und Joseph E. Stiglitz (Hrsg.), *Intellectual Property Rights*. Oxford: Oxford University Press.

Döttling, Robin und Lev Ratnovski (2020), Monetary policy and intangible investment, *IMF Working Paper* 160.

Drahos, Peter (2004), The regulation of public goods, *Journal of International Economic Law* 7:321–339.

Drahos, Peter (2010), *The Global Governance of Knowledge*: Patent Offices and their Clients. Cambridge: Cambridge University Press.

Drahos, Peter und John Braithwaite (2002), *Information Feudalism*. Who Owns the Knowledge Economy? London: Earthscan.

Drucker, Peter ([1989] 2003), *The New Realities*. With a new preface by the author. New Brunswick, New Jersey: Transaction Publishers.

Drucker, Peter (1993), *Post-Capitalist Society*. New York: HarperBusiness.

Drucker, Peter (1999), Knowledge-worker productivity: The biggest challenge, *California Management Review* 41:79–94.

Drucker, Peter F. (1953), The employee society, *American Journal of Sociology* 58:358–363.

Drucker, Peter F. ([1968] 1972), *The Age of Discontinuity*. Guidelines to our Changing Society. New York: Harper & Row.

Drucker, Peter F. (1969), The knowledge society, *New Society* 13:343.

Duan, Charles (2021), Patents and the common good, *The New Atlantis* No. 64:75–82.

Duff, Alistar S. David Craig und David A. McNeill (1996), „A note on the origins of the 'information society", *Journal of Information Sciences* 22:117–122.

Dupré, Sven and Geert Somsen (2019), The history of knowledge and the future of knowledge societies, Beiträge zur Wissenschaftsgeschichte 42:186–199.

Durand, Cédric and William Milberg (2020), Intellectual monopoly in global value chains, *Review of International Political Economy* 27:404–429.

Durkheim, Emile ([1912] 1981), *Die elementaren Formen des religiösen Lebens*. Frankfurt am Main: Suhrkamp.

Durkheim, Emile ([1950] 1957), *Professional Ethics and Civic Morals*. London: Routledge and Kegan Paul.

Durkheim, Emile ([1950] 1991), *Physik der Sitten und des Rechts*. Vorlesungen zur Soziologie der Moral. Frankfurt am Main: Suhrkamp.

Dyson, Esther, George Gilder, George Keyworth und Alvin Toffler (1994), Cyberspace and the American Dream: A Magna Carta for the Knowledge Age, http://www.pff.org/issues-pubs/futureinsights/fi1.2magnacarta.html.

Eisfeldt, Andrea L., Edward Kim, and Dimitris Papanikolaou (2020), Intangible value, *NBER Working Paper* No. 28056.

Elias, Norbert (2006), *Was ist Soziologie?* Nobert Elias Gesammelte Schriften Band 5. Frankfurt am Main: Suhrkamp.

Engster, Johannes. Giang Ho, Florence Jaumotte and Roberto Piazza (2018), How knowledge spreads. More rapid diffusion of know-how is an important benefit of globalization, *Finance and Development* 55:52–55.

Ewens, Michael, Ryan H Peters und Sean Wang (2019), Acquisition prices and the measurement of intangible capital, Technical report, National Bureau of Economic Research.

Faulkner, Wendy (1994), Conceptualizing knowledge used in innovation: a second look at the science-technology distinction and industrial innovation, *Science, Technology & Human Values* 19:425–458.

Feeney, Oliver, Julian Cockbain, Michael Morrison, Lisa Diependaele, Kristof Van Assche & Sigrid Sterckx (2018), "Patenting foundational technologies: Lessons from CRISPR and other core biotechnologies," *The American Journal of Bioethics*, 18:36–48.

Feher, Michel ([2007] 2009), Self-appreciation; or, the aspirations of human capital, *Public Culture* 21:21–41.

Finn, Ed (2019), The black box of the present: Time in the age of algorithms, *Social Research* 86:557–579.

Forrest, Katherine B. (2021), *When Machines Can Be Judge, Jury, and ExecutionerS. Justice in an Age of Artificial Intelligence*. Singapore: World Scientific.

Foucault, Michel ([1976] 1990), *The History of Sexuality*. Volume 1: An Introduction. New York: Vintage Books.

Frank, David John und John W. Meyer (2020), *The University and the Global Knowledge Society*. Princeton, New Jersey: Princeton University Press.

Foucault, Michel (1984), Truth and Power, S. 51–75 in Paul Rabinow (Hrsg.), *The Foucault Reader*. An Introduction to Foucault's Thought, with Major New Unpublished Material Michel Foucault. New York: Pantheon Books.

Frank, Robert H. und Philip J. Cook (2010), *The Winner Take All Society*. Why the Few at the Top Get so Much More than the Rest of US. New York: Random House.

Frank, David John und John W. Meyer (2020), *The University and the Global Knowledge Society*. Princeton, New Jersey: Princeton University Press.

Fraser, Nancy (2017), A new form of capitalism, *New Left Review* 106:57–65.

Freyer, Hans (1955), *Theorie des gegenwärtigen ZeitalterS*.Stuttgart: Deutsche Verlagsanstalt.

Freyer, Hans (1960) *Über das Dominantwerden technischer Kategorien in der Lebenswelt der industriellen Gesellschaft*. Mainz: Academie der Wissenschaften.

Frow, John (1996), Information as gift and commodity, *New Left Review* 219:89–108.

Fuchs, Victor (1968), *The Service Economy*. New York: Columbia University Press.

Fukuyama, Francis (1999/2000), Getting it right, *The National Interest* 58:130–132.

Fuller, Steve (2019), „Against academic rentiership: A radical critique of the knowledge economy", *Postdigital Science and Education* 1:335–356.

Funk, Jeffrey (2018), "Beyond patents," *Issues in Science and Technology* 34:48–54.

Galbraith, John K. (1967), *The New Industrial State*. New York: Houghton Mifflin.

Gause, LaGina (2022), *The Advantage of Disadvantage: Costly Protest and Political Representation for Marginalized Groups* (Cambridge Studies in Contentious Politics). Cambridge, UK: Cambridge University Press.

Gereffi, Gary (2014), Global value chains in a post-Washington Consensus world, *Review of International Political Economy*, 21:9–37.

Giddens, Anthony ([1973] 1980), *The Class Structure of the Advanced Societies*. London: Hutchinson.

Giddens, Anthony (1990), *The Consequences of Modernity*. Stanford: Stanford University Press.

Griswold, Alison (2016), Uber Drivers Fired in New York Can Now Appeal before a Panel of Their Peers, *Quartz,* November 23, 2016, https://qz.com/843967/uber-drivers-fired-in-new-york-can-now-appeal-before-a-panel-of-their-peers.

Groß, Matthias (2011), *Handbuch Umweltsoziologie*. Wiesbaden: VS Verlag für Sozialwissenschaften.

Grossman, Gene M. und Ezra Oberfield (2021), The Elusive Explanation for the Declining Labor Share, *NBER Working Paper* No. 29165.

Grundmann, Reiner und Nico Stehr. (2001), "Why is Werner Sombart not part of the core of classical sociology? From fame to (near) oblivion," *Journal of Classical Sociology* 1: 257–287.

Grundmann, Reiner und Nico Stehr, Hrsg. (2009), *Society*. Critical Concepts in Sociology. Four Volumes. London: Routledge.

Guichardaz, Rémy und Julien Pénin (2019), Why was Schumpeter not more concerned with patents?, *Journal of Evolutionary Economics* 29:1361–1369.

Gust, Sara, Eric A. Hanushek und Ludger Woessmann (2022), Global Universal Basic Skills: Current Deficits and Implications for World Development, *NBER Working Paper* No. 30566.

Guvenen, Faith, Luigi Pistaferri und Giovanni L. Violante (2022), Global Trends in Income Inequality and Income Dynamics: New Insights from GRID, NBER Working Paper No. 30524.

Habermas, Jürgen ([1962] 2022a), *Ein neuer Strukturwandel der Öffentlichkeit und die deliberative Politik*. Berlin: Suhrkamp.

Habermas, Jürgen (2022b), Reflections and Hypotheses on a Further Transformation of the Political Public Sphere, *Theory, Culture and Society* 39:145–171.
Hage, Jerald (2020), *Knowledge Evolution and Societal Transformation*. Action Theory to Solve Adaptative Problems. London: Antham Press.
Halpern, Sue (2021), The human cost of AI, *New York Review of Books, October 21*.
Hamilton, Walton (1945), Cartels, patents and politics, *Foreign Affairs* 23:582–593.
Hanushek, Eric und Ludger Woessman (2015), *The Knowledge Capital of Nations:* Education and the economics of growth. Cambridge, Massachusetts: MIT Press.
Hardt, Michael, und Antonio Negri (2000), *Empire*. Cambridge, Massachusetts: Harvard University Press.
Haskel, Jonathan und Stian Westlake (2017), *Capitalism without Capital*. Princeton, New Jersey: Princeton University Press.
Haskel, Jonathan und Stian Westlake (2018), *Capitalism without Capital*. Princeton, New Jersey: Princeton University Press.
Haskel, Jonathan und Stian Westlake (2022), *Restarting the Future:* How to fix the intangible economy. Princeton: Princeton University Press.
Haunss, Sebastian (2013), *Conflicts in the Knowledge Society*. The Contentious Politics of Intellectual Property. Cambridge: Cambridge University Press.
Hayek, Friedrich ([1944] 2016), *Der Weg zur Knechtschaft*. Reinbek/München: Lau-Verlag & Handel KG.
Hayek, Friedrich ([1974] 1989), The pretence of knowledge, *The American Economic Review* 79:3–7.
Hayek, Friedrich (1937), Economics and knowledge, *Economica* 4:33–54.
Hayek, Friedrich (1945), The use of knowledge in society, *American Economic Review* 35:519–530.
Hayek, Friedrich (1948), *Individualism and Economic Order*. Chicago: University of Chicago Press.
Hayek, Friedrich (1960), *The Constitution of Liberty*. London: Routledge and Kegan Paul.
Hayek, Friedrich A. (1973), *Rules and Order.* A New Statement of the Liberal Principles of Justice and Political Economy. London: Routledge & Kegan Paul.
Heimann, Eduard (1963), *Soziale Theorie der Wirtschaftssysteme*. Tübingen: J.C.B. Mohr (Paul Siebeck).
Heller, Michael (1998), The tragedy of the anticommons. Property in transition from Marx to markets, Harvard Law Review 111:698–701.
Henkel, Joachim und Markus Reitzig (2008), Patent sharks, *Harvard Business Review*: 129–133.
Hidalgo, César and Ricardo Hausmann (2009), The building blocks of economic complexity, *PNAS* 106:10570–10575.
Hippel, Eric von (1994), „Sticky information‹ and the locus of problem solving: Implications for Innovation", *Management Science* 40:429–439.
Hobbes, Thomas (1651) *Leviathan*, or, The Matter, Form, and Power of a Common-Wealth Ecclesiastical and Civil, printed for Andrew Crooke.
Hoffmann, Florian, David S. Lee und Thomas Lemieux (2020), Growing Income Inequality in the United States and Other Advanced Economies, *Journal of Economic Perspectives* 34:52–78.
Holton, Gerald (1986), The Advancement of science and its burdens, *Daedalus* 115:77–104.

Holton, Gerald (1992), How to think about the ‚anti-science' phenomenon, *Public Understanding of Science* 1:103–128.

Holzner, Burkart and John H. Marx (1979), *Knowledge Application: The Knowledge System in Society.* Boston: Allyn and Bacon.

Hopes, Briana (2021), Right for robots, *Tulane Journal of Technology & Intellectual Property* 23:119–135.

Hötte, Kerstin, Melline Somers und Angelis Theodorakopoulos (2022), The fear of technology-driven unemployment and its empirical basis, *arXiv preprint* arXiv:2204.01296. http://www.nber.org/papers/w23375.

Hu, Yao-Su (2020), "The impact of increasing returns on knowledge and big data: from Adam Smith and Allyn Young to the age of machine learning and digital platforms." *Prometheus* 36: 10–29.

Inglehart, Ronald (1977), *The Silent Revolution.* Princeton: Princeton University Press.

Inglehart, Ronald (1987), Value change in industrial society, *American Political Science Review* 81:1289–1303.

Inglehart, Ronald (1990a), *Culture Shift in Advanced Industrial Society.* Princeton, New Jersey: Princeton University Press.

Inglehart, Ronald (1990b), Values, ideology, and cognitive mobilization in new social movements, S. 43–65 in Russel J. Dalton and Manfred Kuechler (Hrsg.), *Challenging the Political Order. New Social and Political Movements in Western Democracies.* New York: Oxford University Press.

Inglehart, Ronald (2018), *Cultural Evolution.* People's Motivations are Changing and Reshaping the World. Cambridge: Cambridge University Press.

Inglehart, Ronald und Gabriela Catterberg (2002), Trends in political action: The developmental trend and the post-honeymoon decline, *International Journal of Comparative Sociology* 43:300–316.

Isaacson, Walter (2021), *The Code Breaker.* Jennifer Doudna, Gene Editing, and the Future of the Human Race. New York: Simon & Schuster.

Johns, Adrian (2006), Intellectual property and the nature of science, *Cultural Studies* 20:145–164.

Johnson, Terrance J. (1977), „What is to be known? The structural determination of social class," *Economy and Society* 6:194–233.

Jones, Charles I. (2019), „Paul Romer: Ideas, nonrivalry, and endogenous growth," *Scandinavian Journal of Economics* 121:859–883.

Jones, Charles I. (2021), "The Past and Future of Economic Growth: A Semi-Endogenous Perspective," *NBER Working Paper* No. 29126.

Kang, Hyo Yoon (2012), Science Inside Law: The Making of a New Patent Class in the International Patent Classification, *Science in Context* 25:551–594.

Kang, Hyo Yoon (2020), Patents as assets: Intellectual property rights as market subjects and objects, S. 45–74 in Kean Birch and Fabian Muniesa, (Hrsg.), *Assetization*: Turning things into assets in technoscientific capitalism. Cambridge, Massachusetts: MIT Press.

Kaplan, Jerry (2016), *Artificial Intelligence*: What Everyone Needs to Know. New York: Oxford University Press.

Kay, John (2003), *The Truth about Markets.* Their Genius, their Limits, their Follies. London: Allen Lane.

Keane, John (2022), *The Shortest History of Democracy*. 4,000 Years of Self-Government— A Retelling for Our Times. New York: The Experiment.
Kendall-Taylor, Andrea, Erica Frantz, und Joseph Wright. (2020), „The digital dictators: How technology strengthens autocracy." *Foreign Affairs*. 99: 103.
Kerr, William (2020), The gift of global talent: Innovation policy and the economy, *Innovation Policy and the Economy* 20:1–37.
Kerr, William, Çağlar Özden und Christopher Parsons (2016), Global Talent Flows. *Journal of Economic Perspectives* 30(4): 83–106.
Khan, B. Zorina (2020), *Inventing Ideas*. Patents, Prices, and the Knowledge Economy. Oxford: Oxford University Press.
Kitch, Edmund W. (1977), The nature and function of the patent system, *Journal of Law and Economics* 20:265–290.
Kitch, Edmund W. (1980), „The law and the economics of rights in valuable Information", *Journal of Legal Studies* 9:683–723.
Kitch, Edmund W. (2000), Elementary and persistent errors in the economic analysis of intellectual property, *Vanderbilt Law Review* 53:1727–1741.
Knorr-Cetina, Karin (2010), The epistemics of information. A consumption model, *Journal of Consumer Culture* 10:171–201.
Kocka, Jürgen (2010), Boundaries in Europe: Yesterday, Today and Tomorrow, S. 33–39 in Sven Eliaeson und Nadezhda Georgieva (Hrsg.), *New Europe. Growth to Limits?* Oxford: The Bardwell Press.
Koh, Dongya, Raül Santaeulàlia-Llopis und Yu Zheng (2015), „Labor share decline and intellectual property products capital," San Domenico di Fiesole: European University Institute.
Konings, Martijn und Lisa Adkins (2022), Re-thinking the liquid core of capitalism with Hyman Minsky, *Theory, Culture & Society* 39:43–60.
Korinek, Anton (2019), "Labor in an age of automation and artificial intelligence," *Research Brief*: Economist for Inclusive Prosperity. https://econfip.org/policy-briefs/labor-in-the-age-of-automation-and-artificial-intelligence/
Korinek, Anton und Joseph E. Stiglitz (2019), Artificial intelligence and Its implications for income distribution and unemployment, S. 3423–390 in Aja Agrawal, Joshua Gans and Avi Goldfarb (Hrsg.), *The Economics of Artificial Intelligence*: An Agenda. Chicago: University of Chicago Press.
Korinek, Anton und Joseph E. Stiglitz (2021), Artificial Intelligence, Globalization, and Strategies for Economic Development, *NBER Working Paper* No. 28453 w28453.
Korinek, Anton, und Ding Xuan Ng (2017), The macroeconomics of superstars, *Mimeo*. http://www.korinek.com/download/Superstars.pdf.
König, René (1979) „Gesellschaftliches Bewusstsein und Soziologie: Eine spekulative Überlegung", S. 358–370 in Günther Lüschen (Hrsg.), *Deutsche Soziologie seit 1945*. Sonderheft 21 der Kölner Zeitschrift für Soziologie und Sozialpsychologie. Opladen: Westdeutscher Verlag.
Kozubek, James (2017), Crispr-Cas9 Is impossible to stop, *Georgetown Journal of International Affairs* 18:112–119.
Krämer, Sybille (1982), *Technik, Gesellschaft und Natur: Versuch über ihren Zusammenhang*. Frankfurt am Main: Campus.

Kreibich, Rolf (1986), *Die Wissenschaftsgesellschaft*. Von Galilei zur HighTech Revolution. Frankfurt am Main: Suhrkamp.

Krohn, Wolfgang und Johannes Weyer (1989), „Gesellschaft als Labor: Die Erzeugung sozialer Risiken durch experimentelle Forschung", *Soziale Welt* 40:349–373.

Kuznet, Simon (1955), Economic growth and income inequality, *American Economic Review* 45:1–28.

Kwet, Michael (2021), Digital colonialism: The evolution of the American empire: *Roar* March 3, 2021 https://roarmag.org/essays/digital-colonialism-the-evolution-of-american-empire/?utm_source=feedburner&utm_medium=feed&utm_campaign=Feed%3A+roar.

Lachmann, Richard (2020), *First-Class Passengers on a Sinking Ship*. Elite Politics and the Decline of Great Powers. London: Verso.

Lander, Eric S. and Françoise Baylis (2019), Adopt a moratorium on heritable genome editing, *Nature* 567:165–168.

Landes, William M. und Richard Posner (2003), *The Economic Structure of Intellectual Property Law*. Cambridge, Massachusetts: Harvard University Press.

Lane, Robert E. (1966), The decline of politics and ideology in a knowledgeable society, *American Sociological Review* 31:649–662.

Larson, Erik, J. (2021), *The Myth of Artificial Intelligence*. Why computers can't think the way we do. Cambridge, Massachusetts: The Belknap Press of Harvard University Press.

Larson, Magali Sarfatti (1990), .In the matter of experts and professionals, or how impossible it is to leave nothing unsaid., S. 24–50 in Rolf Torstendahl und Michael Burrage (Hrsg.), The Formation of Professions. Knowledge, State and Strategy, London: Sage.

Lee, Francis und Lotta Björklund Larsen (2019), How should we theorize algorithms? Five ideal types in analyzing algorithmic normativities, *Big Data & Society* 10.1.2053951719867349.

Lemma, Bonny (2019), CRISPR dreams: The potential of gene editing, *Harvard International Review* 40:6–7

Lenger, Friedrich (1996), Werner Sombart als Propagandist eines deutschen Krieges, S. 65–76 in Wolfgang J. Mommsen (Hrsg.), *Kultur und Krieg*. Die Rolle der Intellektuellen, Künstler und Schriftsteller im Ersten Weltkrieg. München: Oldenbourg.

Lessig, Lawrence (2001), *The Future of Ideas*. New York: Random House.

Lindblom, Charles E. (1995), Market and democracy – obliquely, *PS: Political Science & Politics* 28:684–688.

Lobel, Orly (2015), The new cognitive property: Human capital law and the reach of intellectual property, *Texas Law Review* 93:788–851.

Lowe, Adolph (1971), Is present-day higher learning ‚relevant'? *Social Research* 38:563–580.

Lübbe, Hermann (1987), Der kulturelle Geltungsschwund der Wissenschaften, S. 89–108 in Helmut de Rudder and Heinz Sahner (Hrsg.), *Wissenschaft und gesellschaftliche Verantwortung*. Berlin: Arno Pitz.

Luckmann, Thomas (1982), Individual action and social knowledge, S. 247–266 in Mario von Cranach und Rom Harré (Hrsg.), *The Analysis of Action*. Cambridge: Cambridge University Press.

Luhmann, Niklas (1997), *Die Gesellschaft der Gesellschaft*. Frankfurt am Main: Sihrkamp.

Luhmann, Niklas ([1991] 2017), *Risk*. A Sociological Theory. With a New Introduction by Nico Stehr and Gotthard Bechmann. London: Routledge.

Luhmann, Niklas (1988), *Die Wirtschaft der Gesellschaft*. Frankfurt am Main: Suhrkamp.
Luhmann, Niklas (1990), *Die Wissenschaft der Gesellschaft*. Frankfurt am Main: Suhrkamp.
Lund, Susan und Laura Tyson (2018), Globalization is not in retreat. Digital technology and the future of trade., *Foreign Affairs* 97:130–140.
Lyotard, Jean-François ([1979] 1984), *The Postmodern Condition:* A Report on Knowledge. Minneapolis, Minnesota: University of Minnesota Press.
Machlup, Fritz (1952), *The Political Economy of Monopoly*. Business, Labor and Government Policies. Baltimore: John Hopkins University Press.
Machlup, Fritz (1958), *An Economic Review of the Patent System*. Study of the Subcommittee on Patents, Trademarks, and Copyrights of the Committee on the Judiciary, United States Senate, Study No. 15. 'Washington, D.C.: Government Printing Office.
Machlup, Fritz (1960), The supply of inventors and inventions, *Weltwirtschaftliches Archiv* 85:210–254.
Machlup, Fritz (1961), Patents and Inventive Effort: The evidence is insufficient to prove or disprove the claim that patent protection promotes inventive effort, *Science* 133.3463:1463–1466.
Machlup, Fritz (1962), *The Production and Distribution of Knowledge in the United States*. Princeton, New Jersey: Princeton University Press.
Machlup, Fritz (1982), Theory of human capital, *Lectures in Development Economics* 1:7–30.
Machlup, Fritz (1984), *The Economics of Information and Human Capital*. Princeton, New Jersey: Princeton University Press.
Machlup, Fritz und Edith Penrose (1950), The patent controversy in the nineteenth century, *The Journal of Economic History* 10:1–29.
MacKenzie, Donald (2006), *An Engine not a Camera*: How financial models shape markets. Cambridge, Massachusetts: MIT Press.
Madhusoodanan, Jyoto (2020), Is a biased algorithm delaying health care for black people? *Nature* 588:564–547.
Maggi, Giovanni und Ralph Ossa (2020), "The political economy of deep integration," *NBER Working Paper* http://www.nber.org/papers/w28190
Maggor, Noam (2022), Into the muck, *European Reviews of Books*, Issue 1: https://europeanreviewofbookS.com/into-the-muck/en.
Mao, LuMing (2013), Writing the Other into Histories of Rhetorics: Theorizing the Art of Recontextualization, S. 41–57 In M. Baliff (Hrsg.), *Theorizing Histories of Rhetoric*, Carbondale: Southern Illinois University Press.
Marcuse, Herbert (1964), *One-Dimensional Man. Studies in the Ideology of Advanced Industrial Society*. Boston: Beacon Press.
Marginson, Simon und Xin Xu (2021), Moving beyond centre-periphery science: Towards an ecology of knowledge, Working Paper No. 63. Centre for Global Higher Education. https://ora.ox.ac.uk/objects/uuid:f139bfcc-1e7b-4fbd-879a-f44732058c21.
Marx, Karl ([1859] 1977), *Zur Kritik der politischen Ökonomie*. Karl Marx/Friedrich Engels -Werke, Band 13,7. Berlin: Dietz Verlag.
Marx, Karl ([1939–1941] 1973), *Grundrisse der Kritik der politischen Ökonomie*. Berlin: Europäische Verlagsanstalt.
Marx, Karl ([1939–1941] 1973), *Grundrisse. Introduction to the Critique of Political Economy*. New York: Vintage Books.

Marx, Karl und Friedrich Engels ([1867] 1968), *Werke*. Band 23: *Das Kapital*. Berlin: Dietz Verlag.

Masood, Ehsan (2022), Can economics formula save the planet, *Nature* 611:224–226.

Masood, Ehsan (2016), *The Great Invention*. The story of GDP and the Making and Unmaking of the Modern World. New York: Simon and Schuster.

Maurer, Stephan M. und Suzanne Scotchmer (2002), The independent invention defence intellectual property, *Economica* 69:535–547.

May, Christopher (2000), *A Global Political Economy of Intellectual Property Rights*. The New Enclosures. London: Routledge.

May, Christopher (2002), Unacceptable costs: The consequence of making knowledge property in a global society, *Global Society* 16:123–144.

McDermott, John (1969), Technology: The opiate of the intellectuals, *New York Review of Books* 13(2):25–35.

Meja, Volker und Nico Stehr ([1990] 2015), *Knowledge and Politics*. The Sociology of Knowledge Dispute. New York: Routledge.

Merton, Robert K. ([1942] 1985), Die normative Struktur der Wissenschaft, S. 86–99 in Robert K. Merton, *Entwicklung und Wandel von Forschungsinteressen*. Mit einer Einleitung von Nico Stehr. Frankfurt am Main: Suhrkamp.

Miguelez, Ernest und Carsten Fink. (2013), Measuring the International Mobility of Inventors: A New Database, *WIPO Economic Research Working Paper* 8. World Intellectual Property Organization. Geneva, Switzerland.

Miller, Stephen (2019), What do patents mean, *Issues in Science and Technology* 35:84–87.

Mirowski, Philip (2009), Why there is (as yet) no such thing as an economics of knowledge, S. 99–156 in Don Ross and Harold Kincaid (Hrsg.), *The Oxford Handbook of Philosophy of Economics*. Oxford: Oxford University Press.

Mitchell, Timothy (2009), Carbon democracy, *Economy and society, 38*:399–432.

Mokyr, Joel (2002), *The Gifts of Athena*. Historical Origins of the Knowledge Economy. Princeton, New Jersey: Princeton University Press.

Mokyr, Joel (2016), *Culture and Growth*. The Origins of the Modern Economy. Princeton, New Jersey: Princeton University Press.

Mokyr, Joel (2019), Science, technology, and knowledge – What economic historians can learn from an evolutionary approach S. 81–119 in In Ulrich Witt and Andreas Chai (Hrsg.), *Understanding Economic Change*. Cambridge: Cambridge University Press.

Morgenthau, Hans (1970), Reflections on the end of the republic, *New York Review of Books* 15(September 23):38–41.

Morrison, David E. (1978), The beginning of modern mass communication research, *European Journal of Sociology* 14:347–359.

Moulier-Boutang, Yann ([2007] 2011), *Cognitive Capitalism*. Cambridge: Polity Press.

Mulligan, Christina and Timothy Lee (2012), Scaling the patent system, *NYU Annual Survey of American Law* 68:298–317.

Nachtwey, Oliver und Philipp Staab (2015), Die Avantgarde des digitalen Kapitalismus, *Mittelweg* 36:1–21.

Narr, Wolf-Dieter ([1979] 1985), Toward a society of conditioned reflexes, S. 31–66 in Jürgen Habermas (Hrsg.), *Observations on ‚The Spiritual Situation of the Age'*. Cambridge, Massachusetts: MIT Press.

Nelkin, Dorothy (1975), The political impact of technical expertise, *Social Studies of Science* 5:35–54.

Niebel, Thomas, Mary O'Mahony und Marianne Saam (2017), The contribution of intangible assets to sectoral productivity growth in the EU, *Review of Income and Wealth* 63:S49–S67.

Nik-Khah, Edward (2020), On skinning a cat: George Stigler on the marketplace of ideas, S. 46–69 in in Dieter Plehwe, Quinn Slobodian und Philip Mirowski (Hrsg.), *Nine Lives of Neoliberalism*. London: Verso.

Nobel Foundation (1979), Press Release: This Year's Economics Prize Awarded To Developing Country Research, *The Royal Swedish Academy of Sciences*, October 16.

Nora, Simon und Alain Minc ([1978] 1980), The Computerization of Society. A Report to the President of France. Cambridge, Massachusetts: MIT Press.

Oakman, Bruce (1986), Patents: An Austrian perspective, *Economic Papers* 5:74–81.

OECD (2001), *Divided we Stand*. Paris: OECD.

OECD (2013), *Supporting Investment in Knowledge Capital, Growth and Innovation*. Paris: OECD Publishing. https://doi.org/10.1787/9789264193307-en.

Organisation for Economic Co-Operation and Development (1996), *The Knowledge-Based Economy*. Paris: OECD.

Overdiek, Markus, Thomas Rausch und Kai Gramke (2020), Weltklassepatente – das ‚Gold' der Wissensökonomie? *Wirtschaftsdienst* 100:718–723.

Oyama, Susan (2000), *Evolution's Eye*. A Systems View of the Biology – Culture Divide. Durham, North Carolina: Duke University Press.

Pagano, Ugo (2014), The crisis of intellectual monopoly capitalism, *Cambridge Journal of Economics* 38:1409–1429.

Pagano, Ugo (2018), Knowledge as a global common and the crisis of the learning economy, S. 353–373 in Martin Guzman (Hrsg.), *Joseph Stiglitz and the Twenty-First Century Economics*. New York: Columbia University Press.

Parsons, Talcott (1937), *The Structure of Social Action*. New York: McGraw-Hill

Parthasarathy, Shobita (2017), *Patent Politics*. Life Forms, Markets, and the Public Interest in United States and Europe. Chicago: University of Chicago Press.

Pasquale, Frank (2020), *New Laws of Robotics*. Defending Human Expertise in an Age of AI. Cambridge, Massachusetts: Harvard University Press.

Penty, Arthur J. (1917), *Old World for New:* A Study of the Post-Industrial State. London: Allen and Unwin.

Peters, Michael A. und James Reveley (2012), „Retrofitting Drucker: Knowledge work under cognitive capitalism", Culture and Organization. https://doi.org/10.1080/14759551.2012.692591.

Peters, Michael A., and James Reveley (2014), Retrofitting Drucker: Knowledge work under cognitive capitalism, *Culture and Organization* 20:135–151.

Piketty, Thomas ([2013] 2020a), *Das Kapital im 21. Jahrhundert*. München: C.H. Beck.

Piketty, Thomas ([2019] 2020b), *Capital and Ideology*. Cambridge, Massachusetts: Harvard University Press.

Piketty, Thomas (2006), The Kuznets Curve yesterday and Tomorrow, S. 63–72 in Abhijit Vinayak Banerjee, Roland Bnabou and Dilip Mookherjee, *Understanding Poverty*. Oxford: Oxford University Press.

Piketty, Thomas, Emmanuel Saez und Gabriel Zucman (2018), Distributional National Accounts: Methods and Estimates for the United States, *Quarterly Journal of Economics* 133:553–609.
Pistor, Katharina (2019), *The Code of Capital*. Princeton, New Jersey: Princeton University Press.
Plant, Arnold (1934), The economic theory concerning patents for inventions, *Economica* New Series 1:30–51.
Polanyi, Michael (1944), Patent reform, *The Review of Economic Studies* 11:61–76.
Polanyi, Michael (1958), *Personal Knowledge*. Towards a Post-Critical Philosophy, London: Routledge & Kegan Paul.
Popper, Karl R. ([1957] 1972), *The Poverty of Historicism*. London: Routledge and Kegan Paul.
Popper, Karl ([1991] 1992), "Emancipation through knowledge," S. 137–150 in Karl Popper, *In Search of a Better World. Lectures and Essays from Thirty Years*. London: Routledge.
Posner, Richard A. (2002), The law & economics of intellectual property, *Daedalus* 131:5–12.
Posner, Richard A. (2013), Patent trolls, *The Becker-Posner Blog* https://www.becker-posner-blog.com/2013/07/patent-trollsposner.html.
Power, Michael (1997), „From risk to audit society", *Soziale Systeme* 3:3–21.
Prins, Gwythian, Isabel Galiana, Christopher Green, Reiner Grundmann, Mike Hulme, Atte Korhola, Frank Laird, Ted Nordhaus, Roger Pielke Jr., Steve Rayner, Daniel Sarewitz, Michael Shellenberger, Nico Stehr und Hiroyuki Tezuka ([2010] 2015), *Das Hartwell-Papier. Eine Neuausrichtung der Klimapolitik an der Menschenwürde*. Wiesbaden: Springer VS.
Rai, Arti K. und Robert Cook-Deegan (2917), Racing for academic glory and patents: Lessons from CRISPR, *Science* 358:874–876.
Reichmann, Jerome H., Arti K. Rai, Richard Newell und Jonathan B. Wiener (2014), Intellectual property and alternatives: Strategies for green innovation, S. 358–391 in Mario Cimoli, Giovanni Dosi, Keith E. Maskus, Ruth L. Okediji, Jerome H. Reichmann und Joseph E. Stiglitz (Hrsg.), *Intellectual Property Rights*. Oxford: Oxford University Press.
Renn, Ortwin (2019), *Gefühlte Wahrheiten. Orientierung in Zeiten postfaktischer Verunsicherung*. Opladen: Barbara Budrich.
Richta, Radovan et al. (1969), *Civilization at the Crossroads:* Social and Human Implications of the Scientific and Technological Revolution. White Plains, New York: International Arts and Sciences Press.
Rimmer, Mathew (2018), Intellectual ventures: Patent law, climate change and geoengineering, S. 235–271 in Mathew Rimmer, *Intellectual Property and Clean Energy*. Singapore: Springer.
Righi, Cesare und Timothy Simcoe (2022), Patenting Inventions or Inventing Patents? Continuation Practice at the USPTO, *NBER Working Paper* No. 27686.
Risch, Michael (2013), Patent Portfolio as Securities, *Duke Law Journal* 63:89–154
Rittel, Horst und Melvin M. Webber (1973), Dilemmas in the general theory of planning, *Policy Sciences* 4:154–59.
Robbins, Lionel (1932), *An Essay on the Nature and Significance of Economic Science*. London: Macmillan.

Romer, Paul M. (1986), Increasing Returns and Long-Run Growth, *Journal of Political Economy* 94:1002–1037.
Romer, Paul M. (1990), Endogenous Technological Change, *Journal of Political Economy* 98:71–102.
Rosanvallon, Pierre ([2011] 2013), *The Society of Equals.* Cambridge, Massachusetts: Harvard University Press.
Rosanvallon, Pierre (2006), *Democracy Past and Future.* New York: Columbia University Press.
Rosen, Michael M. (2021), AI invents – But should it get patents, too? *Issues in Science and Technology* (August 26).
Rothschild Kurt W. (1971), *Power in Economics.* London: Penguin.
Rousseau, Jean-Jacques ([1794] 2000), Von dem Ursprunge der Ungleichheit unter den Menschen, und worauf sie sich gründe. In: Abhandlung von dem Ursprung der Ungleichheit unter den Menschen. Verlag Hermann Böhlaus Nachfolger Weimar, Stuttgart. https://doi.org/10.1007/978-3-476-03476-2_4.
Rousseau, Jean-Jacques ([1795] 1994), *Discourse on Political Economy.* Oxford: Oxford University Press.
Rubin, Michael R. und Mary Taylor Huber (1986), *The Knowledge Industry in the United States, 1960–1980.* Princeton, New Jersey: Princeton University Press.
Rudden, Bernard (1994), Things as thing and things as wealth, *Oxford Journal of Legal Studies* 14:81–97.
Saez, Emmanuel, und Gabriel Zucman (2016), "Wealth Inequality in the United States since 1913: Evidence from Capitalized Income Tax Data," *Quarterly Journal of Economics* 131:519–78.
Schelsky, Helmut ([1961] 1965), Der Mensch in der wissenschaftlichen Zivilisation, S. 439–480 in Helmut Schelsky, *Auf der Suche nach der Wirklichkeit. Gesammelte Aufsätze.* Düsseldorf: Diederichs.
Schelsky, Helmut (1961), *Der Mensch in der wissenschaftlichen Zivilisation.* Köln/Opladen: Westdeutscher Verlag.
Schiller, Dan (1999), *Digital Capitalism.* Networking the Global Market System. Cambridge, Massachusetts: MIT Press.
Schiller, Herbert I. (1981), *Who Knows*: Information in the Age of the Fortune 500. Norwood, New Jersey: Ablex.
Schneier, Bruce (2021), *The Coming AI Hackers.* Cambridge, Massachusetts: Belfer Center at the Harvard Kennedy School.
Schott, Thomas (1988), International influence in science: Beyond center and periphery, *Social Science Research* 17:219–238.
Schott, Thomas (1993), World science: Globalization of institutions and participation, *Science, Technology, Human Values* 18:196–208.
Schultz, Theodore W. (1961), Investment in human capital, *American Economic Review* 51:1–17.
Schultz, Theodore W. (1981), *Investing in People,* Berkeley: University of California Press.
Schumpeter, Joseph A. ([1942] 1950), *Capitalism, Socialism and Democracy.* New York: Harper Torchbooks.

Schwartz, Herman Mark (2019), American hegemony: Intellectual property rights, dollar centrality, and infrastructural power, *Review of International Political Economy* 26:490–519.
Scott, Peter and Anna Spadavecchia (2023), Patents, industry control, and the rise of the giant American corporation, *Research Policy* 52: https://doi.org/10.1016/j.respol.2022.104651.
Sell, Susan K. (2010), The rise and rule of a trade-based strategy: Historical institutionalism and the international regulation of intellectual property«, *Review of International Political Economy* 17:762–790.
Shadlen, Kenneth C., Bhaven N. Sampat und Amy Kapczynski (2020), Patents, trade and medicines: past, present and future, *Review of International Political Economy* 27:75–97.
Shannon, C. (1949), „Communication theory of secrecy systems", *Bell System Technical Journal*, 28, 656–715. http://www3.alcatel-lucent.com/bstj/vol28-1949/articles/bstj28-4-656.pdf (originally 1948).
Shiva, Vandana (2001), *Protect or Plunder?* Understanding Intellectual Property Rights. London: Zed Books.
Siegrist, Hannes (2019), Intellectual propertry rights and the dymamics of propertization, nationalization, and globalization in modern cultures and economies, S. 19–47 in Hannes Siegrist und Augusta Dimou, *Expanding Intellectual Property*. Budapest: Central European University Press.
Simmel, Georg ([1890] 1989a), *Über sociale Differenzierung*, S. 109–295 in Georg Simmel, *Aufsätze 1987–1980. Über sociale Differenzierung. Die Probleme der Geschichtsphilosophie (1892)*. Gesamtausgabe 2. Frankfurt am Main: Suhrkamp.
Simmel, Georg ([1900] 1907), *Philosophie des Geldes*. 2. vermehrte Auflage. Leipzig: Duncker & Humblot.
Simmel, Georg ([1900] 1989b), *Philosophie des Geldes*. Georg Simmel Gesamtausgabe. Band 6. Frankfurt am Main: Suhrkamp.
Simmel, Georg ([1907] 1978), *The Philosophy of Money*. London: Routledge and Kegan Paul.
Simmel, Georg ([1917] 1970), *Grundfragen der Soziologie*. Berlin: de Gruyter.
Simmel, Georg ([1919] 1968), *The Conflict in Modern Culture and Other Essays*. Translated, with an Introduction by K. Peter Etzkorn. New York: Teachers College Press.
Simmel, Georg (1919), *Philosophische* Kultur. Gesammelte Essais. Leipzig: Alfred Kröner Verlag.
Skidelsky, Robert und Edward Skidelsky (2012), *How much is enough?* Money and the Good Life. New York: Other Press.
Slobodian, Quinn (2020), The Law of the Sea of Ignorance: F. A. Hayek, Fritz Machlup, and other Neoliberals Confront the Intellectual Property Problem, S. 70–91 in Dieter Plehwe, Quinn Slobodian und Philip Mirowski, Hrsg., *Nine Lives of Neoliberalism*. London: Verso.
Smelser, Neil J. und Richard Swedberg (2005), *The Handbook of Economic Sociology*. Princeton, New Jersey: Princeton University Press.
Smith, Adam ([1776] 1937), *An Inquiry into the Nature and Causes of the Wealth of Nations*. London: Wordsworth Editions Limited.
Smith, Adam (1978), Early draft of part of the Wealth of Nations, S. 574 in R.L. Meek, D.D. Raphael, and P.G. Stein (Hrsg.), *Lectures on Jurisprudence*. Oxford: Oxford University Press.

Smith, Roger und Brian Wynne (Hrsg.), (1989), *Expert Evidence:* Interpreting Science in the Law. London: Routledge.
Solow, Robert M. (1956), A contribution to the theory of economic growth, *The Quarterly Journal of Economics*, 1956, 70:65–94.
Solow, Robert M. (1957), Technical change and the aggregate production function, *Review of Economics and Statistics* 39:312–320.
Sombart, Werner (1911), Technik und Kultur, *Verhandlungen des ersten Deutschen Soziologentages* in Frankfurt am Main, 19.–22. Oktober 1910. Tübingen: J.C.B. Mohr (Paul Siebeck).
Sombart, Werner (1927), *Das Wirtschaftsleben im Zeitalter des Hochkapitalismus*. Band 3: Der moderne Kapitalismus. München: Duncker und Humblot.
Sombart, Werner (1934), *Deutscher Sozialismus*. Berlin: Buchholz & Weisswange.
Song, Jae, David J. Price, Fatih Guvenen, Nicholas Bloom und Till von Wachter (2015), Firming up inequality, *NBER Working Paper* No. 21199.
Srnicek, Nick (2017), *Platform Capitalism*. New York: John Wiley & Sons.
Stehr, Nico (2005), *Wissenspolitik*. Frankfurt am Main: Suhrkamp.
Stehr, Nico ([2007] 2008), *Moral Markets*. Boulder, Colorado: Paradigm.
Stehr, Nico (2007), „Societal transformations, globalization and the knowledge society." *International Journal of Knowledge and Learning* 3:139–153, 2007.
Stehr, Nico und Ulrich Ufer (2010), On the global distribution and dissemination of knowledge., *International Social Science Journal* 60:7–24.
Stehr, Nico (1978), Man and the environment: A general perspective, *Archives for Philosophy of Law and Social Philosophy* 74:1–17.
Stehr, Nico (1992), *Practical Knowledge*. London: Sage.
Stehr, Nico (1994), *Arbeit, Eigentum und Wissen*. Zur Theorie von Wissensgesellschaften. Frankfurt am Main: Suhrkamp.
Stehr, Nico (2015), Knowledge Society, History of, S. 105–110 in James D. Wright (editor-in-chief), *International Encyclopedia of the Social & Behavioral Science.*, 2nd edition, Band 13. Oxford: Elsevier.
Stehr, Nico (2016a), Exceptional Circumstances. Does Climate Change Trump Democracy? *Issues in Science and Technology* (Winter): 37–44.
Stehr, Nico (2016b), *Information, Power, and Democracy*. Liberty is a Daughter of Knowledge. Cambridge: Cambridge University Press.
Stehr, Nico (2020), The atmosphere of democracy: Knowledge and political action, S. 69–91 in in J. Glückler, G. Herrigel, & M. Handke (Hrsg.), *Knowledge for Governance*. Knowledge and Space: Bd. 15. Cham: Springer. https://doi.org/10.1007/978-3-030-47150-7_4.
Stehr, Nico (2022a), *Wissenskapitalismus*. Weilerswist: Velbrück Wissenschaft.
Stehr, Nico (2022b), In-between: The Simultaneity of the Non-simultaneous, *Social Epistemology* 36:407–424.
Stehr, Nico (2023), *Advanced Introduction to Modern Knowledge Societies*. Cheltenham: Edward Elgar.
Stehr, Nico and Amanda Machin (2020), *Society and Climate*. Singapore: World Scientific Publishers.
Stehr, Nico and Dustin Voss (2020), *Money*. A Theory of Modern Society. New York: Routledge.

Stehr, Nico und Volker Meja (Hrsg.), ([1984] 2005), *Society and Knowledge. Contemporary Perspectives on the Sociology of Knowledge*. New York: Routledge.
Stewart, Thomas (1997), *Intellectual Capital. The New Wealth of Organizations*. New York: Diane Publishing.
Stiglitz, Joseph E. (2000), The Contributions of the Economics of Information to Twentieth Century Economics, The Quarterly Journal of Economics 115:1441–1478.
Stiglitz, Joseph E. (2002), *Globalisation and its Discontents*, London: Allen Lane, The Penguin Press.
Stiglitz, Joseph E. (2006), *Making Globalization Work*. London: Penguin Books.
Stiglitz, Joseph E. (2015), The measurement of wealth. Recessions, sustainability, and innovation, *NBER Working Paper* 21327.
Stiglitz, Joseph E. (2017), The revolution of information economics: The past and the present, *NBER Working Paper* No. 23780.
Stiglitz, Joseph und Bruce C. Greenwald (2014), *Creating a Learning Society. A New Approach to Growth, Development, and Social Progress*. New York: Columbia University Press.
Sturgis, Patrick, Ian Brunton-Smith, and Jonathan Jackson (2021), Trust in science, social consensus and vaccine confidence, *Nature Human Behaviour* 5:1528–1534.
Sunstein, Cass R. (2022), Accounting for human cost, *New York Review of Books,* 54(Nummer 18):24. November 2022.
Suzman, James (2020) *Work. A History of how we spend our Time*. London: Bloomsbury.
Teece, David J. (1981), The market for know-how and the efficient international transfer of technology, *Annals of the American Association of Political and Social Science* 458:81–96.
Teece, David J.(1992), Strategies for capturing the financial benefits from technological innovation, S. 509–533 in Ralph Landau, Nathan Rosenberg und David C. Mowery (Hrsg.). *Technology and the Wealth of Nations*. Stanford, California: Stanford University Press.
Tenbruck, Friedrich H. (1977), Grenzen der staatlichen Planung, S. 134–149 in Wilhelm Hennis, Peter Graf Kielmansegg und Ulrich Matz (Hrsg.), *Regierbarkeit*. Studien zu ihrer Problematisierung. Bb. 1. Stuttgart: Klett-Cotta.
Toffler, Alvin and Heidi (1980), *Third Wave*. New York: Bantam Books.
Tooze, Adam (2020), How 'big law' makes big money, *New York Review of Books* February 20, 2020.
Touraine, Alain ([1984] 1988), *Return of the Actor*. Social Theory in Postindustrial Society. Minneapolis: University of Minnesota Press.
Touraine, Alan ([2010] 2014), *After the Crisis*. Cambridge: Polity.
United Nations Economic Commission for Europe (UNECE). (2016), *Guide on measuring human capital*. https://www.unece.org/fileadmin/DAM/stats/publications/2016/HumanCapitalGuide.web.pdf.
United Nations Educational, Scientific and Cultural Organization (2016), *Knowledge Societies Handbook*. Paris: Unesco.
Vaitsos, Constantine V. (1989), Radical technological changes and the new ‚order' in the world-economy, *Review* 12:157–189.
Vallas, Steven P., Daniel Lee Kleinman und Dina Biscotti (2011), Political Structures and the Making of U.S. Biotechnology, S. 57–76 In Fred Block and Matthew R. Keller (eds), *State of Innovation: The U.S. Government's Role in Technology Development*, 57–76. Boulder: Paradigm.

Van Horn, Robert (2013), Hayek's unacknowledged disciple: An exploration of the political and intellectual relationship of F.A. Hayek and Aaron Director. *Journal of the History of Economic Thought* 35:271–290.

Van Horn, Robert und Matthias Klaes (2011), Intervening in Laissez-faire liberalism: Chicago's shift on patents, S. 180–207 in Robert van Horn, Philip Mirowski und Thomas A. Stapleford (Hrsg), *Building Chicago Economics. New* Perspectives on the History of America's Most Powerful Economics Program. Cambridge: Cambridge University Press.

Vats, Anjali (2020), *The Color of Creatorship.* Intellectual Property, Race, and the Making of Americans. Stanford, California: Stanford University Press.

Veblen, Thorstein (1908), On the nature of capital: Investment, intangible assets, and the pecuniary magnate, *The Quarterly Journal of Economics* 23:104–136.

Verburgt, Lukas M. (2020), The history of knowledge and the future history of ignorance, *Know* 4:1–24.

Vercellone, Carlo, (2007), From formal subsumption to general intellect: elements for a Marxist reading to the thesis of cognitive capitalism, Historical Materialism 15:13–36.

Wajsman, Nathan, Michał Kazimierczak, Carolina Arias Burgos, Francisco García Valero, Yann Ménière und Ilja Rudyk (2022), IPR-intensive industries and economic performance in the European Union. Industry-level analysis report. Fourth edition. A joint project of the European Patent Office and the European Union Intellectual Property Office. München: EUIPO und EPO.

Walters, Lukas (2020), Robots, automation and employment: Where we are. *MIT Work on the Future* Working Paper 05-2020. Cambridge, Massachusetts: MIT Task Force of the Future.

Weber, Max ([1904] 1922a), Die ‚Objektivität' sozialwissenschaftlicher und sozialpolitischer Erkenntnisse, in Max Weber, *Gesammelte Aufsätze zur Wissenschaftslehre.* Tübingen: J.C.B. Mohr (Paul Siebeck), S. 146–214.

Weber, Max ([1917] 1980), Wahlrecht und Demokratie in Deutschlands, S. 245–291 in Max Weber, *Gesammelte politische Schriften.* Tübingen: J.C.B. Mohr (Paul Siebeck).

Weber, Max ([1921] 1948), Politics as a vocation, S. 77–128 in Hans H. Gerth und C. Wright Mills (Hrsg.), *From Max Weber.* London: Routledge and Kegan Paul.

Weber, Max ([1921] 1976), *Wirtschaft und Gesellschaft.* Grundriss der verstehenden Soziologie. Tübingen: J.C.B. Mohr (Paul Siebeck).

Weber, Max ([1922] 1948), Science as a vocation, S. 129–156 in Hans H. Gerth und C. Wright Mills (Hrsg.), *From Max Weber.* London: Routledge and Kegan Paul.

Weber, Max ([1922] 1989), *Science as a Vocation.* Edited by Peter Lassman und Irving Velody. London: Unwin Hyman.

Weber, Max (1922b), *Gesammelte Aufsätze zur Wissenschaftslehre.* Tübingen: J.C.B. Mohr (Paul Siebeck).

Weingart, Peter und Nico Stehr Hrsg. (2000), *Practising Interdisciplinarity.* Toronto: University of Toronto Press.

Whitehead, A. N. (1911), *Introduction to mathematics.* London: Williams & Norgate. http://www.gutenberg.org/files/41568/41568-pdf.pdf.

Willke, Helmut (2001), „Die Krisis des Wissens", *Österreichische Zeitschrift für Soziologie* 26:3–26.

World Bank (1999), *World Development Report.* New York: Oxford University Press.

World Bank (2019), *Annual Report.* New York: Oxford University Press.

Yarrow, Daniel (2020), Valuing knowledge: The political economy of human capital accounting, *Review of International Political Economy* 29:227–254.

Whitehead, Alfred North (1911), *Introduction to mathematics*. London: Williams & Norgate. http://www.gutenberg.org/files/41568/41568-pdf.pdf.

Willke, Helmut (2001), „Die Krisis des Wissens", *Österreichische Zeitschrift für Soziologie* 26:3–26.

World Intellectual Property Organization (WIPO) (2020), *World Intellectual Property Report*. Geneva: World Intellectual Property Organization.

Wu, Howei, Jia Lin und Ho-Mou Wu (2022), Investigating the real effect of China's patent surge: New evidence from firm-level patent quality data, *Journal of Economic Behavior & Organization* 204:422–442.

Young, Allyn (1929), The sources of wealth: The necessary parts layed by land, capital and labor in the production of wealth, S. 231–238 in *The Book of Popular Science*.

Ziewitz, Malte (2016), Governing algorithms: Myth, mess, and methods, *Science, Technology, & Human Values* 41:3–16.

Zins, Chaim (2007), Conceptual approaches for defining data, information, and knowledge, *Journal of the American Society for Information and Technology* 58:479–493.

Znaniecki, Florian (1940), *The Social Role of the Man of Knowledge*. New York: Columbia University Press.

Zolas, Nikolas, Zachary Kroff, Erik Brynjolfsson, Kristina McElheran, David N. Beede, Cathy Buffington, Nathan Goldschlag, Lucia Foster, und Emin Dinlersoz (2020),"Advanced Technologies Adoption and Use by U.S. Firms: Evidence from the Annual Business Survey," *NBER Working Paper* No. 28290.

Zuboff, Shoshana (2015), Big other: Surveillance capitalism and the prospects of an information civilization, *Journal of Information Technology* 30:75–89.

Zuboff, Shoshana (2019), *The Age of Surveillance Capitalism*. The Fight for a Human Future at the New Frontier of Power. London: Profile Books.

GPSR Compliance

The European Union's (EU) General Product Safety Regulation (GPSR) is a set of rules that requires consumer products to be safe and our obligations to ensure this.

If you have any concerns about our products, you can contact us on

ProductSafety@springernature.com

In case Publisher is established outside the EU, the EU authorized representative is:

Springer Nature Customer Service Center GmbH
Europaplatz 3
69115 Heidelberg, Germany

www.ingramcontent.com/pod-product-compliance
Lightning Source LLC
LaVergne TN
LVHW011005250326
834688LV00004B/84